阿蘭陀通詞

片桐一男

講談社学術文庫

はしがき

四面海に囲まれている日本。

古来、海を渡って、外の世界へ出かけ、海を経由して、外からの人と物とを受けいれてきた。交流のうえに、外来文化の輸入と消化に努め、工夫を凝らし、知恵を働かせて、独自の文化を育んできた。

人の交流の前提となるのが「ことば」である。異なる「ことば」の出会い、衝撃は、いかにして克服されていったか。出会った両者のうち、どちらが克服に努めたものか。あまりにも日常的で身近な継続問題である。古くから、現今も、今後にも続く、見過ごされやすい問題である。気付いてみると、難解な、しかし、興味深い問題である。

大航海の時代、波濤を乗り越えて現われた南蛮人。全く異質のヨーロッパ文化を運んできた。一転、鎖国と呼ばれた時代を迎えても、その流入は、変わることはなかった。日蘭貿易で継続されていたからである。もたらす担い手が替わっただけだったのである。しかし、「ことば」のうえでは大転換がみられたのである。

「ことば」としては、南蛮人の用いる主としてポルトガル語から、紅毛人の使用するオランダ語への転換であった。来日の南蛮人は難解な日本語の習得に努め、布教と貿易に従事した。日本で南蛮文化の開花をみた。一転して、禁教と密貿易厳禁の政策に転換、その維持、存続のために、来日のオランダ商人には日本語の習得を許さず、替わってわが方がオランダ語の用意をしなければならなくなった。これは、当時の日本人にとっては大転換であった。

本書では、右にみえた転換によって必要となったオランダ語の通訳官「阿蘭陀通詞（オランダつうじ）」の実態追究に努めることにしたいと思っている。とはいっても、阿蘭陀通詞を取り上げた場合、どうしても避けて通れない問題がある。阿蘭陀通詞が身に付けようとしたオランダ語学習のことである。

阿蘭陀通詞を取り上げるからには、彼らが取り組んだオランダ語学習、オランダ語学書を取り上げなければならない。これを避けて阿蘭陀通詞の説明はできない。

そこで、本書においては、阿蘭陀通詞とオランダ語学習のことに触れたあと、阿蘭陀通詞の従事した仕事の内容や活躍した時と場所などについて具体的に触れてみることにしたいと思う。組織的・構造的に把握することに努めてみる。義務教育課程にオランダ語の科目はない。大学教育においても、極めて稀である。したがって、本書においても、オランダ語を話題にしている部分を飛ばして読みすすめ、通詞の職務とした仕事の内容や、引き込まれた事件の解決に苦闘する通詞の活動の姿を追って理解を深めることにしていただいてもよいか、とも思っている。

阿蘭陀通詞の活躍の本拠は長崎である。しかし、オランダ・カピタン一行に随行して出府した江戸やその道中、江戸からさらに先へ出張した活躍の場所もみられた。そこで、長崎と江戸における阿蘭陀通詞を組織的に追究・概観したあと、多才で多彩な活動の足跡を遺した通詞たちの代表例を取り上げてみることにした。意のあるところを汲んでいただけたら幸いである。

なお、対外交渉史の分野においては、日付の表記に西暦と和暦の区別をしなければならず、わずらわしい。例えば、西暦で一八一三年一一月一五日、和暦で文化十一年十二月二十六日などと書き分けている点をあらかじめおことわりしておきたい。

目次

II　長崎の阿蘭陀通詞

一　通詞採用の任命と辞令

阿蘭陀通詞

I　阿蘭陀通詞とオランダ語

一　実務が育てる語学

1　聞き分けられるか

紺碧の空の青と海の青が溶け合う真夏の水平線。その彼方から姿を見せた外国船。帆影を認めたあちこちの岬の遠見番から街の長崎奉行所へ急報される。

奉行は検使船（praaiboot）の派遣を命ずる。大波止から出かける検使船団、およそ一〇艘。奉行所からの検使の役人、出島のオランダ商館から二人のオランダ人、来航船に応接する沖掛の阿蘭陀通詞たち、町役人たち、水主たちが思い思いの用具を携え、分乗して急ぐ。物々しい動きに、長崎の街に緊張が高まる。近付いてくる船は貿易船か。それとも異国船か。

検使船団が向かうところは、伊王島と神崎との間、港の入口に位置するところにある小さな無人の高鉾島。その傍ら小瀬戸近辺で一切の来航船を停止させ、臨検を行う。

外国船のうち、禁教・鎖国下、唯一の国際貿易港に入港を許す貿易船である唐船か、オランダ船か。それとも、入港を拒否すべき異国船であるか。誤りなく識別する必要がある。どんな順序で識別の作業は行われたであろうか。個条書にしてみる。

①検使、オランダ人、通詞の船は来航船に接近。
②オランダ人に、来航船に対し呼びかけさせる。応答がオランダ語であるか、どうか、阿蘭陀通詞が「聞き分ける」。
③旗合わせを行う。オランダ貿易船の旗であるか。
④「一ノ印」と印の付けられた横文字検問書類（verpraaibrief（フェルプラーイブリーフ））を来航船に見せ、一ノ印横文字返書を取る（オランダ船に対してはオランダ語で、異国船に対してはフランス語で、あらかじめオランダ人の協力を得て検問書類を作成しておき、携行）。船の出所等の回答書類を受け取る。
⑤「二ノ印」横文字書類を渡し、質人（pandslieden（パンヅリーデン））二人を受け取る。
⑥オランダ船と確認のうえ、入港の許可を与える。
⑦人別改め、重要書類の提出をさせる。

これを見てわかることは、来航船に対する問いかけと、応答の言葉を「聞き分ける」力が通詞に要求されていることである。これが第一の仕事。

外国船を識別、貿易船の入港を許し、異国船を拒絶する。この水際作戦に鎖国体制の維持・存続がかかっていた、といってよい。

高鉾島は小さい無人島。古地図や景観図などに、常に実際以上に大きく描かれている。オランダ人もパーペンベルグ（Papenberg）と名付けて重要視している。入港手続きのうえで、このように重要な小島であったからである。

貿易船と確認されたそのときから、不安・懸念は消え去る。一変して、来航船は「宝船」に見えたようだ。なにしろ、珍貴な異国の品々と、貿易によって長崎に活気をもたらす船と判明したわけだから。

「武器」と「舵」を取りあげられた三本マストのオランダ船は、長崎奉行所の管理下におかれたことになる。曳き船によって曳かれて入津する。

そのころになると、島陰にかくれて、待機していた「見物船」が裕福な旦那衆や婦人たち上客を乗せて、吸い寄せられるかのように、入津船に近付いてゆく。見物船の船頭は、オランダ船ウォッチャー・ツアーのコンダクターといったところである。それほどに「宝船」と見えたわけである。

2　読めるか、訳せるか

臨検の際に提出させた重要書類とはどんな内容のものであったか。

密封したまま検使に提出された四種の重要書類、

a　Nieuws（ニュース）
b　Monsterrollen（モンステローレン）
c　Facturen（ファクチューレン）
d　Brieven（ブリーベン）

は飛船（ひせん）で出島へ送り届けられる。カピタン部屋において、検使役人の眼前で、新・旧のカピタン（オランダ商館長）や船長の立ち会いのもと、開封され、阿蘭陀通詞たちに、ただちに翻訳が命ぜられる。

a′　風説書（ふうせつがき）
b′　乗船人名簿
c′　積荷目録
d′　書翰類（しょかん）

と、訳す。

b・b′の「乗船人名簿」によって、「人別改めの点呼」が行われる。オランダ語表記の人名一覧表を、オランダ語の発音で「読み上げる」。そして、日本語仮名表記で名簿を作成し、奉行に届ける。その後の点呼にも活用される（片桐一男「蘭船の乗船員名簿と阿蘭陀通詞」〈『日本歴史』第四二三号〉。表1で、オランダ語原文と通詞の訳文で、順序と表記に一致しない部分がある。ここでは深入りしない）。

c・c′の「積荷目録」も「読んで点検する」。和訳した目録は、場合によっては急いで簡単な説明を付け、物によっては略図まで付けて奉行に届けなければならない。珍鳥や新種の薬草など動植物、書籍や言葉で説明しきれない器物など（二六ページの写真）。

a・a′の「風説書」こそは、鎖国体制の維持・存続に腐心する幕府の重要視する海外情報である。「阿蘭陀風説書」と呼ばれたこの海外情報、大通詞と小通詞が総がかりで訳出に当

阿蘭陀人乗組人数名歳			
役　職	名　ま　え	年　齢	出　身　地
船　頭	いあとみらある	歳三十八	ロットルダム
上按針役	うゑていむめるまんす	同二十七	同
下按針役	はあぷうると	同二十四	同
水夫頭	へいはんとるめいる	同四十六	マールスロイス
大　工	いゝはんてるふゑるてん	同二十七	フラーアルジンケン
帆　縫	せゑいゝたむひゆるすほふ	同二十一	ロットルダム
下大工	へいこうへる	同二十二	同
料理人	てろうりすきりんげ	同二十九	同
台所役	てまると	同二十五	ミッドルヒルグ
下料理人	うへへれてるめいき	同　十六	ロットルダム
水　夫	うへをるてん	同二十五	同
同	はあぺいでぶうる	同二十一	ホーゲサント
同	せいではあん	同二十一	サブメール
同	いいでがらぶ	同二十六	フラールデンゲン
同	うえをるでんびゆるぐ	同二十三	ロットルダム
水　夫	あゝはんでいき	歳三十六	
同	いゝふいする	同三十四	
同	はんてるめい	同三十八	
同	いゝげえとうつ	同二十九	
同	ほんねへえふるすへえめいす	同三十八	
同	べえゑるろうんすたら	同三十四	ヘルゲン
同	げえまるそん	同二十五	ドルデユルフト
同	ゑるめえまでる	同二十八	ヘーンタム
同	ぺえばあるす	同二十五	ドルデュルフト
同	いいへいけんでいん	同三十七	アムストルタム
水　夫	はゝけかれすと	歳二十四	アムストルタム
同	いいもむまあす	同　十九	シーリッキゼイ
同	いいせえへんりつす	同　十八	ロットルダム
同	てえやんす	同二十一	ヲウデヘケラー

表１　乗船人名簿（Monsterrol）

Monsterrol van het Schip Prinses Marianne.			
Qualiteit	Namen	Oud jaren	Geboorte plaats
Kapitein	J. Admiraal	38	Rotterdam
1^{e} Stuurman	W. Timmermans	27	d^{o}
2^{e} d^{o}	H. Poort	24	d^{o}
Bootsman	P. van der Meer	46	Maassluis
1^{e} Timmerman	J. van der Velden	27	Vlaardingen
2^{e} d^{o}	P. Kobel	22	Rotterdam
Zeilemaker	C. J. Dam Hulshoff	21	d^{o}
Kok	Floris Kleinge	39	d^{o}
Hofmeester	F. Mast	25	Middelburg
Koksmaat	W. Bletterswijk	16	Rotterdam
Matroos	W. Oldendorp	25	d^{o}
d^{o}	H. P. de Beer	31	Hoogezand
d^{o}	C. C. de Haan	21	Sapmeer
d^{o}	J. de Graaf	26	Vlaardingen
d^{o}	W. Oldenburg	23	Rotterdam
d^{o}	A. van Dijk	36	Vlaardingen
d^{o}	J. Visser	34	Eild Rozenburg
d^{o}		38	Zierikzee
d^{o}	J. G. Doets	29	Middelie
d^{o}	Bonne B. Posthumas	38	Franeker
d^{o}	B. R. Boonstra	34	Bergen
d^{o}	G. Marson	25	Dordrecht
d^{o}	R. Mulder	28	Veendam
d^{o}	P. Baan	25	Dordrecht
d^{o}	J. Eijkenduin　Overleden	37	Amsterdam
d^{o}	H. G. Carst	24	d^{o}
d^{o}	J. Mommaas	19	Zierikzee
d^{o}	J. C. Henricks	18	Rotterdam
d^{o}	F. Jans	21	Oudc Pokelaa

同	べいいいろうすまん	同二十一	ヘーンタム
同	げえろす	同　十八	ミットルビルグ
同	あゝしゆるくす	同　十七	ロットルタム
同	べあどみらある	同　十七	同
同	ていまつていせん	同　十五	フリッスシンゲン
同	でとろいん	同　十六	ロットルタム
水　夫	ゑすきつけると	同　十六	フラーアルデインゲン
同	あゑふうえよりいあゝんせ	同　十五	ロットルタム
同	いはんでるわある	同二十五	同
外　科	けはあふるたむ	同三十二	モイデン
へとる	よはんねすゑるでういんにいまん	同三十七	アムストルタム
筆　者	あるへるとまにゑる	同三十四	ベレン
同	かるれすひふへるとてね	同三十三	カラーヘンハアゲ
黒　坊	みんかる	同　二十	ジャカタラ
同	ていぱ	同二十五	同
同	しいでやん	同二十六	同
黒　坊	らあき	歳　二十	ジャガタラ
同	まき	同　二十	同
同	かあれる	同　四十	同
同	はるさん	同三十二	同
〆四十九人　内四十二人阿蘭陀人　七人黒坊			

d°	P. J. Zoutman	21	Veendam
d°	J. Ros	18	Middelburg
d°	A. Sirks	17	Rotterdam
d°	P. Admiraal	14	d°
d°	F. J. Matthijsen	15	Vlissingen
d°	D. Florijn	16	Rotterdam
d°	S. Kikkert	16	Vlaardingen
d°	A. V. W. Jurriaanse	15	Rotterdam
d°	J. van der Waal	25	d°
	Passagiers		
Doctor	G. H. Verdam	32	Muiden
Ambtenaar	J. E. Niemann	37	Amsterdam
d°	A. Manuel	36	Bern
d°	C. H. de Villeneuve	34	's Gravenhage
Jongen	Minkar	20	Batavia
d°	Dipa	25	d°
d°	Sidja	26	d°
d°	Lagi	20	d°
d°	Maki	20	d°
d°	Carel	40	d°
d°	Hassan	32	d°

Desima, 23 julij 1833.

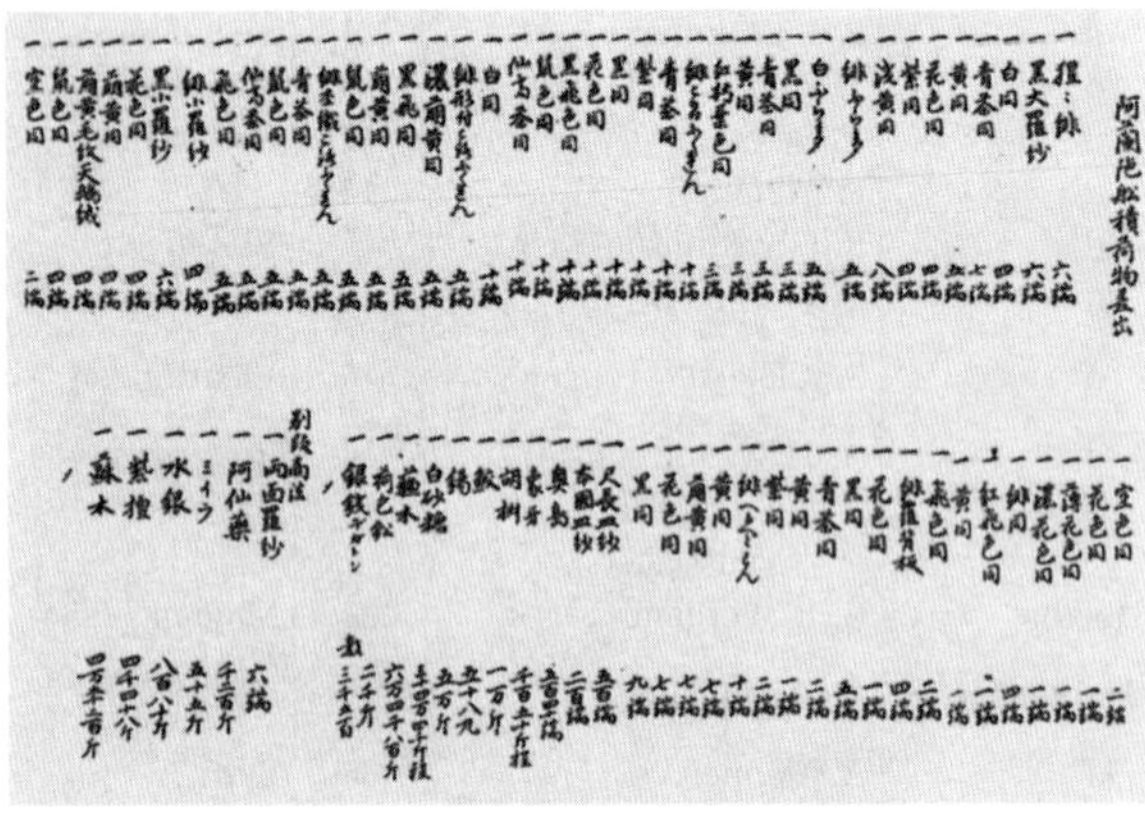

「積荷目録」（『阿蘭陀船積荷物差出』、古河歴史博物館蔵）

たる。

訳出から幕府への進達までの手順は、およそ、次の通り。

①　出島のカピタン部屋で、新カピタンや船長の「補足説明も聞」いて「下訳を作成」する。

②　「下訳」を密封して、通詞が奉行に届ける。

③　奉行は開封、一読、問題がなければ再び密封して、清書を命じ、出島に返す。

④　出島で開封、「清書」作成のうえ、新・旧カピタンがサイン、通詞目付、大小通詞が署名捺印。

⑤　「清書」は密封して奉行に届けられる。

⑥　奉行は開封、一覧、差し支えなければ、短い添え状を付け、一緒に密封。

⑦　次に、今度は、一気に江戸城の老中宛に、刻限付き宿次便という特別至急便で

急送される。オランダ人もこの扱いを「特別便で江戸に送付される」と認識している。

⑧ 幕府においては、長崎奉行の上司でもある老中のもとに届けられる。

⑨ 評定にかけられる。

⑩ 特段に問題とすることがなければ保管される。問題があれば、協議のうえ長崎奉行に指令が送られる。

このように、「阿蘭陀風説書」は外交方針決定の判断資料とされた。禁教・鎖国下の日本および日本人が定期的に持ち得た最新世界情報、世界知識の源泉となった。

d・d′の「書翰類」は、オランダ本国やバタビア総督からの書翰等である。

3　蘭訳はできるか、書けるか

西暦の七月下旬から八月にかけて、オランダの東洋における根拠地、バタビアから来航したオランダ船は、和暦の九月二十日を限って帰帆しなければならない厳しい日本の規定。思いのほか、よく遵守されていた。享保十六年（一七三一）に、九月以後出帆の例を尋ねられた通詞団では「帳面」を改めてみたが、そのような「例」はない、と回答しているくらいである（『阿蘭陀紀事』）。

バタビアに向け帰帆するオランダ船に託して、持ってきてもらいたい品々をカピタンや船長、上級商館員に頼み、注文する。注文した人、注文できた人は誰か。将軍も、老中も、長崎奉行も、長崎町年寄も、通詞たちも、次々と欲しい物が沢山あった。

オランダ語で注文書（Eijsch Boek）を作成しなければならない。将軍や幕閣から注文を受けて、奉行からオランダ語訳の注文書作成を命ぜられたのは阿蘭陀通詞である。

具体例によって考えてみよう。第一〇代将軍徳川家治がペルシャ馬を注文した。その注文を長崎奉行経由で受け、オランダ語文の注文書を作成して、バタビアに帰帆するオランダ船の出帆間際にオランダ商館に渡したのは、大通詞で将軍の御用を担当する御用方通詞の今村源右衛門明生であった。

注文の趣旨と馬の顔や体型を図示した馬相の説明を蘭訳してオランダ商館に手交した「馬相図」が、現にオランダ王国のハーグ市にあるオランダ国立文書館（Nationaal Archief）に所蔵されている。

「馬相図」は四枚、注文説明一枚の計五枚からなっている。「馬相図」は各種展示会やその図録等に紹介されて、周知のものである。説明の方は、“Nangasackij den 1 november, anno, 1765”（一七六五年一一月一日、長崎）の日付で、“als Keijzerlijk Zaakbezorger, J: M: gennemon”と署名されている。Keijzerlijk Zaakbezorger が御用方の蘭訳で、J: M: gennemon が今村源右衛門である。J: は「今」の、M: は「村」の字のイニシアルをとった表記である。当時、阿蘭陀通詞がオランダ人のサインの仕方に倣って、このような方式で署名することが多かった。典型的な一例である。

ところで、この西暦の日付を和暦になおすと、明和二年（一七六五）の九月十八日となる。ところが、今村源右衛門の蘭文説明すなわち「今村源右衛門自筆蘭文将軍註文馬相説明」の欄外には「酉九月十八日右之通ニ御誂馬御注文横文字ニ認相渡」と註記が付いていて、日付が一致する。ということは、この注文書の日付が、将軍が江戸で発注させた日付でもなく、長崎奉行が御用方に命じた日付でもなく、御用方通詞が蘭文注文書をオランダ商館に手交した日付になっている、ということである。将軍の注文を受け、御用方大通詞がいかに主体性を持ってオランダ商館に注文書 Eijsch Boek を手交しているかが、よくわかる。

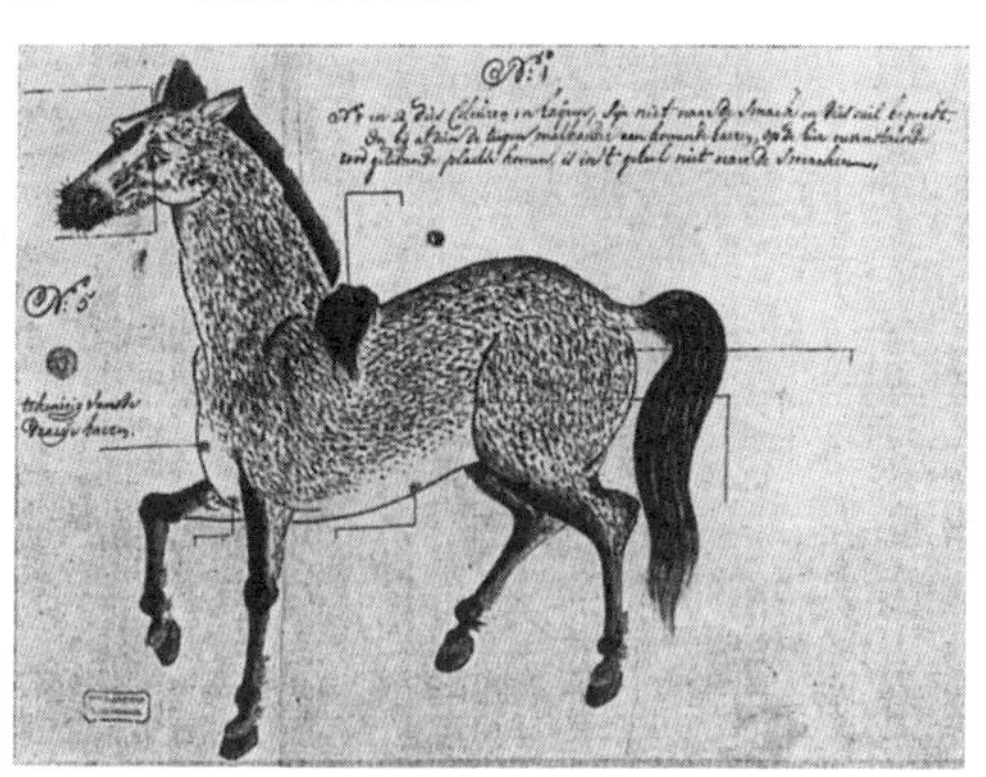
ペルシャ馬の「馬相図」（オランダ国立文書館蔵）

もう一例、見てみよう。De Eijschen van Zijn Keijzerlijk Majesteit voor 't Aanstaande A° 1814.（拙訳＝一八一四年〈文化十一〉向け将軍の注文品々）と題する発注リストのなかに、1 stel Duikers klok met deselfs gereedschap（諸道具付ダイケルスクロック〈潜水器〉一組）というものが見える。ところが、この品はなかなか輸入をみなかった。そこで、再度発注された。

De Eijsch van Zijn Keijzerlijk Majesteit voor

ダイケルスクロック（潜水器）（三菱重工業株式会社　長崎造船所史料館蔵）

't Aanstaande Aº 1819.（一八一九年〈文政二〉向け将軍の注文品）と題するリストのなかに、1 stel Duikers klokken met deszelfs toe-behooren.（附属品付ダイケルスクロック〈潜水器〉一組）と見える。その後も注文は繰り返されたようだ。

将軍が再三にわたって注文した潜水器具、一八三四年（天保五）の夏来航のドルテナール（dortenaar）号がようやく舶載した。この品は、現に、三菱重工業の長崎造船所史料館前に現存している。

通詞によって蘭訳された注文書、それも和紙に流麗な筆記体のオランダ語で認(したた)められたEijsch Boek注文書は、ハーグの国立文書館が所蔵する出島関係文書のなかに、じつに多数見ることができる。

二　南蛮から紅毛へ、語学条件の大転換

1　南蛮人の活動と「ことば」「日本語」

天文十二年（一五四三）は、ポルトガル人が種子島に漂着、鉄砲を伝え、その六年後の天文十八年は、ザビエルが鹿児島に来てキリスト教を伝えた年として知られている。

この、日本人のヨーロッパ人とその文化との出会いが、やがて、鉄砲に代表される「物」——貿易と、キリスト教という「心」——布教をめぐる問題に発展してゆく。南蛮人の二大活動、南蛮文化の表象としてわかりやすい。

「物」の使い方、造り方を知る手段として、「心」を伝え、理解に至るための手段として、ともに終始つきまとってくるもの、それが「ことば」の問題である。南蛮人の「ことば」——ポルトガル語——と日本人の出会いである。

迎えた日本人がポルトガル語を学んで使用したのか。来日の南蛮人が日本語を学んで活用したのか。

命がけで布教に従事する南蛮の宣教師たちに従って、ポルトガル語を身に付け、布教の手助けをし、商業活動を行う日本人が育っていった。しかし、なんといっても、来日の南蛮人

が、長い年月、異文化の日本に留まって、その目的達成のために、現地語である難解な日本語を習得していったことの方が目立つ。

前者の例として、目が不自由な琵琶法師の一人、天文二十年に山口でザビエルから受洗（じゅせん）、その布教を助け、五畿内で活躍したイエズス会日本人イルマンのロレンソをあげることができる。彼はポルトガル語をよく話し、話術に巧みであったという。永禄三年（一五六〇）イエズス会宣教師ビレラとともに将軍足利義輝に謁見、高山右近らを改宗させ、同十二年織田信長に、天正十四年（一五八六）豊臣秀吉にも謁見した。

後者の例としては、いろいろあげることができる。

若くして来日、豊臣秀吉と親交を持ち、徳川家康の知遇（ちぐう）を得たロドリゲスのごときは、単に難解な日本語を理解して活躍したなどという表現ではすまされない。日本語の文法書『日本大文典』『日本小文典』を作って出版し、『日本教会史』（未刊）を著作するまでに理解を深めた。彼の名は、João Rodrigues Tçuzzu というが、この Tçuzzu（ツーヅ）は通詞ということである。それほどに堪能な通訳として活躍したのである。切支丹（キリシタン）取り締まりの緩和やポルトガル人の貿易交渉には常に携わったと伝えられている。さもあろう。こんな堪能な通訳が間に立てば、少しぐらい「ことば」のできるポルトガル人でも日本人でも、出る幕はない。

織田信長と親交を重ね、日本の僧と宗論を闘わせ、イタリア人イエズス会巡察師バリニャーノ Alexandro Valignano の通訳として、イエズス会初代日本準管区長コエリョ Gaspar

Coelho の通訳として活躍したポルトガル人イエズス会宣教師ルイス・フロイス Luis Frois も三〇年あまりもの長きにわたり日本に留まり、語学・文筆の才能に優れ、多くの通信文を残し、大著『日本史』の著作を残していることもよく知られている。

2　紅毛人の来航・活動、鎖国体制の完備と「ことば」の大転換

初のオランダ船リーフデ号 De Liefde の日本漂着は一六〇〇年三月一九日。わが慶長五年二月五日。関ヶ原合戦の七ヵ月前。

すでに日本で、布教と貿易の二大活動に従事していた南蛮人は、徳川家康に、リーフデ号の乗組員を処刑するよう訴えた。家康は処刑にかえてオランダ人を接見、滞在を許し、身の立つよう、保護を与えた。家康自身が抱いていた南蛮人に対する不信感よりも、より一層、深い疑念をオランダ人たちがスペイン人・ポルトガル人に対して持っていることを、驚きをもって知ったためであった。

オランダ人の貿易活動が認められ、慶長十四年（一六〇九）平戸にオランダ商館の設置をみた。

関ヶ原合戦後、徳川幕府はカトリック教会が国内政治に干渉してくるのを避けるため、南蛮人排除の方針に転換した。

寛永十一年（一六三四）、幕府は、長崎の有力町人二五人に命じて、ポルトガル人の牢獄

島を造らせた。長崎港の奥深く、監視しやすい浅瀬を選んで、扇面の形にできあがった人工島・出島に、寛永十三年、それまで市中に散宿していたポルトガル人を集住させることができた。ところが翌寛永十四年に起きたのがキリシタン農民一揆の島原の乱。手を焼いた幕府は、翌年、ようやく鎮圧することができた。

この乱は、幕府のキリスト教禁圧策と貿易の継続策とを、より鮮明に推し進めさせることになった。乱後の翌寛永十六年、ポルトガル人をマカオに追放、その来航を禁じ、キリスト教流入の根源を断った。

島原の乱を通じて、キリスト教の布教に手をかさないことを見極めたうえで、幕府はオランダとの貿易継続を管理下に置いて認めることとした。そのため、空き家になった長崎の出島に、寛永十八年、平戸のオランダ商館を移転させ、鎖国体制を完備した。

平戸にオランダ商館の在った慶長十四年から寛永十八年までの三三年間、日蘭貿易に従事する日蘭双方の商人の間で使用された「ことば」には、新しいオランダ語とともに、ポルトガル語が色濃く残っていた。

日本向けのオランダ船にはポルトガル語のできる者を乗せていかなければならない。平戸のオランダ商館に奉仕するわが通詞のなかにはオランダ語よりポルトガル語の方が堪能な者がいた、という時代であった。

秀島藤左衛門など、代表的な通詞名をあげることができよう。商館長マクシミリアーン・ル・メールの一六四一年八月一八日の日記に「ポルトガル語に熟達し、オランダ語の相当できる通詞藤左衛門」とみえている。

ところが、オランダ商館が長崎の出島に移転させられた以後の条件は、ガラリと変わった。すなわち、キリスト教の布教と密貿易を未然に防ぐために、オランダ商館長カピタンの一年交替を厳命、他の商館員の滞在も短期間に抑え、オランダ人に日本語を習得させない方策がとられることとなった。

ここにおいて、通弁・通訳は、わが方、日本側で用意しなければならないことになった。オランダ語・ポルトガル語混用の阿蘭陀通詞から、オランダ語専用の阿蘭陀通詞の養成が急務となった。

来日の外国人が日本語を習得して活動を展開する時代から、日本人が来日のオランダ人のオランダ語を習得して、貿易に専従する時代に、大きく転換をみたのである。

三　阿蘭陀通詞の養成

1　通詞の養成

寛文十一年（一六七一）九月晦日付、阿蘭陀通詞の「起請文前書」に、中山作左衛門ほか、計八名の通詞が連署して、

> いよいよ油断なく阿蘭陀詞（ことば）稽古つかまつるべく候　阿蘭陀文字・南蛮文字、書面の通り何様（いかよう）にても繕（つくろ）いなく、有体（ありてい）に和解（わげ）申し上ぐべく候事

と誓っている。鎖国から三二年、こんな時代になったのである。

正徳五年（一七一五）六月、長崎奉行大岡備前守清相が出した「阿蘭陀通事（マヽ）法度書」において、

> 口の通弁よく、阿蘭陀文字の読み書き等も精出し、あい勧めて鍛練の者これ有るにおいては、その年齢に差別なく、褒美あるべく候事

と奨励策も図られた。

一七六八年（明和五）一一月二九日、商館長ヤン・クランス（Jan Crans）が記す日記によると、長崎奉行石谷備後守清昌は商館長に対して、通詞のオランダ語の力を絶えず注意し

て、随時報告してほしい旨を申し入れた。

一七七八年（安永七）二月一七日、次席館員ヘルマン・ケイレル（Herman Köhler）の留守日記によると、

> 午前、稽古通詞たちが一一時少し前に再び出島の乙名の住いに出頭し、予は簿記役（den Boekhouder）のファン・フリッシンゲン（van Vlissingen）をして彼等に対する教授に奉仕せしめた。

とある。二月二五日の条には、

> 稽古通詞と内通詞たちが再び出島に現われ、予は補助役のフルーネンベルグ（Groenenberg）をして彼らに対する教授に当たらせる。

ともみえる。同様、二月二八日の条にも、

> 稽古通詞たちが今日再び学習を受けに来た。

などとみえている。

2　家業試験

奨励策を声高に謳いあげたからといって、ただちに語学力の向上が見られるというものではない。通詞の語学力のレベルを保ち、さらに向上を図るためには、結局、試験を課す必要があった。

一七七八年（安永七）二月一九日のヘルマン・ケイレルの留守日記によると、
今日、全稽古通詞と内通詞らが役所において、オランダ語における彼らの進歩がわかるための試験をした。

とみえている。

『長崎実録大成』が伝える寛政八年（一七九六）、中川飛驒守忠英が長崎在勤の年の条によると、この年の二月、唐通事と阿蘭陀通詞のうち、小通詞助以下の通詞たちを対象にして、御役所において「家業直試」が行われたという。

このうち、

・唐通事に対しては、「詩作・唐話・小説等」が課題とされ、

・阿蘭陀通詞に対しては、「蛮書・蛮語ノ和解」が課題として、

出されたというのである。以後、年々「二月・六月・十月」の「三度宛」「直試」が行われることになった、というのである。

長崎奉行所における、通事と通詞に対する定期試験制度ということになる。ただし、これが実地に行われたものか、どうか。長崎奉行所のうち、立山役所か、西役所か、どちらで行われたものか。実施されていたとすれば、その技能考査の具体的方法、内容はどんなものであったか。従来、いずれの点についても確認されることはなかった。

ところが、さきごろ、長崎の旧家の畳の下に敷かれた反故（ほご）がシーボルト記念館に持ち込まれ、それが阿蘭陀通詞本木氏の文書群と確認された。

その文書群のなかに、『蘭文和解』と仮題の付けられた文書が一点ある。仮整理目録では、ばらばらになった文書が一八紙と数えられてファイルに収められていた。もとは一綴の写本と見受けられる。断簡も含め二四紙あった。綴じ糸は外れて、それぞれ一紙となっている。

記事内容と記載の年記を手懸かりに仔細に点検、順序を付け直してみたら、次のような結果を得た。

表紙と思われる一紙には、

二度目
御奉行
中川飛驒守様御在勤
寛政八辰八月廿八日於　西役所ニ向〔こ江被〕仰付候御手頭
横文字幷言語之写

と認められていた。

他の二三紙を、

・「二月十一日」「二月」の日付を有するもの
・「八月廿八日」「八月」の日付を有す

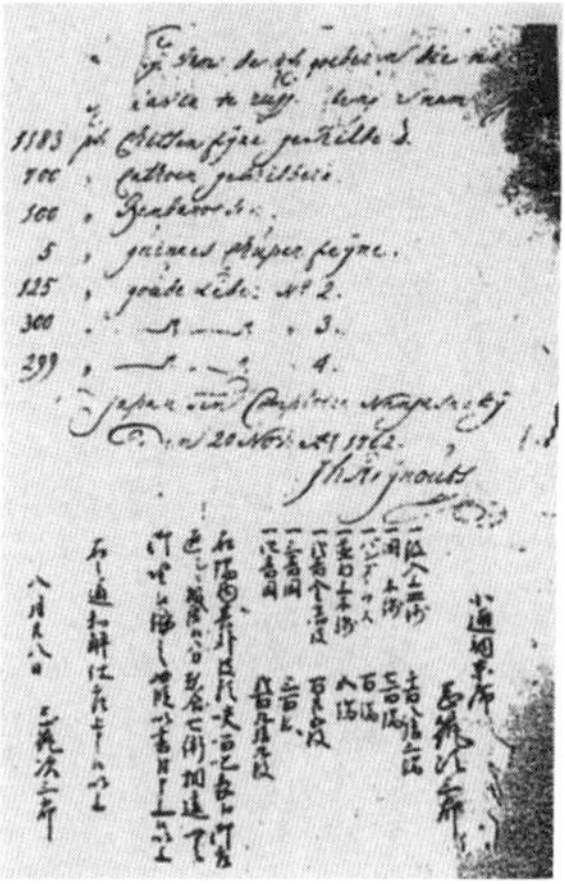

『蘭文和解』（シーボルト記念館蔵『泉屋家文書』）（部分）

るもの

・日付を欠くもの

の三種に区分し、年月日順に整理してみる。そのあと、オランダ語原文とその日本語訳文が揃っているかどうか、で区分してみる。さらに、原文にみえる日付、原文を提出した署名人であるオランダ人名、日本語訳文を作成した通詞名とその職階名などを手懸かりにしてまとめてみる。すると、次のような表2を作成することができた。

(1)は表紙。寛政八年（一七九六）八月現在における長崎「御在勤」の「御奉行」は「中川飛驒守」忠英である。「寛政八辰八月廿八日」に「西役所ニ」「於」いて、「向ㇾ」へ「仰付」けられた「御手頭横文字（自書命令書）」と「言語」の「写」という文面である。すると、奉行が手書したオランダ語文書とその訳文があって、それらの「写」がまとめて綴じられ、これはその「表題紙」と思われることになる。しかし、これはおかしい。長崎奉行中川忠英にオランダ語文書の作成ができたとは思えないからである。

紙面の右肩に朱書されている「二度目」とはどのような意味であろうか。中川忠英の長崎在勤は一回だけである。すると「向ㇾ」へ「仰付」けたことが、この「八月廿八日」の場合で「二度目」ということになる。では、このようなことの「一度目」とはいつのことか。これがとりもなおさず「二月十一日」のことを指すと察せられる。

表を作成してみたことによって判明する点を列挙してみる。

①　「二月十一日」「二月」付で訳文を作成して提出した通詞名が、「八月廿八日」「八月」

表2　『蘭文和解』整理一覧表

	蘭文	和文	訳文の日付	原文の日付	カピタン名 他	職　階	通 詞 名
(1)							
(2)		○	辰 二月十一日		やんからんす あれんとういるれむへいと		馬田　源十郎
(3)		○	二月		いさあくてっちんぎ		志筑　次三郎
(4)		○	辰 二月十一日		ろんへるけ		西　敬右衛門
(5)		○	辰 二月十一日		へんでれきかすふるろんへるげ		末永　辰太郎
(6)	○	○	八月廿八日	1760・2・20	Reijnouts	小通詞末席	末永　辰太郎
(7)	○	○	八月廿八日	1762・10・21	Reijnouts	小通詞末席	馬田　源十郎
(8)	○	○	辰 八月廿八日	1762・10・21	Reijnouts	小通詞末席	岩瀬　弥十郎
(9)	○	○	辰 八月廿八日	1762・10・21	Reijnouts		馬場　為八郎
(10)	○	○	辰 八月	1762・10・28	Reijnouts	小通詞並	茂　伝之進
(11)	○	○	八月廿八日	1762・11・20	J. h. Reijnouts	小通詞末席	志筑　次三郎
(12)	○	○		1773・1・6	Armenault	小通詞末席	三嶋　良　吉
(13)	○	○	辰 八月廿八日		J^{w}S Bosch	小通詞並	西　幸三郎
(14)	○	○		1766・8・18	A. Toelaar B. Christ	小通詞末席	楢林　新八郎
(15)	○	○		1766・10・29	Chiste A. W. Feith	小通詞末席	馬田　源十郎
(16)	○	○		1779・9・1	J. Thitsing		
(17)	○	○		1785・1・6	M. C. Romberg	小通詞並	今村才右衛門
(18)	○	○		1785・10・8	C. Romberg A. W. Feith	小通詞末席	末永　辰太郎
(19)	○	○			F. armenault S., sE. Weijk	小通詞末席	楢林　新八郎
(20)	○	○			A. Toelaar B. Christ	小通詞〔　〕	
(21)		○					
(22)	○						横山　勝之丞
(23)	○	○					
(24)		○				稽古通詞	塩谷　正次郎 立石　梅十郎 品川　作太郎 堀　儀三郎 下 加福　㐂七郎 上 西　義十郎 森山　幸之助 三嶋　良　吉

付で訳文を作成して提出した通詞名と、一致している例の多いことなどからして、⑵〜⑾、⒀の文書は同じ「辰」年である寛政八辰年のものとわかる。同様にして、通詞の訳文作成・提出日の記載を欠く⑿、⒁〜㉔までの文書も同一年度のものと察せられる。日付部分が破損して失われたためとわかる。したがって、文書が破損していなければ⑿、⒁〜㉔までの文書は「二月十一日」付の文書と「八月廿八日」付の文書とに分類できたはずである。

② 「二月十一日」「二月」付の⑵〜⑸までの文書群は、いずれもオランダ語原文を欠き、通詞の日本語訳文のみである。したがって、原文提出の署名人であるカピタン名も日本語平仮名表記になっており、通詞の職階名を欠いているという共通点が認められる。カピタンの出島在職年から推して、二月に訳文作成・提出の⑵〜⑸は八月に訳文作成・提出の⑹〜⑾、⒀よりは古い文書内容であることがわかる。

③ 「八月廿八日」「八月」付の⑹〜⑾、⒀までの文書群は、いずれもオランダ語原文と通詞の訳文が揃っており、Rejinouts が署名・提出した文書が大多数を占めている。訳文の日付も短期間のものに集中していることに気付かされる。通詞名とその職階名をほぼすべて読み取ることができる。

④ 通詞は小通詞末席が多く、小通詞並がそれに次ぎ、稽古通詞は㉔の一例だけである。

⑤ 以上のことから、総合判断して、本書は寛政八辰年における「一度目」の「二月十一日」に訳文作成・提出の文書群と、「二度目」の「八月廿八日」に訳文作成・提出の文

書群とを一綴にしたものと判断される。

⑥　以上の結果、⑴の表題紙において、長崎奉行が「仰付」けた「御手頭横文字」とは、カピタンほかのオランダ人が長崎奉行に宛てたオランダ語文書を指すことが判明した。同様にして「言語」とは諸通詞によって翻訳された訳文を指すことが判明した。「向ゝ江」とはオランダ語原文を示して翻訳を命ぜられた小通詞並や小通詞末席・稽古通詞などの阿蘭陀通詞たちを指していることも判明する。したがって奉行が「仰付」けたことはオランダ語文書の翻訳であったことが明白となった。

⑦　長崎奉行の命によって、小通詞並・小通詞末席・稽古通詞の通詞たちが、寛政八年の二月と八月に集中して訳文を提出していることは、従来、未確認であった『長崎実録大成』が伝える寛政八年中川飛騨守忠英が長崎在勤の年の条にみえる通詞に対する「家業直試」の要件に、ぴったり、相当することがわかる。「御役所」が、具体的には「西役所」であることが判明した。小通詞並・小通詞末席・稽古通詞は、確かに小通詞助より以下の者たちである。当時、蘭書・蘭語を蛮書・蛮語とも呼びならわしていた。したがって、オランダ語原文とその訳文は、まさに「蛮書・蛮語ノ和解」に当たる。「二月・六月」が、実際は「二月」と「八月」に実施されたもので、「八月」の分が「二度目」と明記されている点においても符合し、まったく矛盾しない。

かくて、通詞本木氏が書き留めておいた『蘭文和解』はこの年から開始された「家業直試」の試験問題とその答案の「写」であったことが判明した。

いずれ通詞本木氏にも降りかかってくる家業試験であったから、「直試」受験の対策のための参考資料として、かくも熱心に、入手に努め、「写」し置いたものと察せられる。現代における各種の試験において、受験者が「過去問」の入手に努め、コピーして、対策の勉強に励んでいることとまったく同じである。

その「家業直試」の問題として、オランダ商館のカピタンその他から長崎奉行や町年寄に宛て、実際に提出された各種の文書が使用されていたことが判明した。長崎奉行所にはこの種の文書が多数保存されていて、そのうちの一部を選んで通詞の「家業直試」にそのまま問題として活用されたわけである。極めて実践的効果を狙った家業試験・実力試験であったことがわかる。

一例を示そう。

⑧〈和4—12、ウ12〉

De Navolgende Comissers Zuijke □
kunnen werde af g'e[ge]even □
4 Cannassers, voor den Temp[e]l Siomdosi
tot Welstand van 't eijland Disima.
Japan Den 21 October aº 1762
Reijnouts

小通詞末席

岩瀬弥十郎

一白砂糖　　四籠

右者所無動寺江差送申度奉存候、依之［何］分宜敷御許容被為成下候様奉願候

和蘭一千七百六拾二年　　　　　　　　　　　　　　ハれいのうつ

右之通和解仕差上申候、以上

辰八月廿八日　　　　　　　　　　　　　　　　　岩瀬弥十郎

レイノウツ提出の蘭文文書がそのまま試験問題に使用され、小通詞末席の岩瀬弥十郎が答案を作成している。

実地の文書内容であったから、どの文書からも日蘭の貿易交渉、外交交渉の一端を具体的に窺い知ることができて、すこぶる注目に値する。文化交流の実際を覗き込む思いさえする。

3　通詞のオランダ語学習の順序

オランダ語を聞いて話し、オランダ文を読んで書くことを職業とした阿蘭陀通詞は、いかにしてオランダ語を学習したか。

阿蘭陀通詞の一人一人が、一番苦心し、努力を重ねたことである。それにもかかわらず、オランダ語の学習を、いかにすすめたか、阿蘭陀通詞自身は、ほとんど書き留めていない。

不思議なことのようであるが、通詞にとってあまりにも日常的なことであったために、かえって記録を遺すことをしなかったものかもしれない。

ところが、長崎に遊学した江戸の蘭学者が書き留めている。さらに、その伝聞を書き留めた蘭学者もいる。長崎遊学の蘭学者は、オランダ語の学習を主たる目的として、阿蘭陀通詞の家に寄宿する場合が多かった。したがって、直接に通詞の家庭や通詞社会を観察して書き留めている。信を置くことができよう。

天明五年（一七八五）の秋から翌六年の春にかけて長崎に遊学、通詞本木栄之進良永の家に寄宿して、親しくオランダ語の教授を受けた大槻玄沢が、通詞のオランダ語学習とその順序について、天明八年に刊行した『蘭学階梯』の下巻「修学」の項において述べている。

長崎において、通詞のオランダ語学習の本式なる方法と、その段階は、次のようなものである、という。

①「アベブック」「レッテルコンスト」等の書によって、オランダ文字の読法・書法と、綴りよう・読みようを学ぶ。
②「サーメンスプラーカ」によって、平常の談話集を学ぶ。
③「ヲップステルレン」といって、文章を書き習う。

の三段階を、先輩・朋友・蘭人に教示を得て、「合点」するのである、といっている。

また、官医桂川甫周の弟として、兄や江戸の蘭学者と幅広く親交を結んだ桂川甫斎（森島中良）は、『類聚紅毛語訳』（のちの『蛮語箋』）の「題言」において、通詞のオランダ語学

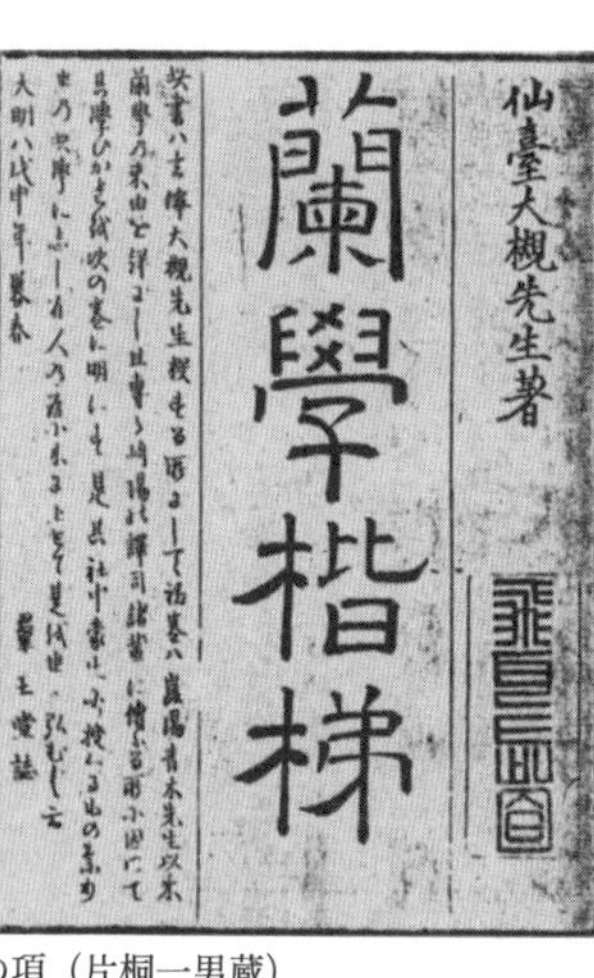
仙臺大槻先生著
蘭學階梯

大槻玄沢著『蘭学階梯』「修学」の項（片桐一男蔵）

習の順序・段階を伝えている。

①「アベ、ブック」「レッテル、コンスト」によって「セイラブ」を学ぶ。アベセ二五文字の続け方で、わが国の仮名遣いの学習である。

② 次に同じ書物によって、「ヱンケル。ウヲールド」を学ぶ。単語数百語の記憶である。

③ そのうえで、「サアメン。スプラク」すなわち、応対の言語を集成した書（会話集）によって学ぶ。

という三段階をあげている。

これよりさき、明和六―七年（一七六九―七〇）の交、長崎に遊学して通詞諸家に学んだ前野良沢も、順序は特に述べていないが、「語意ヲ考スヘキ書」として、

①「サメンスプラケン」という「平

常問答」を撰んだものがあり、
②「アベブゥキイ」という「授幼字訓」の「小冊子」があり、
③「レッテルコンスト」という「字学」の「小冊子」があり、
④「セイッヘリンゲ」という「算術ノ書」がある。
みな、これらを読んで、「彼語文義」の「旨趣」を「翫味」すべきだといっている（『和蘭訳筌　末篇附録草稿』）。

これら三者の言には矛盾するところはない。むしろ、相補い得て、通詞のオランダ語学習の順序・段階とその内容をよく示している。そこで、これを総合し、整理してみると、次のようになる。

①「アベブック」「レッテルコンスト」等の書により、ア・ベ・セ、オランダ二五文字の読法・書法と、文字を続けての綴りよう・読みようを学ぶ。
②次に同じ書物によって「ヱンケルウヲールド」すなわち単語数百語を記憶する。
③そのうえで、「サーメンスプラーク」によって、日常会話例を学ぶ。
④「ヲップステルレン」といって、文章の作文を習う。
⑤また「セイッヘリンゲ」によって、算術をも学ぶ。

右のような学習段階と、その内容をみてわかるように、
①は、全く初心者に対する入門で、文字の読み・書きの説明であるから、桂川甫斎が言うように「セイラブ（中略）蛮字ヲ読、蛮字ヲ書事ハ、師ヲ待ズシテ成就スルヤウニナリヌ」

（『類聚紅毛語訳』題言）というものである。

②の単語の学習を進め、記憶単語数が増加していけば、当然、「天文・地理ヲ始メ、物類ノ称呼ヲ集メ」た単語帳の作成が要求され、さらに進んでは、組織的な辞書の要求につながると考えられる。

③の日常会話を会得・習熟し、④の作文およびその説明を構造的に理解しようとすれば、当然、文法の理解が要求されることになる。

⑤の算術の理解は、オランダにおける数の数え方、計算式の理解ということ、すなわち洋算の理解ということになる。通詞が日蘭貿易交渉における通弁や、帳簿の作成などの実務に臨んでの通訳官であったから、きわめて実用的な学習であったと考えられる。

題言

一嘗テ聞ク、蘭人ノ初学ニ教ユルヤ、「アベブック」「レッテル、コンスト」ナド云フ、訓蒙ノ書ノ始ニ載ル、「セイラブ」ヲ暗ニ誦シム、所謂「セイラブ」ナル物ハ、彼邦ノ國字、「アベセ」ノ二十五言ヲ連属スル法ニシテ、取モ直サズ假名遣ヲ會得セシムルナリ、次ニ同書ノ中ニ記ス「エンケル、ウヲールド」ヲ授ク、「エンケル」ハ單「ウヲールド」ハ語ナリ、天文、地理ヲ始メ、物類ノ称呼ヲ集メ、清濁、半濁、直舌、曲舌ノ音ヲ正シ、訛言ヲ云習ハスマジキカ為ナリ、「エンケル、ウヲールド」数百言ヲ空ニ記タル上ニテ、「サアメンスプラク」ト云書ヲ授ク。

『蛮語箋』題言（静嘉堂文庫蔵）

次に、いま得られた通詞のオランダ語学習の順序にしたがって、それぞれの段階で用いられたという書物が、実際に使用されて学ばれていたか、どうか。また、それらの書が遺っているか、どうか、確認してみたい。その確認調査を通じて、通詞のオランダ語学習の実際の様子を把握し、それが江戸の蘭学者に与えた影響をもみてみたいと思う。

4　アベブック、レッテルコンスト

アベブックを翻字すれば、AB Boekとなり、レッテルコンストを翻字すれば、Letterkonstもしくは Letterkunstとなる。

商館長ヂルク・ド・ハース Dirck de Haasが一六七七年（延宝五）八月二七日の日記に記すところによれば、

小通詞と稽古通詞の間に用いられている A: B: boekjes と letterkunst boekjes の内に、日々祈禱の文句がみられた。

と記している。したがって、はやくから、修業段階の稽古通詞や小通詞らが、この種の小冊子を用いていたことがわかる。

いま、その書が国内に遺っているとは寡聞にして知らない。しかし、金沢市立玉川図書館近世史料館の蒼龍館文庫に、「abc boek」という二〇ページ足らずの小冊子が含まれている。最後のページに「三良」と墨書がみえる。これは、京都の蘭学者小石元瑞に学び、郷里の越中高岡で婦人科医の家業を継いだ蘭方医佐渡三良のことである。

内容は、最初の三丁の各ページには「NEDerDuitsehe ABE Letteren.」とあって、五種類の書体でＡＢＣの一覧が示されている。その五種とは、merkletter、roomsletter、

Italiansletter、trekletter、Hoofdletter である。要するにＡＢＣ各書体の一覧である。それにしても、NEDERDUITSCHE と書くべきところを NEDerDuitsehe とスペリング(spelling 綴り)を間違い、大文字・小文字の使用法も混同している。ABE とあるのは、表紙のＡＢＣが正しい。次の三丁半七ページは「NEDERDUITSCHE LETTERGREEP.」とあって、要するに音節の例示である。一部を示せば、

Ab　eb　ib　ob　ub
ad　ed　id　od　ud
…
ach　ech　ich　och　uch
…
zwa　zwe　zwi　zwo　zwu

というようなものである。表題の LETTERGREEP という単数形表記は LETTERGREPEN と複数形表記にされるべきであった。最後の二丁半五ページは DE EENVOUDIGE EN MEERzAAM GESTELDE LETTErGrEEPEN. とあって、単音

「abc boek」(金沢市立玉川図書館近世史料館蔵)

節と複音節が例示されている。

Al.　aal.
er.　eer.
is.　ijs.
…

といった具合である。

誤記も、不備も目につくが、これは要するに、桂川甫斎が伝える「「アベセ」ノ二十五言」と「セイラブ」「連属スル法」に当たる。大槻玄沢の説明に合わせてみれば、ABCの「書法」であり、音節の「綴リヨウ」に当たることがわかる。

右のようなことから、おそらく、通詞の間にもこのようなa b boekあるいはa b c boekというものが学習書として用いられており、それが蘭学者の間にも転写されて、魯魚の誤りも含めて、伝わっていったものと考えられる。

それにしても、商館長ヂルク・ド・ハースが記す、「日々祈禱の文句」というのは、全ページどこにも見当たらず、神に関する記述も見当たらない。禁教下の時代のこととて、そのような記事は意識的に書き落とされたものか、それとも全く別種の本であったものか、気がかりな疑問点である。

青山学院大学で満一年間の在外研究の機会（一九八一―八二）に恵まれたとき、この種の原書を探索、帰国後も古書目録に眼を通し続けた。しかし、幼・少年向きの入門書であるた

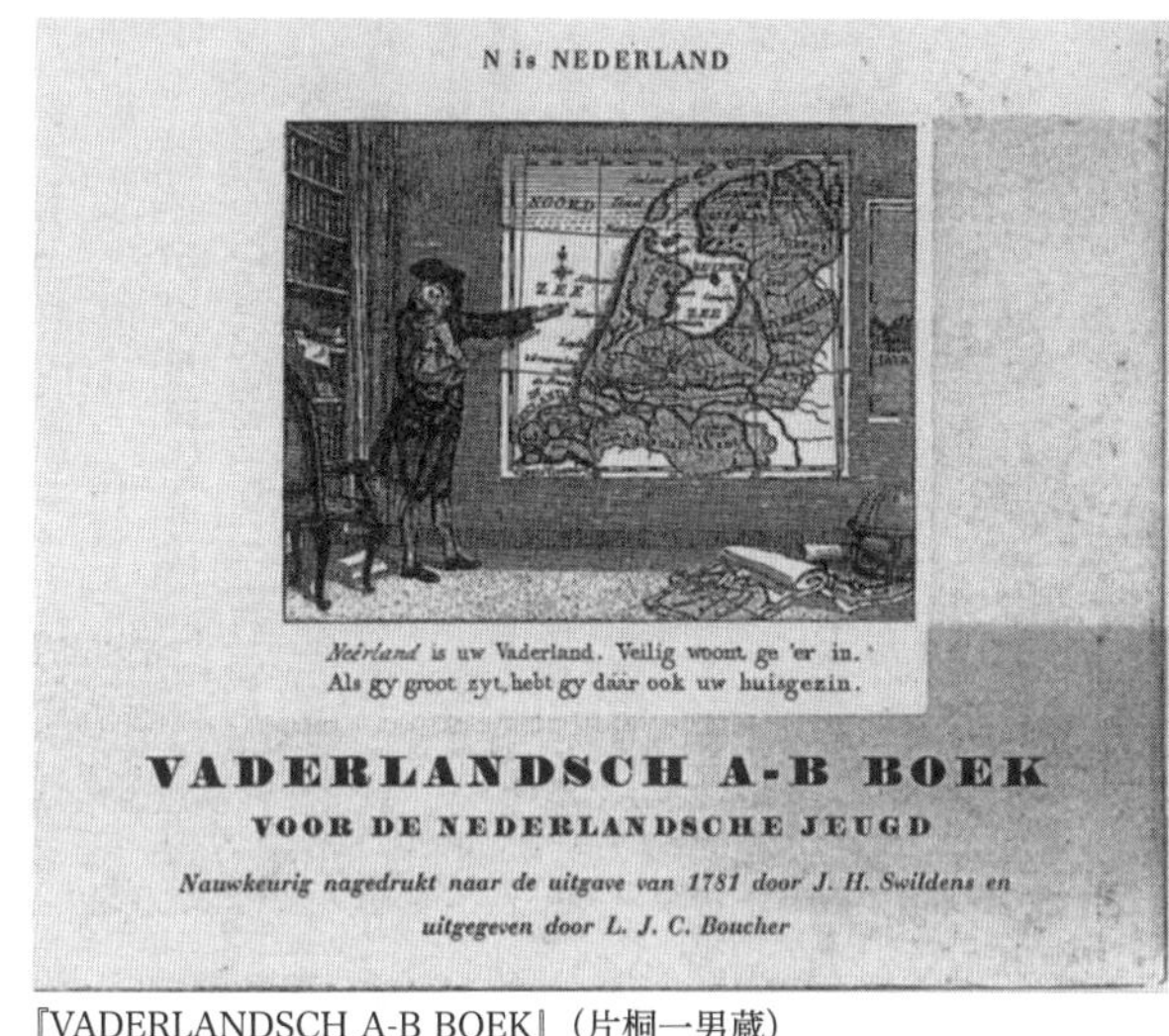

『VADERLANDSCH A-B BOEK』（片桐一男蔵）

めか、入手は思いのほか難しい。現在までに二点しか入手していない。

ライデン市の古書店で見つけたファクシミリ複製小冊子は次の通りである。

表紙の書名は、VADERLANDSCH A-B BOEK VOOR DE NEDERLANDSCHE JEUGD といい、一七八一年にアムステルダムで出版されたものの複製で、刊行日はどこにもみえない。タテ一一・七センチ、ヨコ一五・四センチ、表紙のほか全三〇葉の小冊子。表紙に続く遊紙には単に、VADERLANDSCH A-B BOEK とのみ見えて、裏は白である。次の一紙の表は内題ともいうべく、

VADERLANDSCH

A-B
B O E K
VOOR DE
NEDERLANDSCHE JEUGD

と見える。これらの書名の略記の仕方、活字の大きさの区別による表現からして、本書はVADERLANDSCH A-B BOEK もしくは、単に A-B BOEK と呼ばれたであろうことがわかる。内容は次の通りである。

第二紙の裏と第三紙の表の見開きページには、ＡＢＣ二六文字の書体が八種類示してある。次の見開きページからが本文である。

各見開きページごとに一話と一挿図との組み合わせになっており、ＡからＺまでそれぞれ一見開きページとしてまとめられている。ただし、Ｇだけは二見開きページが割り当てられている。したがって、本文は二七の見開きページから成っている。

ＡからＺまで、採り上げられた言葉を列挙してみれば次の通りである。

A……　Akkerman　（農夫）
B……　Burger　（市民）
C……　Cyfferen, Cyfferkunst, Cyffermeester（計算、算術、算術士）
D……　Dyk, Duinen（堤防、砂丘）
E……　Eendragt　（徳）

F……Fruit（果物）
G……God（神）
G……God（神）
H……Haring（鰊）
I……Indiaan（インド人）
J……Jeugd（若者）
K……Koe（牛）
L……Linnen（リンネル）
M……Moeder（母）
N……Nederland, Neerland. Vaderland（ネーデルランド、母国）
O……Olie（油）
P……Papier（紙）
Q……Quakzalver（藪医者）
R……Ruiter（騎手）
S……Schip, Oorlogschepen（船、軍船）
T……Turf（泥炭）
U……Uur（時間）
V……Vader（父）

W……　Wol　（羊毛）
X……　Xantipp　（山の神）
Y……　Yzer　（鉄）
Z……　Zout, Zeep　（塩、石鹼）

すなわち、二七話、二七図から成っていることがわかる。
いま、表紙の装幀にも用いられているNの一話を読んで、本書の内容・程度をみてみることにしたい。

連合オランダは私の母国（子供は学ばねばならない）で、単にこれか、あれかの州ではない。それに所属している、隣接する土地をもつ全七州は母国の語に含まれねばならない。それらは一緒に一つの大きな共和国を形成しているからである。我々が堤防と砂丘に対して相応なる意を用いているならば、我々が必要とする海軍力と陸軍力をもち、いい状態を保っているならば、我々が勤勉に、倹約に、一語でいえば、有徳な生活をしていたならば、そのために必要な全てのことを保っているならば、神はそこに我々を安心して住まわせられる。どのオランダの子供に対しても、いつも母国をすべての他国よりも選ぶように、愛国をすすめなければならない。そして、早く、一度、お父さん・お母さんと同じように、家族をもち、そして、だから結婚して、そして真面目な職業をもつ、健康な望みを習うように。

図の説明文は、「七州は図の中のヘルデルランド、ホーランドその他です」とある。これを見ると、内容はまさに児童に対する教育的記述で、他の話も同様である。ただし、文の難易度からすれば、小学校で用いられる国語の教科書よりも程度が高い。したがって、これは単に児童に読ませる教科書というよりは、むしろ教師が児童を、両親が子供たちを教導するために用いた指導書といったものであることが察せられる。一七八一年の本書は、まさにオランダ人のいう eeuw van de rede（修学の時代）をよくあらわしている。

ところで、「日々祈禱の文句」というような宗教的記述に該当する記述はどうであろうか。右のNの一文中には「GOD 神」という語がみえる。しかし、もっと直接的な記述はないものであろうか。そこで、改めて本書全体を検すると、「祈禱の文句」そのものは見当たらないが、GOD 神に関する話や記述は何ヵ所かにみられる。最も直接的な話はG項の話である。G項のみが二話盛り込まれており、いずれも神についての話であるから、次にそれを訳出してみる。

神は我々にとって見え難く、理解し難いものである。人は眼に見える世界の存在から唯一神の存在を最も疑いもなく証明する。しかし、この最も大切なる真実についての一般認識を強いて立証する必要はない。それ（＝認識）は人の理性にとって、いとも似つかわしく、かつ天賦のものである。「見えるものすべて、宇宙は神から来、神にある。神は宇宙を維持し、支配する。神は、能力と叡智において、全ての我々の理解を際限もなく超越せる存在である。神は我々が生きることの主である。神は我々をしてほしいままに生かし、あるいは生を奪う。神は全てを知っている。我々全ての考えまでも」などなど。これらの真理はよく育った子供はすぐ理解するでしょう。そして、この二つの図、および、第二・第三・第四の読書訓練の方法を理解するように順えば、順うほど、よりよくわかるようになるでしょう。

図の説明は「神はこの全ての主である。見るもの全て、大地、天、宇宙の全ては神が無から造りたもうた」とある。

次の話は、

神の無限の叡知と仁愛は全生物から湧き出て来る。大きいものからと同じように小さいものからも。しかし、神の全能については、満天の星ほど印象づけるものは外にない。人はすでに何千も確かに星を数えている。しかし、それは数えきれない。そして、眼にみえる最も小さいものが、その周り七二〇〇時間もある我々の全地球より何倍も大きいのである。かかる驚くべき大きく、かつ輝かしい宇宙は神が無から造りたもうた。そして、その宇宙を保持し、支配しつづけている神は、いかに著しく輝かしい高い存在でありましょうや。

神は宇宙の絶対の主であり、保持者である、造りたもうたからです。そして、我々は疑いもなく神に奉仕する義務を負っている。我々がもともと疑いもなく神の僕であるから。我々は全ての点において神にもたれており、いつも全ての点において神の助力を仰いでいる。

宗教は、神を宇宙の最高の主と認め、神の意志に順うことである。神は人間にとっ

　て、真に有益のほかに何も欲しない。

とある。その図の説明には、「神は全てのものの主。奉仕せねばならぬところの彼が、いかほどよき智慧者であり、能力ある主たるかを、ここに学びなさい」ともある。

　神と宗教とに関するこれらの言葉は、禁教下の鎖国日本において、絶対許され得ないものたること、一読、論をまたない。かつ、いずれも、かなり難易度の高い文章である点もはっきりわかり、本書が指導書たること、ますます首肯できようというものである。

　本小冊子の巻末には、本書複製・刊行に関する解説文が一ページついている。それによれば、

　　このVaderlandsch A-B Boek voor de Nederlandsche Jeugd van 1781は、ここに複製された本文と挿絵のほかに、言葉と算術の練習が含まれている、かなり珍しいオクタボ判（八ツ切判）の小冊子である。後者（訳者註＝言葉と算術の練習）は省略されている。そのわけは、我々が面白いと思う所はわずかでしかなく、本小冊子最初の部分に対して反対であるからである。

という注目すべき一文が読みとれる。

　右によれば、本小冊子の一七八一年版の原本は、本文と挿絵からなる前篇と、言葉と算術の練習が盛り込まれた後篇とから構成されていたものであることが判明する。複製・出版者は、その関心の度合いからして後篇を省略し、前篇のみファクシミリ版で複製・刊行したというわけなのである。

かつて、わが阿蘭陀通詞が出島のオランダ商館員から、特に譲り受けて初歩的オランダ語学習のよきテキストとして活用した史的事情からすれば、省略された後篇こそが、筆者の関心の的であったのに、残念このうえない。

ともあれ、以上の検討によって、少なくとも次の諸点が確認されたことを喜びたい。

① 鎖国下の阿蘭陀通詞は、オランダ語学習の初歩的段階において、まず「ア・ベ・ブック」をよく用いた。

② 「ア・ベ・ブック」の活用・読解を通じて、阿蘭陀通詞がオランダ語の学習とオランダ事情を身につけていった。

③ 通詞使用の「ア・ベ・ブック」そのものは日本に遺存していない。しかし、写本「abc boek」とファクシミリ版『Vaderlandsch A-B Boek voor de Nederlandsche Jeugd van 1781』の内容を検することによって、右のような阿蘭陀通詞の学習内容をほぼ察することができた。

④ すなわち、いわゆる「ア・ベ・ブック」は、オランダ児童に対する二十数項目の教育的訓話とそれに対応する挿絵からなる前篇と、初歩的なオランダ語と算術の練習が盛り込まれた後篇とから成っており、それを阿蘭陀通詞が学習したものと察せられる。前野良沢・大槻玄沢らが伝える通詞の学習段階の記述、および商館長ヂルク・ド・ハースが伝える通詞の学習状況がそれを裏付けている。

⑤ オランダの児童に与えられた教育的訓話二十数項目には、キリスト教の神について、

大きく、かつ明確に説明されていることは注目に値する。オランダの国土・民生・海外発展などにも話題は及んでおり、これらは、いずれも通詞らの知識を広め、理解を深めていったことであろうかと察せられる。

⑥　オランダ語・算術の練習について、佐渡三良筆写の「abc boek」が、この種のテキストの一種を部分的に伝えたものであるとすれば、その学習は初歩的学習内容であったとしても、それなりに、なかなか組織的なものであったことが理解できる。

⑦　以上のことからして、通詞の間に盛んに用いられた、いわゆる「ア・ベ・ブック」は、初学者向けのテキストとして、オランダ語の学習の点でも、オランダ事情を察知する手懸かりの書としても、取り付き易い、組織的なまとまりのある手頃な入門書であったことが判明する。

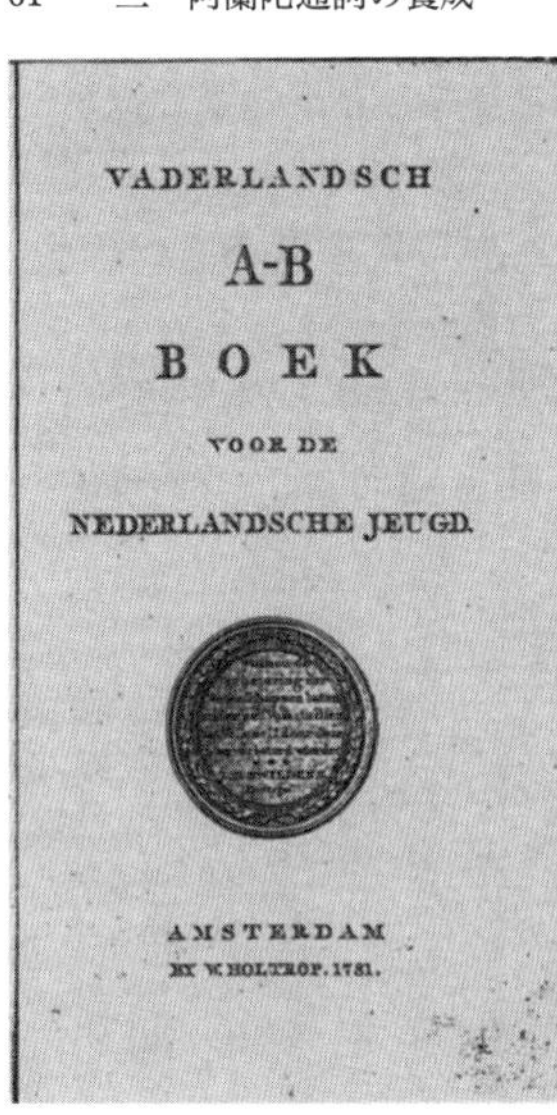

『VADERLANDSCH A-B BOEK』タイトルページ（片桐一男蔵）

⑧　阿蘭陀通詞はキリスト教の説く神についての記述を読んでいた。これは注目に値する。しかし、通詞はその知識を自らの手で書き留めたか、どうか。その種の記録はまだ管見に入って来ていない。

EERSTE BEGINSELS
VAN HET
CYFFEREN
EN VAN ALLE
KUNSTEN EN HANDWERKEN.

『VADERLANDSCH A-B BOEK』「算術の練習」部分（片桐一男蔵）

帰国後も古書目録に注意し続けた。京都の某古書店の目録に同版の本を二点見出した。筆者の入手本はタイトルページをはじめ、二、三のページが失われ、損傷している古書で、落書も見られるものだった。大橋敦夫氏の入手本は完全・美麗なものであった。大橋氏の厚意により、拙蔵欠陥ページを複写で補うことができた。また、探索の結果、オランダの Koninklijke Bibliotheek te 's. Hage. からマイクロフィルムを入手することができた。改めて、右の三点のA-Bブックを点検してみると、タイトルページは次の通りである。

VADERLANDSCH
A-B
BOEK
VOOR DE
NEDERLANDSCHE JEUGD.
AMSTERDAM
BY W. HOLTROP. 1781.

これは、なんと、先に入手したファクシミリ版複製本の原本と同一刊本で、内容も同一であることが判明した。原本であるだけに、複製本が省略した後半部分も補うことができた。

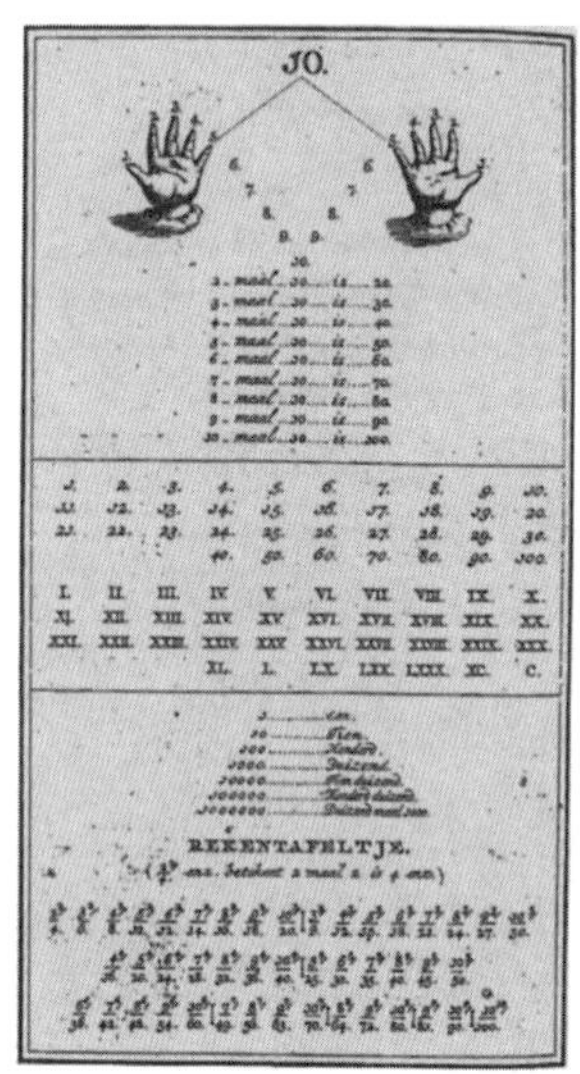

『VADERLANDSCH A-B BOEK』「算術の練習」部分（片桐一男蔵）

補充部分の構成は次の通りである。

EERSTE BEGINSELS
VAN HET
CYFFEREN
EN VAN ALLE
KUNSTEN EN HANDWERKEN

とあるのは、複製本が解説文で伝えていた「言葉と算術の練習」である。確かに数の数え方を練習するための図解が二ページ掲載されている。見るところ、「算術の練習」部分はこの二ページの図解のみである。続いては、改めて1〜58と新しくページが付けられており、内容は、SPEL-EN LEES-OEFENINGEN. という章題のもとに、

AIGEMEENE VERKLAARING
der LETTEREN.
EERSTE SPEL-OEFENING.
TWEEDE SPEL-OEFENING.

と、a e i o u の説明、そのスペルの説明が挿図を用いて説明されている（Gebruik van het hier naast staande plaatje.)。続いて、EERSTE SPEL-EN LEES-OEFENING から TIENDE SPEL-EN LEES-OEFENING まで、すなわち第一課から第一〇課まで、スペルと発音の練習が続いている。次に、，；：．—（）［］？！…など、文の仕切り記号と文の説明記号の説明が挿入されている。続いては、よりよい学習の指導（Kort onderricht om goed te

21

ZIN-SCHEID-TEKENS,

, ; : .— ( )

, *by dit* ſtreepje *houdt men een klein weinigje op.*
; *by dit* geſlipt ſtreepje *houdt men wat langer op.*
: *by deeze* twee ſtipjes *houdt men mede wat langer op.*
. *by dit* ſtipje *is de groote ophouding.*
.— *by dit* geſtipt lyntje *is de grootſte ophouding vóór eenen nieuwen regel.* (*Zie het* nader Onderricht.)
( ) [ ] *tusſchen zulke twee boogjes of haakjes wordt doorgaans eene ingelaschte opheldering of uitzondering geplaatst.*

ZIN-TEKENS.

? ! ....

? *is het vraag-têken.*
! *is het verwonderings- of opwekkings-têken.*
.... *met deeze ſtipjes geeft men doorgaans te kennen, dat de rede plotslyk gebroken moet worden, of dat de Lezer nog iets moet denken, het geen niet uitgedrukt ſtaat met woorden.*

b 3

『VADERLANDSCH A-B BOEK』「仕切り記号」説明部分（片桐一男蔵）

leezen.）として、簡潔な説明が、五課付いている。さらに進んで練習（verdere leesoefeningen.）九課などが盛り込まれている。

右のうちで、算数の練習で図解したところでは、日本でいう九九をオランダでどのように唱え、教えていたものか知りたくなった。また、，．；：．-（）［］？！…などは、前野良沢が杉田玄白らと『ターヘル・アナトミア』を会読するに際して、同志にオランダ語教授の第一歩として示した「点画十例」そのものであることがわかり、注目させられた。

筆者所蔵の損傷激しいA－Bブック一冊はその昔通詞が実際に使用したテキストとしての姿を伝えるものであるかもしれない。

5　単語帳エンケル・ウォールド

エンケル・ウォールドを翻字すればenkel woord単語帳ということになる。

桂川甫斎の伝えているところによれば、「アベブック」や「レッテルコンスト」のなかに見える単語を初学の通詞に授け、数百言を憶えさせる。その単語は、天文・地理など、物類の称呼を集めたものであるという。

通詞がはやくからオランダ語の単語を書き留め、いわゆる単語帳ともいえるノートを各種作成し、活用していたことは、伝存しているその種の単語帳や単語集の数が多いことによっても頷ける。

(1)　初期の単語帳

杉田玄白は『蘭学事始』のなかで、

　通詞の輩もたゞかたかながきの書留等までにて、口づから記憶して通弁の御用も工弁せしにて、年月を経たり、

と述べている。たしかに、伝存している蘭日単語集のうち、初期のものには、オランダ語を片仮名書きにし、それに日本語を与えたものが多い。二、三例示してみよう。

静嘉堂文庫所蔵の写本『和蘭訳語』は、内題が「阿蘭陀南蛮一切之口和」とあるごとく、前時代のポルトガル語の残存をも認められる初期の内容を伝えている。その形式は次の通りである。

（前略）
　色之部
一ホック　書物之事
一マヨウル　大ヲ云
（中略）
　道具之部
一バルベイル　大ハサミ
一スケウル　常ノハサミ

（中略）

　人体之部

一メンス　　　　　　人間

一カベイサ hoofd（ホーフト）　頭

一ナリイス neus（ネウス）　鼻

（後略）

　このように、原語を片仮名書きにして、それに日本語を与えている。注目すべきは、人体之部の「カベイサ　頭」の語に「ホーフト hoofd」と書き加えている点である。カベイサはポルトガル語の頭で、ホーフト hoofd はオランダ語の頭という語である。次の鼻の例も同様で、以下この種の例は多い。

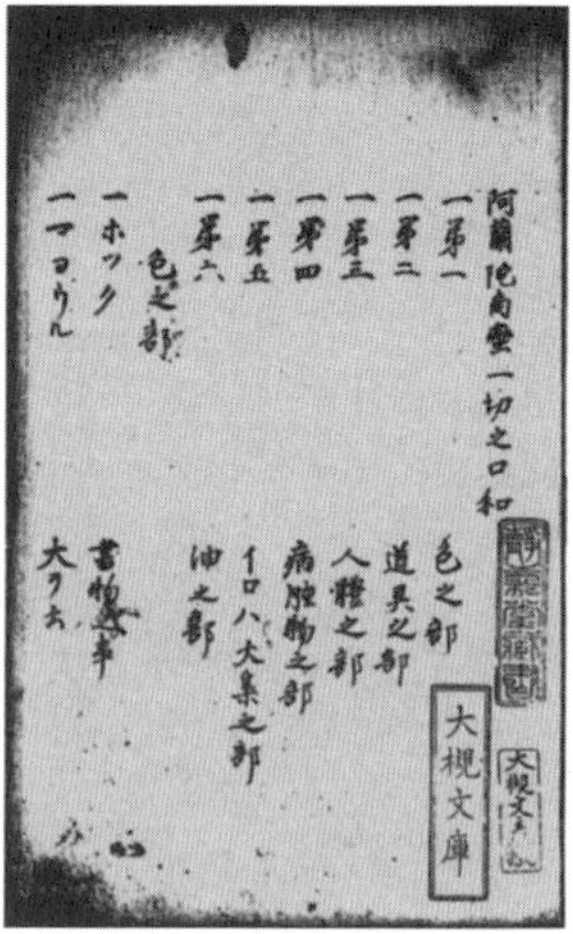

　東京外国語大学附属図書館所蔵の写本『蛮語解』は内題に「紅毛蛮語解」とみえるイロハ分けにした単語集である。その記載形式も、

　以　部

インクエント　　柔膏薬

イ、ヌルクルイト　野菊

（中略）

「阿蘭陀南蛮一切之口和」『和蘭訳語』（静嘉堂文庫蔵）

イシヘイレ　車前艸
(中略)
イツヘリコ　乙切草
イヘリコン
(中略)
辺　部
ヘタリヨン　脂
(後略)

といったものである。

故松村明氏所蔵の写本『阿蘭陀口伊呂波分』の巻末には「享和二歳十二月吉日　吉雄氏」と見え、通詞の吉雄一家の系列のものであることがわかる。内容は、もっと前のものを伝えているわけで、

イヘリコン　弟切草ノコト也
イペリセイネイビ　黄精
(後略)

などと、医薬・本草関係の語が多いという(『日本思想大系64　洋学上』〈岩波書店、一九七六年十一月〉)。

京都大学附属図書館富士川文庫には『阿蘭陀口』『阿蘭陀口和』『阿蘭陀口和解』『阿蘭陀

語和解』などという単語集の写本がみられる。うち、『阿蘭陀語和解』はイロハ分けになっている。その「以」の部には、

インクヱント　　和膏薬惣名

（中略）

イベリコン　イヘリコンアサ　トモ／イヱリコン　トモ　乙切草

（中略）

インヘレイト　　車前屮

（後略）

などとあるから、さきの『蛮語解』と似たような系統であることが察せられる。

以上は比較的はやい時期の単語集の例で、原語が片仮名表記で、分け方は部類別もしくはイロハ分けにされたもので、聞き伝えを収載したものの転写といった感が強い。

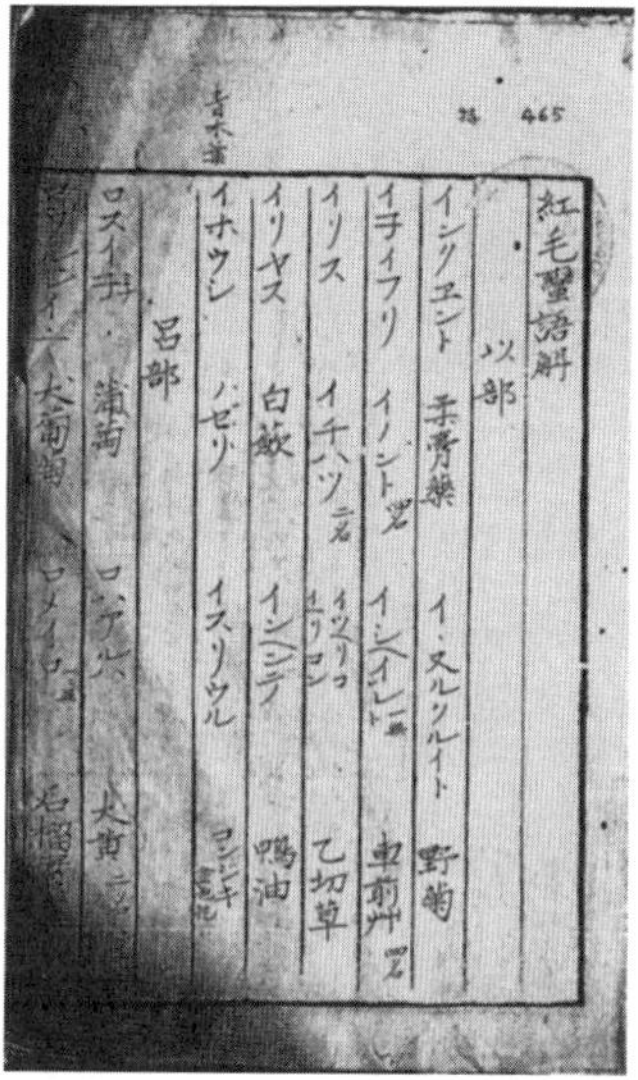

『蛮語解』部分（東京外国語大学附属図書館蔵）

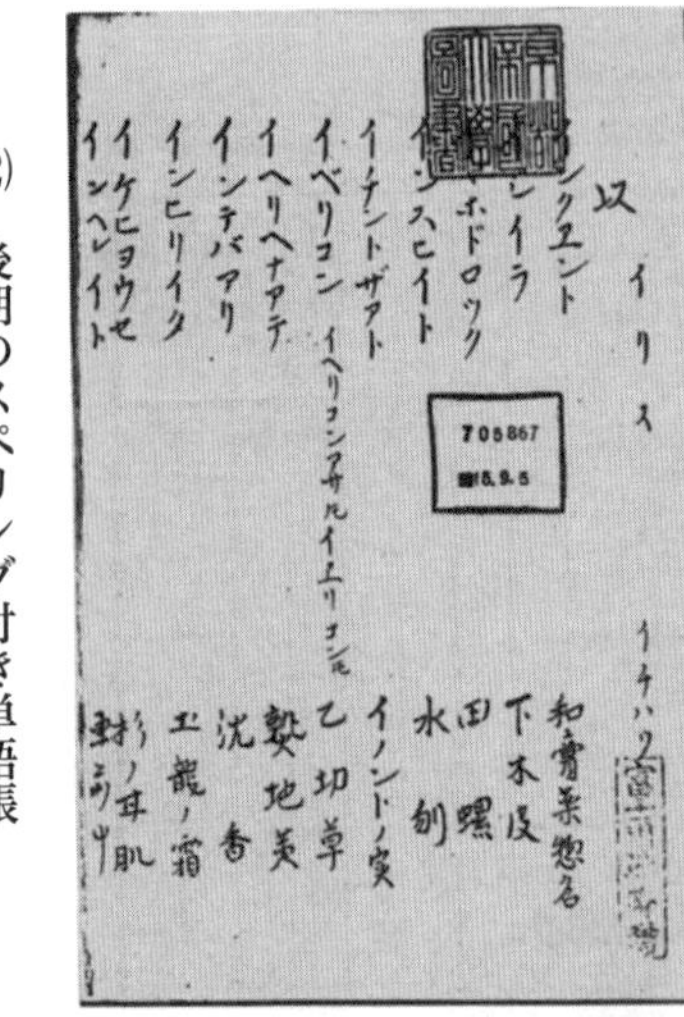

『阿蘭陀語和解』（京都大学附属図書館蔵）

⑵　後期のスペリング付き単語帳

やがて、オランダ語のスペリングまで記載した単語帳が作成されるようになった。内容も豊富になっていった。そんな単語帳の収集に努め、比較してみる。その先にどんなことが見えてくるだろうか。スペリング付きで、単語数の多い四点の単語帳を取り上げてみよう。

①　『Holland Woorden Boek』　嵐山春生書写
②　『Nederduitsche Taalen　西語名寄』　森田千庵書写

③『enkel de woord　一箇言』　故松村明氏蔵本
④『阿蘭陀名目語』　松平定信手沢本

右のうち、①『Holland Woorden Boek』と、②『Nederduitsche Taalen　西語名寄』とは、表3に示すごとく、三六の部門の順序が同一で、各部門の収録単語の順序・語数もほぼ同一で、蘭文の後書きも同一文面である。したがって、ほとんど同一と見做してもよい写本である。

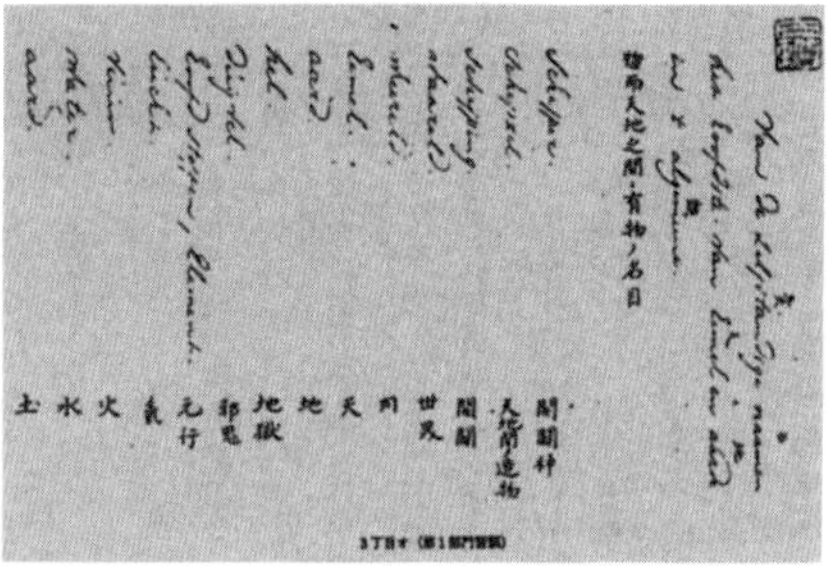

写本二点の内容はほとんど一致しているが、二、三の部門で、わずかに一、二語の出入りが認められる。したがって、この二点は同一系統の写本ということができる。

①『Holland Woorden Boek』の裏表紙の見返しには、「津軽の藩浅越氏ノ所持する所、牛島乃邸ニて屋敷ニ而写之　嵐山春生（花押）」とあり、本文冒頭の上欄には「白蟾」の印が捺してある。また別筆で「ARijAMA」とある。嵐山春生は甫菴といい、白蟾の号を用いた平戸嵐山家の第六代である。馬場佐十郎著『和蘭文範摘要』（早稲田大学図書館蔵写本）は「春生・白蟾」の印をもち、嵐山春生の書写にかかるという（杉本つとむ「馬場佐十郎著『蘭学梯航』の研究」）。このように、嵐山甫菴が馬場佐十郎の

『Holland Woorden Boek』 3丁目オ（和田家蔵）

語数

No.	部門	語数 Holland Woorden Boek	語数 西語名寄
1	Van de zelfstandige naamen het hoofdste van hemel en aarde in 't algemeene. 惣而天地之間ニ有物ノ名目	一三一	一三三
2	de dagen der weeke zijn. 日算号	七	七
3	de zeven metaalen. 七金ノ名	一三	一三
4	de vier winden der weereld. 四方	四	四
5	de twaalf maanden des ijaars. 十二ヶ月之名	三二	三二
6	de twaalf teeken van zodiak. 十二宮	一二	一二
7	de vier voornaamste reviere. 四大河名目	四	四
8	Namen van hoog Edelens ampt en tot verder kleine bedieninge.	五七	五七
9	Namen van de bloed verwantschap. 親戚門	一二一	一二一
10	Naamen van verscheijde manuvactuuren en kleederen. 端物幷衣類之部	三八	三八
11	De zoorten van zijde stoffen. 絹物類	四八	四九
12	de zoorten van linnegoed. 木綿類	九	九
13	de oude tijd aangebragte stoffagies. 古渡端物	一四	一四
14	de zoorten van Chineesche stoffen. 唐渡端物類	一二	一二
15	Naamen van verscheide vogelen. 諸鳥之名	一〇六	一〇四
16	Naamen van verscheide vier voetige dieren en veelderleij wormen. 獣幷虫類之名	一三三	一三三
17	Naamen van veelderleij visschen. 魚之名目	八〇	八〇

作品を書写している例が他にもある。

②『西語名寄』は、越後の蘭方医森田千庵の書写にかかる。千庵は京都の藤林普山と江戸の宇田川榛斎に学んだ人物で、多数の書写本を蔵し、そのなかには通詞馬場佐十郎の著作にかかる語学書が含まれている。馬場佐十郎の妻は津軽藩医浅越玄隆の女であった（伊吹山一草亭「馬場佐十郎の系譜」〈『書物展望』一三ノ九、一九四三年九月〉）。

表3 『Holland Woorden Boek』『西語名寄』各部門の

18	Veelderlije maamen[n] van groente moestkruijden, aarde en boom vrugten. 青物野菜菓芋類	八四	八四
19	De zoorten van medicijn. 薬種類	一〇五	一〇四
20	zoorten van olij. 油之類	一六	一六
21	Verscheide scheepsgereedschap. 船具之名目	七五	七五
22	de ambagts lieden zijn. 職人之部	九四	九四
23	de wanschepzel en misgeboorte. 片輪者幷生レ損シ	二三	二三
24	Van de kleederen. 衣服之部	四六	四六
25	de Juffers dragen. 女服門	五一	五一
26	De gedeelte van de menschen lichaamen. 人躰之部	一八七	一八七
27	Namen van de boom. 樹木門	二三	二三
28	Van de bloemen.	三七	三八
29	Van 't huijs raad.	三八	三八
30	daar is in de keuken.	一八	一八
31	in de kelder. 酒肆門	四	四
32	in de stal. 櫪櫛門	三五	三五
33	Hoofd stuk van de tafelen 't geen er op gebragt word. 食盤門	一六	一六
34	Van 't huis en 't geen er afhangd. 家屋門	一六二	一六一
35	Van 't Schrijven. 書具	四二	四二
36	(bijbbemee)	一二三	一二二
計		二〇〇〇	一九九九

したがって、この写本二種の原本は馬場佐十郎の編集にかかるものと考えている。蘭文の跋文が書ける人物という条件から、一層、その感を強くしている。

③『enkel de woord 一箇言』は詳しくは『enkel de woord, een deel, onder of tweeden（一箇言、一部、下即第二）』である。「春容軒」「稲葉図書」の朱印を有するが、誰の書写にかかる写本か未詳である（故

松村明氏蔵）。その内容は次の二〇に分かれている。

1　De bloed vervantschap.　親族　三三語
2　Veelderlijke namen van groente moeskruijden, aarde en boom vruchten.　青物地果之多名　七六語
3　de gedeelte van de mensen lichamen.　人体之部　一八四語
4　Namen van verscheijde vogelen.　諸鳥之名　一〇五語

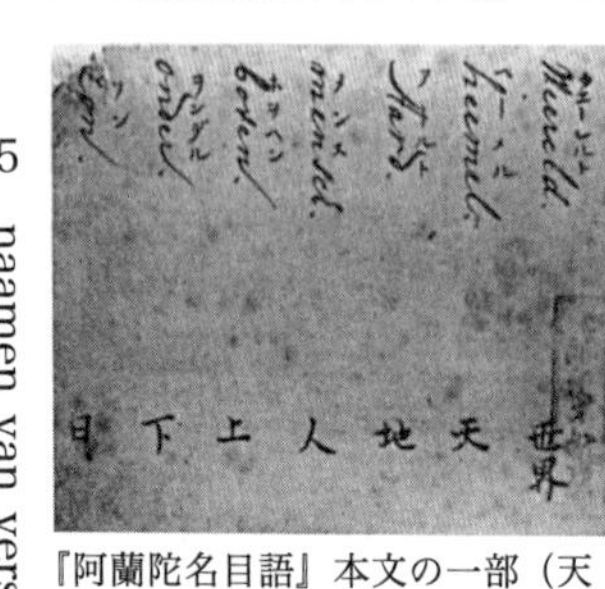

『阿蘭陀名目語』本文の一部（天理大学附属天理図書館蔵）

5　naamen van verschijde viervoetige dieren en veelderlij wormen.　獣幷虫類之名　一三四語
6　naamen van veelderlij vischen.　魚之名目　七八語
7　De zoorten van medicijn.　薬種類　六一語
8　zoorten van olij.　油之類　一七語
9　Naamen van Verschijde manuvactuuren en kleederen.　端物幷衣服之類　三九語
10　de zoorten van zijde stoffen.　絹物類　一四語
11　in zoorten van taffaselassen.　奥縞之類　三四語
12　de zoorten van hinne goed.　木綿類　九語

13 oudetijd aanbrogte(ママ) stofagies.　古渡端物類　一一語
14 de zoorten van chineesche stoffen.　唐渡端物類　一五語
15 van de kleederen.　衣服之類　一六語
16 namen van hoogdelens ampt en tot verde klijnebedieninge.　四五語
17 de twaalfteeken van zodia.　十二宮ラテイン語ヲランダ語　一二語
18 de vier voornaamste Reviere.　四大河名目　四語
19 de uweelen en ectel gesteentens.　珠玉并美石名目　一二語
20 naamen van verschijde ziektens.　諸痛之名目　二一語
計　九二〇語

各部門名は『Holland Woorden Boek』『西語名寄』にほぼ含まれているが、ただ語数が半分以下である。これは表題の onder of tweeden（下即第二）とあるところから、ほかに over of eersten（上即第一）とでも呼ぶべき同数語の一冊があったものと考えられる。したがって、これは前二点と同系統の写本といえる。

④『阿蘭陀名目語』はもと子爵松平定晴氏所蔵、毛筆墨書和紙横帳一冊で、現在天理大学附属天理図書館の所蔵である。その内容項目は次の通りである。

de Naamen van jaarlijks aanbrengene hollandsche Koopmanschappen　年々持渡
阿蘭陀商売物之名目
　de stoffagien zijn　反物には

De soorten van wolle stoffen　毛織之類　六〇語
De soorten van zijde stoffen　絹物之類　六四語
de oude tijd aangebragte stoffagies　古渡反物には　一一語
de soorten van Chineesche stoffen　唐反物之類　八語
de soorten van specerijen　乾薬之類　六語
deese soorten zijnde hollanders specerijen genoemt worden en andere medicamenten　此類阿蘭陀人乾薬ト云フ其外之薬種ニハ　八四語
阿蘭陀名目語　三四四語
計　五七七語

それぞれの単語もしくは語群に対して、片仮名による発音、漢字による和解を註している。その発音の比較的正確であること、配列・訳語の記述に統一性のあることから、当時貿易外交の衝に当たった長崎の阿蘭陀通詞の手になったものと考えられ、「楽翁公手沢本」との伝えに信をおきうるならば、奥州白河城主松平定信の同時代にその成立を求めることができ、さらにその家臣にして通詞職を経験し、蘭日辞典の嚆矢『江戸ハルマ』の訳者石井恒右衛門が、本書の入手もしくは作成に関与したとも臆測されているものである（板沢武雄『阿蘭陀名目語』一冊、一九三九年孔版覆刻）。

(3)　単語帳の比較・検討

上記の単語帳を各部門別に比較してみると、そこには、かなり多くの重複がみられることと、多少の出入りのあることがわかる。これを表示すれば表4の通りである。

これをみるに、毛織物・絹物類は『阿蘭陀名目語』の方が語数が多く、『西語名寄』『一箇言』はほぼ同じである。古渡端物・唐渡端物類については『阿蘭陀名目語』は少なく、他の二点の方が多い。ただし、若干の出入りはみられる。薬種・油類は『西語名寄』の方が多い。『一箇言』のみにみられる項目は「珠玉幷美石名目」一二語で、『西語名寄』のみにみられるものは表示のごとく、2・5・21・22・23・27・28・31・32の各項目三三一（三三〇）語である。ちなみに『西語名寄』は『阿蘭陀名目語』の三・五倍の語句を収録している。

さらに、収録単語の内容をみるに、『一箇言』の単語がほとんど全部ぴったり『西語名寄』と重複する。その記載方法も各部門内においては同じ順序になっているから、同種・同系統の写本と見ることは動かない。これはすでに述べた。次に『西語名寄』と『阿蘭陀名目語』とを対比してみるに、たとえば古渡反物の部門をみると、表5のごとく、まことによく似ている。ほかの部門においても似ており、『阿蘭陀名目語』中の「阿蘭陀名目語」においても、大体その順序と語群は『西語名寄』の該当各部門の語群の抜粋といった具合である。

以上によって、『阿蘭陀名目語』と『西語名寄』とは同系統の写本といえる。語数は『西語名寄』の方が断然多いが、若干の出入りがみられるところから『一箇言』も含めて、これら三種の写本のもととなったものは、もっと多くの語数であったとも察せられる。

西語名寄		一箇言		阿蘭陀名目語	
1 惣而天地之間ニ有物ノ名目	一三			阿蘭陀名目語	三四四
3 七金ノ名	一二				
4 四方	四				
9 親戚門	一二	1 親族	一三		
24 衣服之部	四六	15 衣服之類	一六		
25 女服門	五一				
29 Van 't huijs raad.	三八				
30 daar is in de keuken.	一八				
33 食盤門	一六				
34 家屋門	一六二				
35 書具	四二				
6 十二宮	三	17 十二宮	三		
7 四大河名目	四	18 四大河名目	四		
8 Namen van hoog Edelens ampt en tot verder kleine bedieninge.	五七	16 namen van hoogedelens ampt en tot verde klijne bedieninge	四五		
10 端物幷衣類之部	三八	9 端物幷衣服之類	三九	毛織之類	六〇
11 絹物類	四九	10 絹物類	一四	絹物之類	六四
		11 奥縞之類	三四		
12 木綿類	九	12 木綿類	九		
13 古渡端物	一四	13 古渡端物類	一一	古渡反物には	二
14 唐渡端物類	三	14 唐渡端物類	一五	唐反物之類	八
15 諸鳥之名	一〇四	4 諸鳥之名	一〇五		
16 獣幷虫類之名	一三三	5 獣幷虫類之名	一三四		
17 魚之名目	八〇	6 魚之名目	七六		

表5　古渡反物の対比

古渡反物	
阿蘭陀名目語	西語名寄
小紋海黄	小紋海黄
畦紋海黄	畦紋海黄
嶋紋海黄	島紋海黄
こんてれき	こんでれき
古渡算崩しま	古渡り算崩嶋
弁柄糸	弁柄嶋
紐糸	組糸
類違糸	違類組糸
縫糸	色まがい糸
色まがい	木綿紐
木綿紐	木綿糸
	緯
	白糸
	貫経

表4　3単語帳の比較表

	項目	語数
計 一九九語	18青物野菜菓芋類	八四
	19薬種類	一〇四
	20油之類	一六
	26人躰之部	一八七
	36 (bijbemee)	一一二
	2日算号	七
	5十二ヶ月之名	一二
	21船具之名目	七五
	22職人之部	九四
	23片輪者幷生レ損シ	二三
	27樹木門	二三
	28 Van de bloemen.	二八
	31酒肆門	四
	32櫪櫥門	三五
計 九二〇語	2青物地果之多名	七六
	7薬種類	六一
	8油之類	一七
	3人体之部	一八四
	20諸痛之名目	一二
	19珠玉幷美石名目	一二
計 五七七語	乾薬之類	六
	其外之薬種	八四

(4)　蘭日辞典に見えない特殊単語

阿蘭陀通詞の作成にかかる単語帳の内容は、いわゆる『江戸ハルマ』や『ヅーフ・ハルマ』からの抜粋といったものではなく、また、オランダ語原書『アベブック』『レッテルコンスト』にみえる単語の引用だけでもない。このことは項目を一見しただけでも明白である。すなわち、毛織物・古渡反物・唐渡反物をはじめ、当時の社会で通用の役職名など、江戸時代、彼我貿易・交渉の間に広く使用されていた独特の用語が含まれていることからも容易にうなづけよう。つまり、これらは単なる辞典や原書の利用・抜粋ではなく、当時長崎貿易・外交の衝に当たっていた阿蘭陀通詞の手になった日用語の単語集・単語帳といったものので、それが通詞家の間で、すすんでは蘭学者の間で転写されていったものといえよう。だから、日用手軽に役立つことが第一の目的であったから、その型も本来は小さな袖珍の型であったものであろう。このことは『Holland Woorden Boek』『阿蘭陀名目語』が横帳で、『西語名寄』がやはり小型で簡単に綴じてあることからもうなづける。

そこで、日蘭貿易・外交・文化交渉において、日蘭両国人がその実地の衝に当たっている間に慣用的に用いていた言葉で、しかもいわゆる蘭日辞典などからは見出すことのできない、鎖国時代の特殊な言葉に注目しておきたい。

まず、『西語名寄』にみえる役職名に関する項を紹介しよう。

Namen van hoog edelens ampt en tot verdere kleine bedieninge.

Geestrijk erf keijzer	帝
keijzer	将軍
kooning	大名
landsheer	同
prins	同
rijksraad	御老中
raadsheer	同
gouverneur	御奉行
gouverneur van nagasakij	長崎御奉行
rent meeester	御代官
reeken meester	御勘定
reparagie meester	御普請役
eerste secretalis	御家老
tweede secretalis	御用人
opperbanjoos	御検使
onderbanjoos	下検使
opperburgermeester	町年寄
comisaris der geld kamer	会所調役

opper rapporteur burgermeester　年番年寄

pancaat　宿老

wijk meester　町乙名

geldkamers bedienders　会所役

burgermeester van 't eijland　出島乙名

caceelos　出島組頭
同町人

hollands tolk　阿蘭陀通詞

dwars kijker　目附

kijzerlijk zaakbezorger　御用物方

oppertolk　大通詞

ondertolk　小通詞

vies ondertolk　小通詞並

provisseneer ondertolk　小通詞末席

assisteerder, bijstander　手伝

leerling　稽古通詞

leerling scunde　稽古通詞見習

particulier tolk　内通詞小頭

opperrapperteur tolk　大通詞年番

onderrapperteur tolk　小通詞年番
chinees tolk　唐通詞（ママ）
medicein kennislieden　薬種目利
stoffagie kennis lieden　端物目利
olij kennis lieden　油目利
munte meester　銀座役
schrijver　筆者
bootschapper　小使
poortwagters　門番
voel man　探番
coelij meester　日雇頭
compradoor　諸色売込人
kok　料理人
coelij　日雇ノ者
bokman　草切ノ者
stoffman　端物屋
kraamman　細物屋
postrijn man　焼物屋

部屋附	dienaar
日行使	boode van de straat
門番	waakers

右はいずれも日蘭貿易・文化交渉史上に登場するわが官憲の役職名などであって、それをオランダ語でかく表現していたのであり、今日においてもオランダ側の諸記録・諸史料をみるうえに役立つ名詞と信ずる。

なお、静嘉堂文庫の大槻文庫中には『和蘭称謂』という写本が一冊あり、内容は月名・四時・ナンハン（南蛮）ノ月名・称呼・在館和蘭職掌・船方役名・教法・度・里・畝などに関する単語が集められ、あるものには略解が附いている。このうち「在館和蘭職掌」と「船方役名」の両項目の単語は蘭語を仮名書に表わし、その下に該当の日本語を当てている。その内容は先の『西語名寄』と多少重複するが、全文紹介し現代綴の相当蘭語を註記してみることにする。

在館和蘭職掌

（ヲッフルホーフト）カピタイン	加比丹即頭人	kapitein
（ヲッフルコープマン出嶋ニテヘトルヲ称メ云フ）コープマン	へとる、加比丹ニ次候者、船二艘来候節ハ二番船ヲ預ル	koopman

デイスペンシール	勝手方諸雑費ヲ主ル者	dispensier
商売帳面預 ニゴーシーブックホウドル	商売方勘定役	negotieboekhouder
シキリーバー	筆者頭	scriba
オップルメイストル	上外科	oppermeester
立合役 アシステント		assistent
シケレイフル	筆者	schrijver
オンドルメーストル	下外科	ondermeester
台所 ホフメーストル	料理人	hofmeester
営夫 テンムルマン	大工	timmerman
船方役名		
シキップル	船頭 船方ノ加比丹ナリ	schipper
舵取夫 オップルステユールマン	上案針役	opperstuurman
舵取夫 オンドルステユールマン	下案針役	onderstuurman
三番目 デルデワーカ		derde waker
オップルメイストル	上外科	oppermeester

片仮名	訳	オランダ語
オンドルメイストル	下外科	ondermeester
第三 デルデメイストル	外科手伝	derdemeester
ボーツマン	惣水主支配幷 枝船船頭	boots man
〃ノ中間 ボーツマンスマアト	同手伝	bootsmansmaat
シキーマン	荷物入レ所幷帆綱 支配仕候者	schieman
コンスターブル	石火矢役幷洋中ニテ 碇綱支配スル者	konstabel
コンスターブルスマアト	右手伝	konstabelsmaat
ボツトリール	勝手方酒幷食用 之品支配スル者	bottelier
ボツトリルスマアト	右手伝	botteliersmaat
煮ル亅 コツク	料理人	kok
コツクスマアト	同手伝	koksmaat
テンムルマン	大工	timmerman
帆作 セイルマーケル	帆縫	zeilmaker
スミツツ	鍛冶	smid
コイプル	桶結	kuiper
四半分ノ クワルデイルメース トル	端船支配幷水主共 夫々ノ場所エ遣候 儀支配スル者	kwartiermeester

トロンベットル	喇叭ヲ吹者	trompetter
以　上		
黒 スワルト　若者 ヨンコ	黒坊ジヤカタラノ人ナリ余ノ国ヨリクルモアリ	zwart jong
マストロープル	マタロスノ加役	
マットロース	水主ノヿ	matroos
ランツマン	田舎人ト云ヿ	land-man
フレホウスト フタノクソカキ	罪人ニ手テヤウヲスルモノナリ	
ゴウフルニウル	奉行	gouverneur
邑預 スタツトホウドル	同上	stadhouder
レンテメイストル	代官	rentemeester
ヲツプルヒユルゲルメイストル	年寄	opperburgemeester
パンカート	宿老	pancad
ヒユルゲルメイストル	出島乙名	burgemeester
ヱイキメイストル	乙名	wijkmeester

横視人（ケイキト云ハ見ルヿケイケルト云ヘハ見ル人ト云ヿナリ）トハルスケイケル	通詞目付	dwarskijker
ヲツプルトルク	大通事(詞)	oppertolk
ヲントルトルク	小通事(詞)	ondertolk
ヒイスヲントルトルク	小通事(詞)並	vice ondertolk
プロヒシヨネールトルク	小通事(詞)末席	provisioneele tolk
レイルリンギ	稽古通事(詞)	leerling
レイルリンギセコンデ	同見習	leerling seconde
パルトキリウル	内通事(詞)	particulier
ヲツプルカセールス	出島組頭	
テウエーホウブル	両組番	
ケーステレイケンヱルフケイツル	天皇ノ御事	geestelijke erf keizer
ウエーレルトレイキケイツル	公方家	wereldlijke keizer
クホサマ	公方家ノ称号トス	

keizerlijke wacht　御番（ケイツルレイキワクト）
keizers wacht　番（ケイツルスワクト）

右に紹介したそれぞれはいずれも江戸時代の長崎を中心とする日蘭交渉史上に登場する日本側役職名であって、オランダ語で慣用的にかく呼んだのである。

次に、これとは反対にオランダの東印度会社組織のオランダ役職名を江戸時代の日本人は、どのように日本語を当てて呼んでいたのであろうか。この問題は、実はなかなかむつかしいのである。それ故に、従来史料を翻訳・引用するに際して諸家それぞれ異なった翻訳をしている場合も多く、不統一が目につく。筆者ももとより調査不十分ではあるが、年来気に掛けている問題でもあり、若干の資料を手にしているから、次に少し掲示してみよう。オランダの東印度会社はバタビアに総督を置き、わが長崎の出島のオランダ商館はその支店として最も関係が深かった。

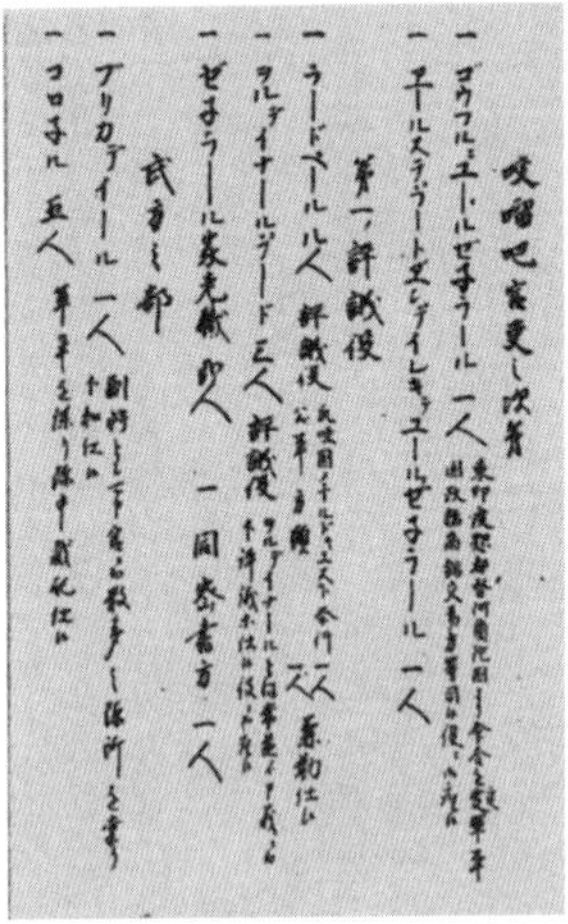

『異国事情』の「咬𠺕吧官吏之次第」部分（東北大学附属図書館蔵）

東北大学附属図書館の狩野文庫には『異国事情』と題する写本があって阿蘭陀通詞馬場為八郎、名村多吉郎両者の記録である。各項目の終わりには、「和解仕奉差上候」とあるから命をうけて長崎奉行所あたりへ提出したものの控と判断される。数項目のうち「咬𠺕吧官吏之次第」は注目をひく項で、これは名村多吉郎の担当分と思われる。それによれば、

咬𠺕吧官吏之次第

一ゴウフルニユールゼネラール　一人東印度惣都督阿蘭陀国より命令を受軍事国政諸商館交易方等司候役ニ御座候

一ヱールステ、ラート、第一ノ評議役エン、テイレキテユール、ゼネラール　一人

一ラードヘール、八人　評議役爪哇国ノネルドキユスト奉行一人公事方頭一人兼勤仕候

一ヲルデイナール、ラード　三人　評議役ヲルデイナールとは常並与申義ニ而下評議等仕候役ニ御座候

一ゼネラール家老職　弐人

一同　密書方　一人

武方之部

（中略）

船方之部

一コマンデール、テル、ゼー　一人　軍船惣司

一カビテイン、テル、ゼー　五十人　船頭

一カビテイン、ロイ（テ）ナント　九十人　按針役右之外下按針役小役之者石火矢打之頭数多有之候、右船頭按針役之内諸国交易ニも渡海仕候

国政并交易方役之次第

（中略）

遠国役人之部

（後略）

などあって、オランダ側の記録によく登場する役職名である。

日蘭交渉の主たる業務は勿論貿易にあり、その貿易品については、どういい表わされるか一寸見当のつきにくいものも多々ある。『西語名寄』から若干紹介してみよう。

Naamen van verscheijde manuvactuuren en kleederen

端物并衣類之部

wolle waaren	毛類
laaken schaijrood	猩々緋
laaken	大羅紗
laaken zwart	黒大羅紗
laaken witte	白大羅紗
laaken geel	黄大羅紗
laaken oranjegeel	紅爵金大羅紗
laaken groene	萌黄大羅紗
laaken ligt groen	薄萌黄大羅紗

laaken donker groen　濃萌黄大羅紗
laaken olijkleur　茶色大羅紗
laaken purper　紫色大羅紗
laaken blaauw　花色大羅紗
laaken asgraauw　鼠色大羅紗
laaken violetkleur　桔梗色大羅紗
laaken ponpodeur　椛色大羅紗
laaken bruijn　鳶色大羅紗
laaken gebloemde　形付大羅紗
drap d'damas　薄手大羅紗
laaken goude　金入羅紗
laaken donkerblaauw　紺色大羅紗
laaken rassen　小羅紗
laaken rassen schaijrood　緋小羅紗
laaken rassen zwart　黒小羅紗
laaken rassen groen　萌黄小羅紗
laaken rassen geel　黄色小羅紗
kroon rassen　羅脊板

kroon rassen schaijrood　緋羅脊板
kroon rassen zwart　黒羅脊板
kroon rassen blaauw　花茶色羅脊板
perputuaanen　へるへとわん
perputuaanen zwart　黒へるへとわん
perputuaanen geel　黄色へるへとわん
Inperiaal　類違さるせ
Inperiaal blaauw　花色さるせ
Inperiaal groen　萌黄さるせ
Inperiaal violet kleur　桔梗色さるせ
blauwagtige purper

De zoorten van zijde stoffen
絹物類

armozijn　海黄
armozijn evene　大海黄
armozijn gestreepte　立島大海黄
armozijn geruijte　碁盤島大海黄
armozijn evene laagzoort　尺長大海黄

armozijn evene waterkleur　水色大海黄
armozijn evene rood　緋大海黄
armozijn evene weerschijnkleur　玉虫色大海黄
armozijn evene geel　黄色大海黄
g'kleurde armozijn　色海黄
Chioucoutassen zijde　しゆくたす嶋（ママ）
chercha nisse zijde　しゆりしや嶋
dherrijse zijde　たあれす嶋
taffaceelas　奥嶋
taffaceelas verbeterde　上奥嶋
taffaceelas extra fijn　新織奥嶋
allegiasse zijde　あれしや嶋
taffaceelas ordinaire　並奥嶋黒手也
taffaceelas extrafijne geruijties　算崩奥嶋
damast　緞子
gekleurde damast　色緞子
zatijn　繻子
satijn zwart　黒繻子

peelang　綸子
portsooij　呉羅
grof greijn　ころふくれん
fijne greijn　絹ころふくれん
zijde gereijn　絹ころふくれん
water gerijn　ちよろけん
fluweer　天鵝絨
gebloemde fluweel　紋天鵝絨
Pruijs fluweel　毛長天鵝絨
brocadus　繻珎
salumpoelis　大金巾
palkaal　小金巾
hamans fijn　極上金巾
Salumpoelis fijn gebleekte　上白大金巾
Salumpoelis gemeene gebleekte　並白大金巾
palkaal fijn gebleekte　上白小金巾
palkaal gemeengebleekte　並白小金巾
gimgam evene　無地ぎがん

gimgam gestreepte	ぎがん嶋
taffaseelasse d'herrijs	弁柄島
gimgam gaarne geruijte	かるね嶋
chits	皿紗
goude chits	金皿紗
chitsen vergulde	同
chitsen cassen basaars	一番皿紗
chitsen patanas	二番皿紗

de zoorten van linnegoed

木綿類

dongers	並白木綿
guijnees gemeen gebleekte	並白大木綿
guijnees blaauwe	紺木綿
bastassen	はふた木綿
betilles	がわさ木綿
guijnees rouwe taturarijns	細美木綿
lijwaat gekeepelde	綾木綿
zeil doek	帆木綿

persenning　ちゃん木綿

De oudetijd aangebragte stoffagies

古渡端物

maaij poste　小紋海黄
armozijn geblokte　畦紋海黄
peequijs zijde　島紋海黄
tessers allegias　こんでれき
sestienes custe　古渡り算崩嶋
zijde bengaalsch　弁柄嶋
zijde mogta　組糸
florent gaar　違類組糸
gekleurde naaij gaar　色まがい糸
catoen gaar　木綿紐
gaaren　木綿糸
scheering　緯（タテイト）
zijde chineese　白糸
inslag　貫経（ヌキイト）

de zoorten van chineesche stoffen

唐渡端物類

gieram	縮緬
gieram witte	白縮緬
gieram roode	緋縮緬
cantons damast	広東緞子
gaas	紗
pancis	紗綾
gebloemde pancis	紋紗綾
alcatif	毛氈
spreije	花毛氈
peelang tonquinsche	東京綸子
peelang evene	絹綸子
pinas cors	木綿高ノ羽嶋

前記大槻文庫中にはまた『阿蘭陀言和語書』写本一冊がある。やはり単語集であって、部類分けにしてあり、内容は、

艸之部	一八〇語
木之部並ニ脂	八八語
金石上ノ部	五〇語

鳥獣虫ノ部並油類　五九語
草ノ部　五〇語
言語　一五八語
外科道具名　一九語

からなり蘭語を仮名書きにし日本語を当てている。蘭学の分野の中でも医学はもっとも早くわが国に滲透した。右の外科道具名の項を紹介すれば、

外科道具名

一、ホロヘツト　サグリ
一、シケノル　ハサミ
一、スハトル　ヘラ
一、コールタン　毛曳
一、スヘクラヲーレス　舌押
一、コルテイレ　骨ノ内ノ血ヲトルモノ也
一、タンテレツキ　歯ヌキ
一、サーカ　マサカリノヤウ成ルノコキリ也
一、スナレフルタン　指ヲハサミ切ル物
一、コウテレリ　ヤキカネ
一、クウグルスコローフ　ネチノネ王抜

一、カノール　ヌイ針入ル筒
一、アフストウス　小キ歯抜
一、ランセイタ　平針
一、スホーイ　水ツキ
一、イツホウカラタアス　外科ト云事
一、トクトウル　同
一、フライシトロ　膏薬
一、メテキメント　薬

といったぐあいである。本書の伝来を示す記録として、大尾に、

「古伝来
　崎陽散人西田氏某稿
　　次伝　玄仙
　　　又伝小幡氏又伝安永九子極中等直写之」

とあって、最初の編集、記録者は長崎の人であることがわかる。さらに本写本が三人目の写本であって、その年が安永九年（一七八〇）であるから原本はそれよりもかなり古く成ったものでなければならない。

時代の降ったものとしては、名古屋市東山動植物園の事務所倉庫に『病名辞書』『薬剤辞書』という写本があり、病名・薬剤名に関する蘭日対訳の単語帳・小辞典のようなものとお

ぼしく、杉本勲博士の見解に従えば、序跋・奥書等なく、著者は不明ながら伊藤圭介の筆写本らしく思われるものである（杉本勲「伊藤圭介関係史料採訪報告（続）——名古屋大学図書館・名古屋市立東山植物園」〈『蘭学資料研究会研究報告』第四七号、一九五九年六月〉）。

またイロハ分けにしたものとしては長崎阿蘭陀通詞吉雄の『阿蘭陀口伊呂波分』享和二年（一八〇二）写本や鹿児島大学附属図書館玉里文庫中の『蘭語以呂波引』写本一冊などもみられる。玉里文庫はもちろん島津家の文庫であって、同家は歴史的にも蘭人との接触が深く、蘭学も盛んであった。この『蘭語以呂波引』は和語を右の欄に、それに相当する蘭語を左の欄に記し、配列は和語のイロハ順になっており、ともに読み仮名が附けられており、蘭学の当時の発音を検討する資料ともなりえよう。内容は一般生活上の名詞といったものである。イの項から少し拾ってみれば、

以　類

納日（イリヒ）	ondergaande zon（ヲンデルガアンデ ゾン）
田舎（イナカ）	Dorp（ドルプ）
水湾（イリエ）	golf（ゴルフ）
花街（イロサト）	hoer straat（フウル スタラアト）
中年（イチネンバサミ）	om den ander jaar（ヲム デン アンデル ヤアル）
期年（イチネンブリ）	om 't jaar（ヲム エツト ヤアル）
終歳（ネンチウ）	heel jaar（ヘール ヤアル）

on langs（ヲン ラングス）　日前（イッソヤ）
kanoon（カアノオン）　仏郎機（イシビヤ）
on kost（ヲン コスト）　費（イリヤウ）
gekookte rijst（ゲコオクテ レイスト）　飯（イイ）

といったようなぐあいである。

　なおまた、先に紹介した越後の蘭方医で『西語名寄』の筆者であった森田千庵が同じく書写したものの一冊に『Hollandische en Japansche Woordenboek 西語訳撰』と題する単語集がある。この表題の下欄には、“Vertaalen door Ba: zazuro”とあって、裏表紙には、“M: Sennan”と署名し千庵の使用印四顆も捺してある。Ba: zazuro はいうまでもなく、長崎の阿蘭陀通詞で天文方に勤務するようになった語学の天才馬場佐十郎である。もって、その系統は明瞭といえよう。仕組みはイロハ分けにしてあり、先に示した島津家玉里文庫中の『蘭語以呂波引』と同様なものである。ただイ・ロ・ハ各項の内がさらに天文、地理、時令、数量、宮室、人品、家倫、身体、器物、衣服、飲食、銭穀、采邑、人事、動物、植物などに分類されているのである。詳細な検討は先の『蘭語以呂波引』とともに別稿にゆずりたい。

　ａｂｃ順に分けた単語集もある。例えば、“Ziekte Woordenboek”『阿蘭陀病名字引』と題する写本をみると、これは蘭名ａｂｃ順の病名を左欄に記し、それに対する和名と、時には略解がつけられているのである。現今の辞書式なものである。なおこれにはＡ―Ｚの後に、「李氏用薬諸路標準」「薬剤区別」「薬剤区別補遺」「諸験器」「動物種類」「年令区別」「疾病時限」「脈名各種」「眼鏡種類」「疾病原因掲示」「昆氏神識説」「算数記号」などの単語や記号がメモされている。この写本の奥には、

「元治元甲子年十月
遊于江都下谷適々斎塾中而
写以為家蔵矣
大野貞斎」

とあって、蘭方医が幕末に書写したものであることが明らかである。

また、幕末の蘭学者である、川本幸民の関係資料のなかには、"Latijnsche, Hollandsche en Chinesche, Japansche Namen der geneesmiddelen, verzameld door de Leerlingen in toeboi, en herziend door W. Zinsai, arts van toejama te edo, tenpo jaar 5" と題する八二丁からなる写本一冊がある。題名のごとく医学・薬学の名詞をラテン語、オランダ語、漢語、日本語四ヵ国語で収録してあり、江戸の坪井塾生たちが編纂し、宇田川榛斎の校閲を得たものであって、天保五年（一八三四）にできたものの写本である。宇田川塾、坪井塾、川本塾の学問系統がよくわかるのである。さらに『砲術家言物名字引』と題する美濃判紙半裁の横長の一綴は兵学、特に砲術関係の単語集でＡＢＣ分けにしてある（四ヵ国語医学・薬学語集および『砲術家言物名字引』とも日本学士院所蔵の川本幸民関係資料に含まれている）。

刊本となったものでは木版本で森島中良によって作られた『類聚紅毛語訳』『蛮語箋』ともに寛政十年（一七九八）があり、これはのち安政四年（一八五七）改正増補された。また同じく版本で小型の折本『改正阿蘭陀語』というのがあって官許を得て嘉永三年戌仲夏森田伍一郎によって編刊されたものである。内容目次を示せば、

目　録

天文　地理　時令　人倫　身体　疾病　宮室　衣飾　飲食　器財　金石　鳥獣　魚虫

草木　数量　言語　地名

の各項に分かれ、これには仮名が付いている。

この他、解剖用語を片仮名で書き綴ったものや、薬品名、病名、物品名を集めたものや地名、人名、度量衡の覚え書きのようなもの、といった具合に各種ある。これらはそれぞれの分野で当時活用されたことであろうし、進んでは時代の進運と学問発達のなかでこれらの言葉は変化・変質をみたものも多く、なかには自然淘汰を受けたものもあるが、やがてそれらは慣用化、定着化して近代語のなかに多く組み込まれていったのである。そして、さらに今日はまた歴史的研究上大いに役立つものとして上述の単語集はその価値を失っていないのである。

以上、蘭文で綴った単語と日本語を対応させた単語帳に重点を置いて紹介した。蘭学の分野は周知の通り自然科学分野が人文科学分野よりも発達したために単語帳の内容も、どちらかといえば貿易品とか自然科学方面の単語が多く、人文科学分野とりわけ思想的方面の語彙

が少ない。しかしやがて、いわゆる蘭学と呼ばれるよりはむしろ洋学と呼ばれる方がよりふさわしい幕末の頃になれば思想・文化方面の分野も発達し、当然日本人はそういう分野の近代語と顔を合わせる機会も多くなっていったのである。例えば幕末期外来文化の流入が量的にも増えた頃とはいえ、永い封建社会の殻の中で育った日本人にとって、"Vrijheid 自由"なる言葉などは、ヨーロッパの永い歴史のなかで育ったその近代的本質がどの程度理解されていたであろうか。これは大きな問題である。

(5) 江戸の蘭学者への影響

次に、このような長崎の阿蘭陀通詞が身につけたオランダ語の単語の知識が江戸の蘭学者に与えた直接的影響を、一、二の実例を通じて、確認してみよう。

例1　新井白石

新井白石は潜入イタリア人宣教師シドッチを阿蘭陀通詞を通して尋問した人である。オランダ人にも関心が高かった。その白石が持ち得たオランダ語についての知識は、新井家に保存されている『外国之事調書』という、白石自筆の覚え書きのなかにみえるオランダ語のメモによって具体的に知ることができる。

オランダ語メモは四つの群から成っている。

第一群は、「南　ソイテ、北　ノヲルト」など、日本語をあげて、それにオランダ語の訳語を示しているものである。加うるに、ラテン語の示されているものもある。

第二群は、「アンジリイル　石竹、カンダイラ　蠟燭」など、オランダ語その他をあげて、それに日本語訳を付けたものである。

第三群は、主としてオランダ語などの発音とその表記法について書かれているものである。全一五〇ヵ条ほどの発音表記が示されている。

第四群は、「天　ヘーメル」から「下ノ事　スラキト」まで二百余語、きちんと整理された形の日蘭対訳語彙集である。

全体の内容については拙稿「新井白石と今村源右衛門英生の『外国之事調書』」（『東西の言語・文化の比較研究』研究叢書第一〇号　青山学院大学総合研究所人文学系研究センター、一九九八年三月）参照。

注目すべきは、第一群の末尾に「英生訳」、第四群の末尾に「右阿蘭陀のことは承度如此書付（うけたまわりたくかくのごとくかきつけ）の下にかなにつけ可（ママ）被下候頼入存候以上（くださるべくそうろうたのみいりぞんじそうろう、いじょう）」とあり、さらに、その少し後に、「丙申十二月廿日和蘭通事今村源右衛門英生訳」とあることである。丙申すなわち享保元年（一七一六）十二月二十日に今村源右衛門英生によって訳語が記入されたものであることがわかる。

今村英生は、白石がシドッチ尋問の際に長崎から付き添って江戸に出て、通訳に当たった大通詞であった。白石は尋問の翌日、通詞を私邸に呼んで、尋問内容に関して不明な点や彼の地の様子について聴取するところがあった。白石の西洋知識・オランダ語知識が大通詞今村源右衛門英生によって提供された点の大きいことが理解できる。

例2 青木昆陽

青木昆陽は、将軍の命によって、参府のオランダ人を宿所の長崎屋に訪れ、江戸番通詞を介して質問におよび、蘭人・通詞らからオランダ語を学んだ人である。

昆陽の著したオランダ語学書のうち、『和蘭文訳』一〇集は昆陽が最も長い歳月をかけてまとめた作品である。本書の内容については、現存する自筆本と写本とによって、収録されている単語そのものの紹介はされてきた。しかし、収録単語の由来、組織、不可解な訳語が含まれていることなどについて不明の点の多くは検討されることもなく残されたままであった。かつ、本書が依拠した原書の存在したらしいことも指摘されながら、従来、それが確認されることもなく過ぎてきた（『日本思想大系64 洋学上』〈岩波書店、一九七六年十一月〉に松村明氏の校注で『和蘭文訳』は収録され、解説されている）。

そこで、原書をオランダに求め、遺された各集の内容を仔細に点検・検討してみた。詳細な再論はさけ、判明し得た点だけを列挙してみよう（拙稿「青木昆陽の『和蘭文訳』とその原書について」〈岩生成一編『近世の洋学と海外交渉』巌南堂書店、一九七九年〉参照）。

① 青木昆陽が寛延二年（一七四九）から宝暦八年（一七五八）まで、一〇年の歳月をかけてまとめた『和蘭文訳』全一〇集は、オランダの教科書であるハッカホールドの著書 B. Hakvoord: Oprecht Onderwys van de Letter-konst. の Tweede Afdeeling. Van de

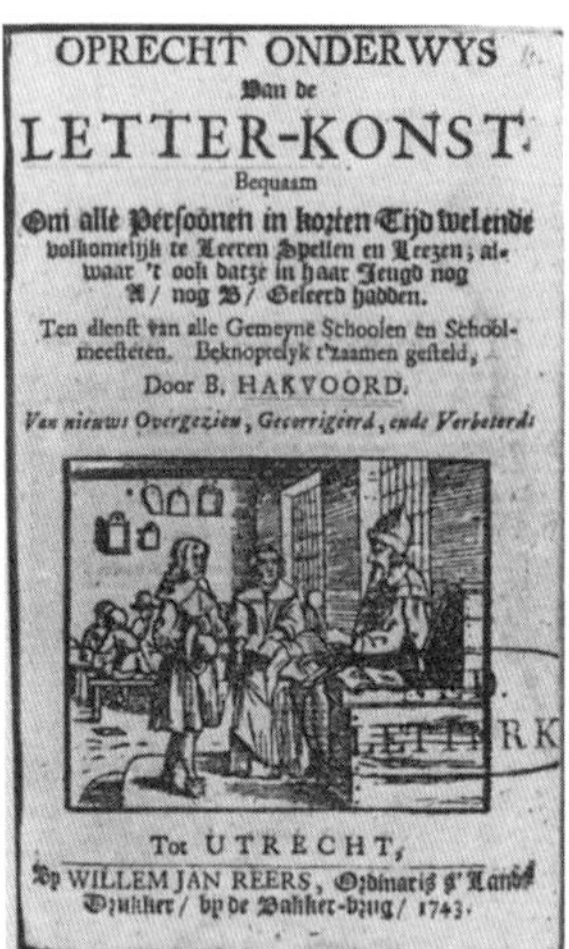
OPRECHT ONDERWYS
Van de
LETTER-KONST.
Bequaam
Om alle Persoonen in korten Tijd welende
volkomelijk te Leeren Spellen en Leezen; al-
waar 't ook datze in haar Jeugd nog
A/ nog B/ Geleerd hadden.
Ten dienst van alle Gemeyne Schoolen en School-
meesteren. Beknoptelyk t'zaamen gesteld,
Door B. HAKVOORD.
Van nieuws Overgezien, Gecorrigeerd, ende Verbeterd.
Tot UTRECHT,
By WILLEM JAN REERS, Ordinaris S' Lands
Drukker / by de Bakker-brug / 1743.

『ハッカホールド文法書』（片桐一男蔵）

Letter-greepen（Zyllabens.）すなわち、第二章「音節」の説明例語として収載されている全一二〇六語の単語に由来し、これを訳出した蘭日単語集であることが判明した。したがって、江戸の学者がはじめて学習したオランダ語の本としては思いのほか組織だったものであると同時に、当時の日本の社会では耳にしない言葉の混入している事情も判明した。

②　昆陽の学習は阿蘭陀通詞に負うところが大きかったことが歴然としている。本書成立に深く関係した通詞は表示のごとき、江戸番大小通詞たちであった。

次に、昆陽がオランダ人について問い質す際に通弁に当たり、かつ本書の成立に深く関係した参府付き添いのいわゆる江戸番通詞を各年度ごとに列挙して、各集との関係を対比して一表にまとめてみれば、表6の通りである。

各年の江戸番通詞のうち、大通詞・小通詞どちらが主として関係したか、にわかに確証を得ない。しかし、昆陽が幕府の命令を帯びて宿所長崎屋を訪問のうえ、対談に及んでいる点を考慮すれば、やはり主たる通弁は大通詞が当たり、小通詞が補佐したものと考えられよう。本書成立における関与の仕方においても、ほぼ同様のことが推定されると考える。それが証拠には、『和蘭文訳』本文中に「コレハ吉雄幸左衛門説」とか、第一〇集において「大通詞西善三郎曰ボルトは椽ナリ」などと見える。小通詞ではなく、大通詞から教示を得ていることによっても首肯される。

③　また、その通詞を介してオランダ人に教示を受けた点の大きかったことも判明した。それらのことは収録されている単語の読み・綴り・訳語を仔細に検討することによってはじめて明らかになったことである。

④　さらに、通詞の手許にあったハッカホールド文法書によって作成された単語集（帳）をも利用したらしいことも判明する。具体的には、『和蘭文訳』作成過程で、大通詞吉雄幸左衛門が手控え本として所持していたハッカホールドの文法書によって作成された蘭日単語集を、昆陽が実際に見せてもらい、利用したことが見えている。

⑤　昆陽の『和蘭文訳』における学習語数は未発見の四、五、七集があって判然としないが、昆陽が依拠した原書の収録語数からして、およそ千百余語におよぶものであったであろうと考えられる。

右によって、阿蘭陀通詞がオランダ語の原書によって蘭

表6　『和蘭文訳』に加功の阿蘭陀通詞

集	年	江戸番大通詞	江戸番小通詞
一	一七四九	吉雄幸左衛門	
二	一七五〇	名村勝右衛門	西　善三郎
三	一七五一	今村源右衛門	森山金左衛門
(四)	一七五二	吉雄幸左衛門	名村　三太夫
(五)	一七五三	Suiemon 楢林重右衛門	西　善三郎
六	一七五四	西　善三郎	森山金左衛門
(七)	一七五五	名村勝右衛門	名村　三太夫
八	一七五六	今村源右衛門	
九	一七五七	吉雄幸左衛門	森山金左衛門
一〇	一七五八	西　善三郎	名村　三太夫

日単語集を作成していたことが確認できる。ことにハッカホールド文法書の書名中にLetter-konst の文字を含んでいることは、大槻玄沢らが伝える、通詞らが「レッテルコンスト」中に見える単語を初学の通詞らに授け数百言を憶えさせる、と記す点と符合し、その伝の正しいことを立証するものといえる。

以上列挙した実例によって、阿蘭陀通詞らが長い年月をかけて蘭人・先輩から聞き伝えたオランダ語の単語を集積し、類別し、部門分けして整理し、すすんではオランダ語原書を利用して蘭日単語集を整備していった様子を理解することができる。

6　会話書サーメン・スプラーカ

サーメン・スプラーカを翻字すれば、Samen Spraak となり、会話のことである。杉田玄白が『蘭学事始』の一節で、次のように述べている。

(前略) 安永七八年の頃、長崎より荒井庄十郎といへる男、平賀源内が許に来れり。これは西善三郎がもとの養子にして政九郎といひて通詞の業をなせし人なり。社中蘭学を興すの最初なれば、翁が宅へ招き淳庵などと共にサーメンスプラーカを習ひしこともありし。(後略)

通詞出身の荒井庄十郎から玄白・淳庵ら江戸の初期蘭学者が「サーメンスプラーカ」を習ったというのである。当然、荒井庄十郎は長崎にいて西政九郎 (雅九郎) といっていた時代に「サーメンスプラーカ」を習得していたわけである。玄白の書きぶりからして、単に口頭でオランダ語「会話」を習ったというよりは、正式書名を記さないで「ターヘル・アナトミア」とか「シュルゼイン」などといっているように、オランダ語の会話例を書き集めた小冊子を荒井庄十郎が所持していて、それを習ったというふうにも受け取ることができるが、もとより記述が簡潔すぎて決定的なことはいえるはずもない。しかし、少なくとも、長崎で通詞が「サーメンスプラーカ」を身につけ、江戸の蘭学者が「蘭学を興すの最初」にあたってその通詞出身者から「サーメンスプラーカ」を学んだという、この具体例は、とりもなおさず、通詞間におけるオランダ語会話の学習の存在と、それが江戸の蘭学界に与えた順序・影響を伝えている好例といえる。

Eerste Samenspraak『蘭語撰』第一会話の部分（静嘉堂文庫蔵）

右の例は、オランダ語会話を身につけた通詞が江戸に出てきて及ぼした影響である。次に、長崎遊学の江戸の蘭学者が、彼の地で学び、それを記録して江戸に持ち帰った影響例をみてみたい。

静嘉堂文庫が所蔵する大槻文庫中に、「蘭語九品集　訂正蘭語九品集　助字考　蘭語撰」と表紙に書かれた写本がある。内容は、五種の語学作品が一冊にまとめられたものである。

第一は表題を欠いているが、中野柳圃の作品で、内容から題をつけるとすれば「諸時・諸法」となろう。第二は同じく柳圃の「蘭語九品集」。第三は、それを馬場佐十郎が訂正した「訂正蘭語九品集」。第四は柳圃の「助字考」である。第五にして最後の「蘭語撰」に当たるものは、誰の作品か、にわかに判明しない。筆跡は、長崎遊学の経験者大槻玄幹のものと見受けられる。全体を通じて同じ筆跡である。このうち、「助字考」の大尾に、

文化丙子仲夏上浣　於芝蘭堂騰(謄カ)

原文誤字俟追校矣

と見えるから、この分は文化十三丙子年（一八一六）の書写にかかるものとわかる。

さて、ここで取り上げたいのは最後の「蘭語撰」に当たる内容である。

Eerste Samenspraak（第一会話　六六例）

Tweede Samenspraak（第二会話　三六例）

Derde Samenspraak（第三会話　四三例）

Vierde Samenspraak（第四会話　〇例）

というオランダ語の会話例で、日本語訳はついていない。他の第一〜四の作品が、いずれも通詞の語学作品を書写したものであるから、この「蘭語撰 Samenspraak」も通詞の作が書写されたものとみられる。最後の Vierde Samenspraak は表題だけで、会話例は書き留められていない。書写のもとになった冊子には、おそらく会話例が記載されていたものと考え

られる。となると、第五以下の会話例の群も存在したかもしれない。

したがって、本書によって長崎の阿蘭陀通詞の間では、いわゆる「Samenspraak サーメンスプラーカ」というものが、オランダ語会話学習のテキストとして、このようにいくつにも課を分けて用意されていたことがわかる。

本書の筆録者と考えられる大槻玄幹は、長崎に遊学して中野柳圃に師事した経験があり、馬場佐十郎とは同門の間柄である。江戸でも接触の機会があったであろうし、江戸に出て来て江戸の蘭学者にオランダ語会話を教えた西雅九郎（＝荒井庄十郎＝森平右衛門）から教えを受けた大槻玄沢の長子でもあった。したがって、本写本は、このように幾重にも重なる経路のなかで書写されたものと考えられる。かつ、写本の表紙にみえる「蘭語撰」がSamenspraak に当たる題ということになると、その題の付け方は馬場佐十郎の題の付け方、すなわち、かの『西語訳撰』『蘭語訳撰』の題を想起せしめる。

右の例は、段階と組織性を備えたまとまりのある例である。

前野良沢は長崎遊学から江戸に戻った翌年、すなわち明和八年（一七七一）秋、『ターヘル・アナトミア』訳読の同志にオランダ語を教示するに際して、テキストとして書いた『蘭訳筌』において、日常会話一六例を盛り込んだ。

ik wensch u gouden dag, mijn heer
(e)
ik ben u dienaar
Ouden sal men eeren, jongen sal men leeren

Wit Raven vind men zelden, alzoo zelden men trouwen

の四例は、のち『蘭訳筌』の増訂版である『和蘭訳筌』に再録され、さらに弟子の大槻玄沢が天明八年（一七八八）に出版した『蘭学階梯』にも引用・収載されている。

Hij is een gehoorzaam kind
Hij is een oprecht knegt
men kan een man met zijn ommegang
Veel vraagen en wel onthouden
't haastig spoed is zelden goed

の五例は、『和蘭訳筌』に再録されたが、『蘭学階梯』には引用されなかった。

Hij brengt gansche nagten met Leesen door
ik heb al mijn kragt in 't werk gestelt, om 'er een eijnde wat maaken
't zon jemmerlijkweesen, zo een schoone gelegentheijt te verzuymen

の三例は、良沢自身は『和蘭訳筌』に再録しなかったが、玄沢は『蘭学階梯』に引用した。
残る四例は、『和蘭訳筌』に再録されず、良沢は替えて他の一六例を新しく収載した。それらはいずれも『蘭学階梯』には引用されていない。『蘭学階梯』はこのように師良沢の『蘭訳筌』『和蘭訳筌』からの引用が多いが、三例だけ新しい例を収載して独自性を持たせている。

いずれにしても、これら『蘭訳筌』『和蘭訳筌』『蘭学階梯』に見える合計三五の会話

（Samen Spraaken）例は、その内容からして、通詞から教示を受けて録したものとしか考えられない。

その推定を裏付ける証として、馬場佐十郎貞由の『蘭学梯航』は注目に値する。杏雨書屋所蔵の『蘭学梯航』でみても、「各辞分類上」の項目の「Beknopte en leer zaam Saamen Spraaken」の例として、

Eerste SaamenSpraak

ik wensch u goeden dag, mijn heer.

ik ben uw dienaar.（後略）

とみえる二例は、ともに『蘭訳筌』『和蘭訳筌』『蘭学階梯』のいずれにも引用・収載された

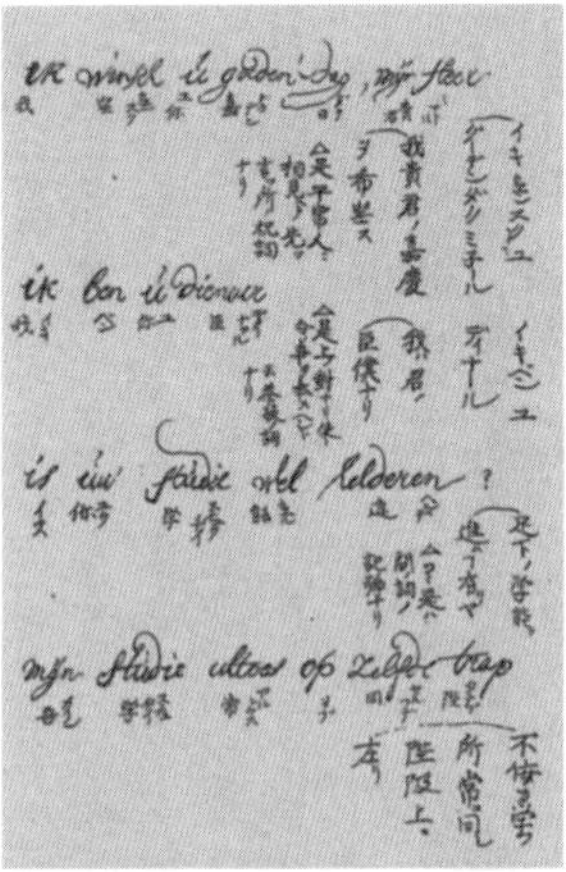

『蘭訳筌』の会話文の一部（京都大学大学院文学研究科図書館蔵）

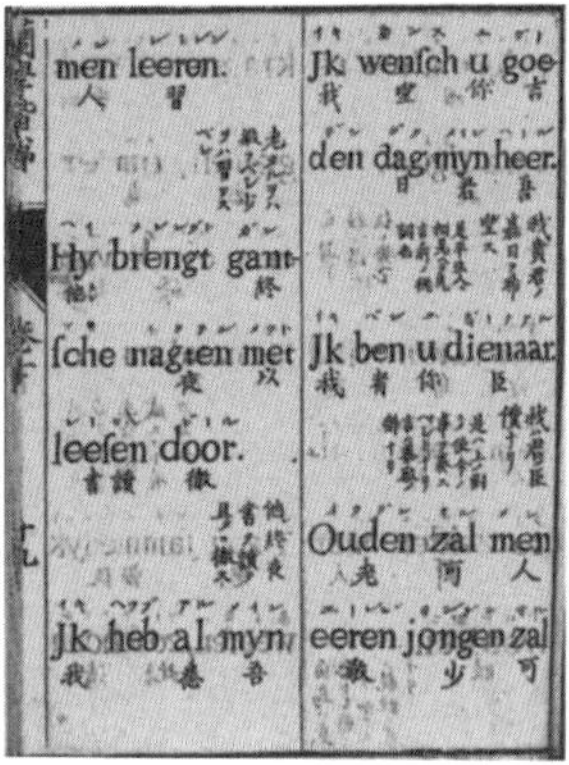

『蘭学階梯』の会話部分（片桐一男蔵）

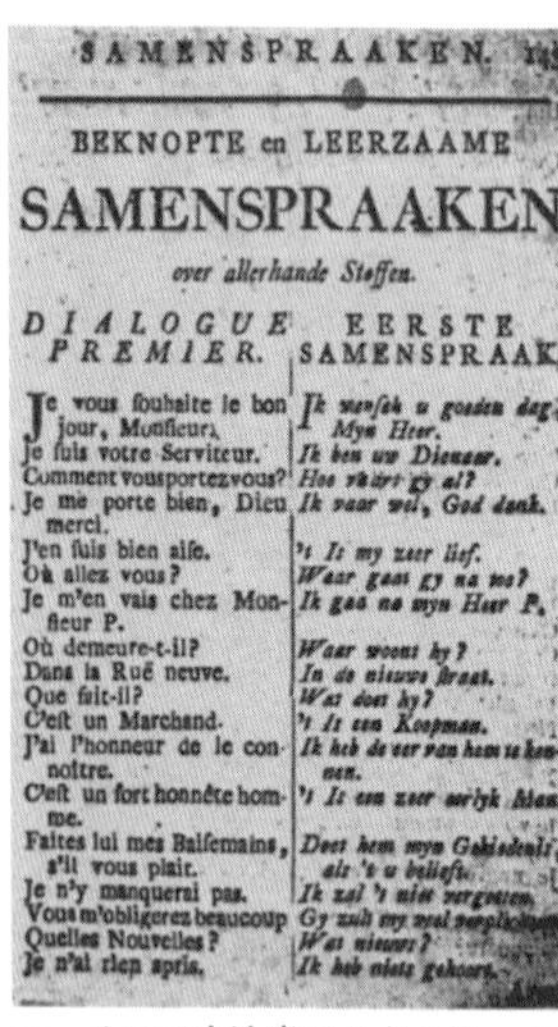

SAMENSPRAAKEN. 143

BEKNOPTE en LEERZAAME

SAMENSPRAAKEN

over allerhande Stoffen.

DIALOGUE PREMIER.	EERSTE SAMENSPRAAK.
Je vous souhaite le bon jour, Monsieur,	*Ik wensch u goeden dag, Myn Heer.*
Je suis votre Serviteur.	*Ik ben uw Dienaar.*
Comment vousportezvous?	*Hoe vaart gy al?*
Je me porte bien, Dieu merci.	*Ik vaar wel, God dank.*
J'en suis bien aise.	*'t Is my zeer lief.*
Où allez vous?	*Waar gaat gy na toe?*
Je m'en vais chez Monsieur P.	*Ik gaa na myn Heer P.*
Où demeure-t-il?	*Waar woont hy?*
Dans la Ruë neuve.	*In de nieuwe straat.*
Que fait-il?	*Wat doet hy?*
C'est un Marchand.	*'t Is een Koopman.*
J'ai l'honneur de le connoître.	*Ik heb de eer van hem te kennen.*
C'est un fort honnête homme.	*'t Is een zeer eerlyk Man.*
Faites lui mes Baisemains, s'il vous plait.	*Doet hem myn Gebiedenis, als 't u belieft.*
Je n'y manquerai pas.	*Ik zal 't niet vergeeten.*
Vous m'obligerez beaucoup	*Gy zult my zeer verplichten.*
Quelles Nouvelles?	*Wat nieuws?*
Je n'ai rien apris.	*Ik heb niets gehoord.*

マーリンの文法書にみえるサーメンスプラーカ

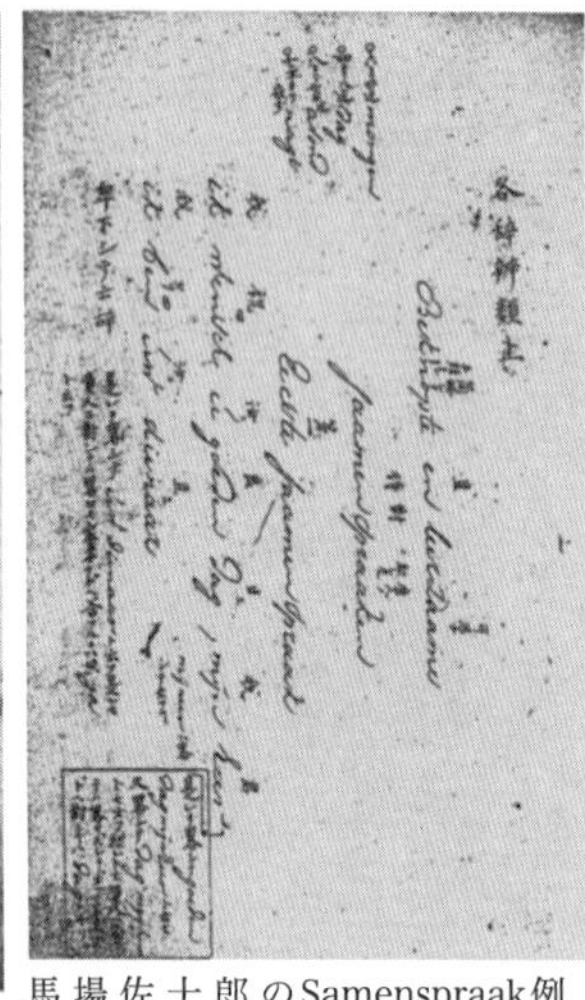

馬場佐十郎のSamenspraak例（『蘭学梯航』、杏雨書屋蔵）

冒頭の二例である。さらに、この二例は、蘭学者の間によく知られていたマーリンの文法書Marin, Pieter: Nieuwe Fransche en Nederduitsche Spraakwijze. Amsterdam, 1790. の一四三ページにみえるBeknopte en Leerzaame Samenspraaken の Eerste Samenspraak 冒頭の二例である。

「各辞分類下」の例としては、

　Mijn heer N: naam ノ略語

ik verzoek mijn Compliment aan de heeren, N: en N:, en gelieft over mijn zaak wel te Schikken, ik zal al-mijnleeren dankbaar zijn UE: dienaar N.

と例示している。かつ、これらが「和蘭人より日本人へ贈リタル所ノ書翰ナリ」と註記している。

このような例から、通詞が集めた「サーメンスプラーカ（会話）」の例はオランダ語文法の原書や実際の書翰文などから蒐集されたものも含まれていることが判明する。

以上によって、第一課、第二課と、「サーメンスプラーカ」の例がたくさんできあがっていくまでには、多くの通詞が実地の修業と経験を生かして、順次増補していったことが判明する。途方もなく時間のかかった成果であると理解できる。

7　辞書編纂

オランダ語の学習がすすみ、より難解な翻訳を新たに試みようとすれば、数多くの言葉を組織的に検索できる蘭日辞書が要求されることは自然のなりゆきである。わが国における蘭日辞書の発達については、すでに諸先学によって検討・紹介されていて、細部にわたる残された問題はさておき、大筋において付け加えることはほとんどない。古賀十二郎、板沢武雄、沼田次郎、岡村千曳、杉本つとむ、松田清の諸氏をはじめとする多くの研究者の蓄積がある。巻末の参考文献参照。

本書においては、それぞれの蘭日辞書が作成されるに際して、関係した阿蘭陀通詞の役割の大きかったことを整理しておくにとどめたい。

(1)　西善三郎の蘭日辞書編纂

大槻家旧蔵『法爾末和解』第一冊にある張紙の「寛政十一年己未夏榭蔭磐水録」と記した大槻玄沢の一文に次のようにみえる。

先是三十年所長崎ノ和蘭訳司西善三郎トイフ人同業初生徒ノ為ニ「マーリン」ノ言辞書ヲ解釈セントス、稿ヲ起シテコレヲ果サス、其ＡＢ二三韻諸言ヲ訳スルモノヲ見タリ（後略）

とあることによって、西善三郎が蘭日辞書編纂に着手していたことを知り得る。

寛政十一年（一七九九）から三〇年前といえば、明和六年（一七六九）となり、西善三郎が没した明和五年の翌年となってしまう。しかし、ヘルマン・クリスチァーン・カステンスHerman Christiaan Kastens の商館日記一七六七年（明和四）七月一三日条によれば、確かに善三郎が出島の勤務を休んで蘭日辞書の編纂に従事している様子が伝えられている。してみると、大通詞西善三郎が企てたマーリンの原書による蘭日辞書編纂の事業は、着手間もなく、当人の死去によって中断してしまったことを知り得る。

(2)　前野良沢の蘭日辞書編纂計画

前記大槻玄沢の文に、

フランソア・ハルマ『オランダ語・フランス語辞典』（古河歴史博物館蔵）

　後、我良沢前野先生モ亦徒弟蒙生ノタメニ、此訳語ノ書ヲ撰ントシテ、尚未タ業ヲ卒ヘス

と明記している。「彼の言語に通達し」「彼の群籍何にても読み得たきの大望」を持っていた（『蘭学事始』）前野良沢であってみれば、かかる企画のあったことも当然のことと思われる。しかし、日の目を見ずに終わってしまった。と同時に、このとき、通詞の関与があったか、どうかも詳らかでない。

(3)　『江戸ハルマ』と石井恒右衛門

　大槻玄沢の芝蘭堂に「寛政四年壬子閏二月廿四日」の日付で署名入門した因州の医官稲村三伯が、遊学期間に年限があるとして、「マーリンノ翻訳」を得て帰郷したい、と師玄沢に願い出た。玄沢は、自らその業に当たることは固辞したが、「天明丙年（六年、一七八六）長崎遊学ノ帰途」「同行」して以来、交際を続けている「元通詞の石井恒右衛門（今、庄助、元馬田清吉）」が「西氏（善三郎）釈語ノ企」を「継述」したい「素志」のあることを三伯に語り、三伯の入門方を石井に「懇請」してくれた。三伯は、宇田川玄随・岡田甫説も誘って石井の塾で「釈辞」を受け、「筆記」に従事した。ところが、「年ナラス」して石井が君侯に陪して白河に到ること となったため、三伯は玄沢に「ハルマ」の原本を請うて石井に託した。石井はそれを「携テ其国ニ到リ、遂ニ功ヲ竣テ、翌歳帰邸シテ三伯等ニ授」けた。「諸子」はこれを「集成」し、三伯と安岡玄真らは「彼此校讐」し、「年ヲ積テ全体」を成し、この後、三伯が出版に尽力してでき上がったのが、いわゆる『江戸ハルマ』で、一本を贈られた大槻玄沢が寛政十一年夏に一文を草してこれに加えた、というわけである。勝俣銓吉郎氏旧蔵本最後のページには、

de quansij 8. jaar. agttiende dag van tweede maand.

とあって、寛政八年二月十八日に完成したことがわかる。『蘭学逕』の「凡例」に、

寛政八年始テ活板ト為シ三十余部ヲ社友ニ配与ス、字ヲ植ヘ匠ヲ使ス、榛斎子特ニ労功セリ

と記すこととも符合する。

右の話の筋から、三伯の石井塾入門が何年のことか判然とはしない。しかし、三伯が芝蘭堂入門後に玄沢の紹介で石井塾に入門したのであるから寛政四年をさかのぼることはあり得

ない。『江戸ハルマ』完成が「寛政八年二月十八日」「寛政八年始テ活板ト為シ」と、異口同音に云われているから寛政八年の年は動かない。となれば、その間最大限をとってみても四年である。三伯が芝蘭堂入門後、石井塾を紹介されるまでの期間、および訳語の原稿を授けられてから「諸子」の「集成」「校讐」して「年ヲ積」んだ期間を差し引くとなると、石井恒右衛門が専心この仕事に従事した期間は思いのほか短いことになる。ことによったら一、二年ということにもなりかねない。とはいえ、「ハルマ」の原本を託されて白河におもむき、「翌歳帰邸」して三伯に原稿を授けた、という経過と期間には符合する。とすれば、石井恒右衛門の作業はおそろしく速かったことになる。このようなことを念頭において察すれば、石井が、もともと「西氏釈語ノ企」の「継述」を志していた、とあるから、すでに相当の語学上の蓄積を持っていて、それを投入して成稿したということになろう。

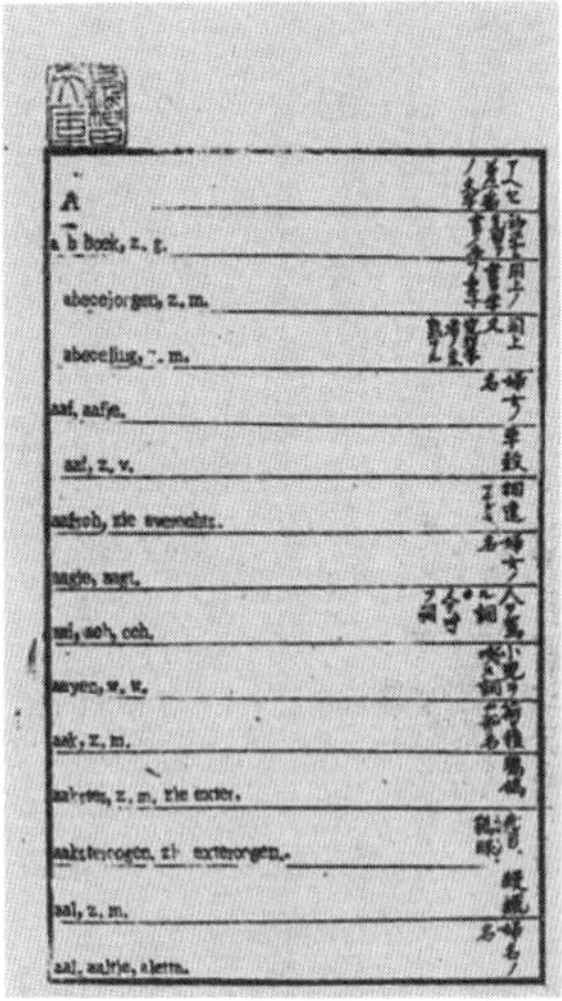

『江戸ハルマ』刊本のAの部分
(早稲田大学図書館蔵)

いずれにしても、『江戸ハルマ』完成の間における語学上の役割は元通詞の石井恒右衛門の肩にかかっていたこと極めて明白であり、稲村三伯らは「筆記」「集成」「校讐」と出版に尽力したのであることが判明する。これは、ちょうど、『ターヘル・アナトミア』訳読の主力が前野良沢にあって、公刊に向け努力したのが杉田玄白であったこととよく似ている。

(4)『ヅーフ・ハルマ』と阿蘭陀通詞

ヅーフ Hendrik Doeff が「緒言」で述べているところによれば、文化八（一八一一）、九年頃より私に通詞家数輩と相談してハルマの蘭仏辞書第二版（一七二九年）に準拠して蘭日辞書の編纂をはじめたが、これは「通詞家をして其学に進ましめんと欲するのみなり」というものであったという。

ヅーフが初稿を長崎奉行に呈するにおよび、幕府は通詞一一名に命じて校訂謄写に当たらしめた。

小通詞助　中山時十郎
小通詞並　吉雄権之助
〃　西　儀十郎
〃　石橋助十郎
〃　名村八太郎
小通詞末席名村八十郎
〃　猪股伝次右衛門
〃　西　甚三郎

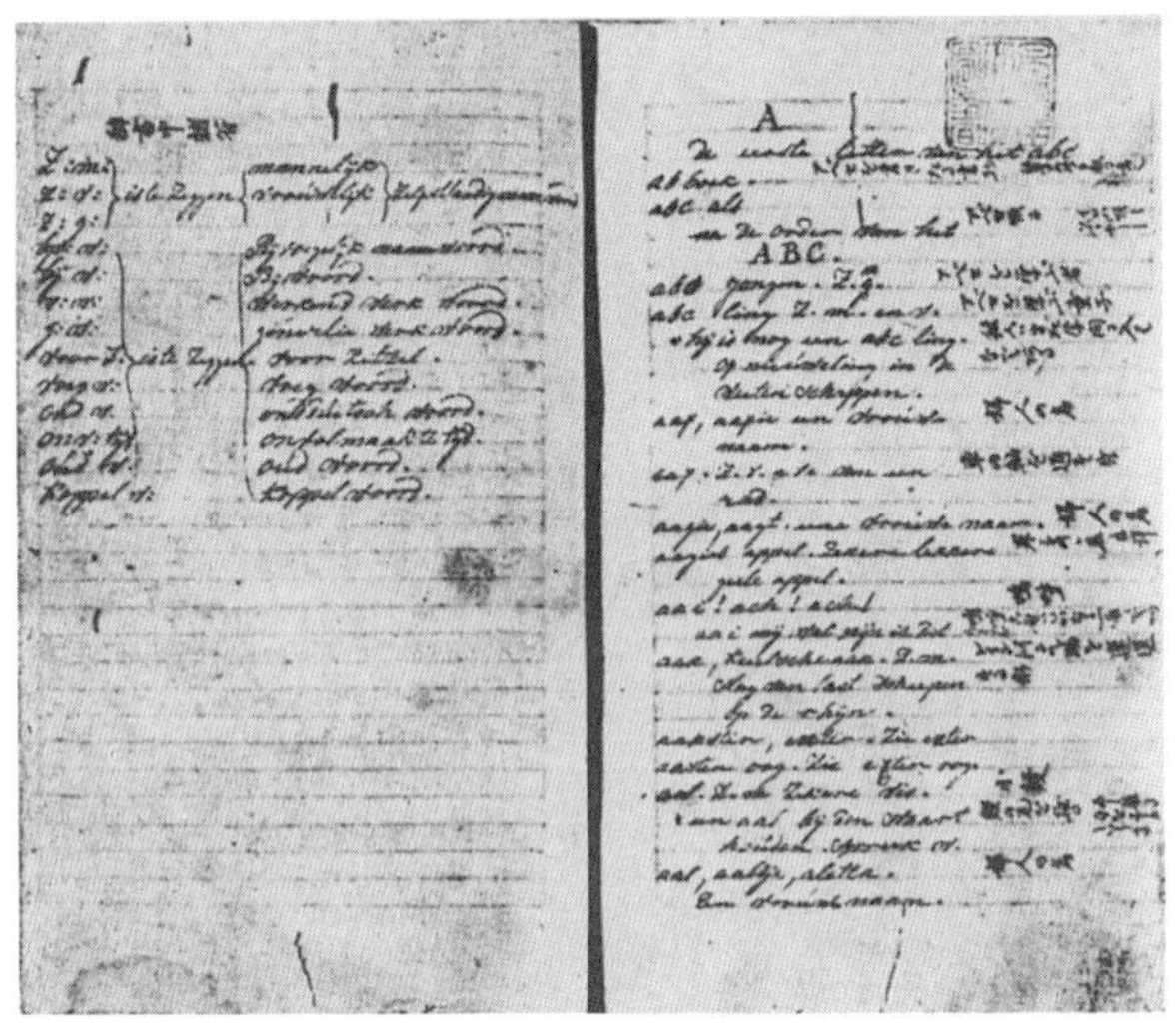

『ヅーフ・ハルマ』（早稲田大学図書館蔵）

〃　　植村作十郎
〃　　志筑長三郎
稽古通詞　三島松太郎

の若い面々で、うち中山時十郎と吉雄権之助二人がもっとも力を致した、ということである。

　これらの通詞たちは文化十二年（一八一五）九月六日より日々ヅーフの許に参集、従事し、翌年一部分を脱稿したが、その全部はヅーフ帰国後の天保四年のことであった。

　オランダ人の直接指導のもとに、通詞らの共同作業にかかる、この『ヅーフ・ハルマ』が『江戸ハルマ』を超えて、その後の蘭学者間に重用されたことは、適塾の「ヅーフ部屋」で福沢諭吉をはじめとする塾生たちが、昼夜、休みなく引き続けた利用振りを一つ想起するだけでも十分であろう。

(5)『蘭語訳撰』と馬場佐十郎

いわゆる中津辞書『蘭語訳撰』と呼ばれている辞書の書名は、その「凡例」のなかに、「コレヲ題シテ蘭語訳撰トイフ」と記されていることによる。しかし、タイトルページにみえる正式な記載は、

Nieuw Verzameld Japans en Hollandsch WOORDENBOEK Door den Vorst van het Landschap Nakats Minamoto Masataka, gedrukt bij zijn dienaar Kamija Filojosi. 1810.

蘭文書名を訳せば、

新集日蘭辞書（典）　中津領主ミナモトマサタカ（源昌高）による、その家臣カミヤヒロヨシ（神谷弘孝）刊、一八一〇年

というものである。実に、最初に公刊された日蘭辞書である。全七〇七二の語句がイロハ引きになっている。そのイロハ各部の語をさらに一九門に意義分類したものである。一九門とは、

天門（天文）、地理、時令（時運）、数量、宮室、人品、家倫、官職、身体、神仏、器用、衣服、飲食、文書、銭穀、采邑、人事、動物、植物

である。

これによると、本書は、蘭癖大名の一人、中津藩主源（奥平）昌高の編にかかり、家臣神谷弘孝の出版ということになる。出版地は記されていない。神田外語大学附属図書館が所蔵する旧春和堂若林正治氏旧蔵本をみると、末尾の丁に「元祖彫工師　小林冬溪」と刻されている。なお、この本には「大江氏」「大江範聖」の朱印二顆を捺している。

ところで、『蘭語訳撰』には蘭文の「Voorrede（序）」が付いている。その筆者は「Ba. Sadajosi（馬場貞由、佐十郎）」で、日付と場所は「te Jedo Aº=1810 of 't nengo Boenkwa 6de jaar.」と明記されている。「江戸にて、一八一〇年すなわち年号文化六年」というわけである。その肩書は、「Keyzerlijk Translateur van hollands taal te nangasakij（長崎における将軍のオランダ語通訳官）」とある。長崎の阿蘭陀通詞ということである。年記からして、実に語学の天才馬場佐十郎貞由が江戸に呼ばれた翌年の一文であることがわかる。馬場佐十郎が本書との関係を述べている後段の部分を訳出すれば次の通りである。

> 将軍の命で昨年より江戸の官衙にある署名者（＝馬場佐十郎）は、あるとき上記の侯（＝昌高侯）からオランダ語を学ぶ楽な方法、そのための手段を見付けてくれるように請われた。私（＝馬場）は御用繁多で時間の余裕とてもなかったが、侯の熱意に大いに満足して、暗記していた全ての単語を侯の高貴なる家臣の神谷弘孝をして書き取らせた。そのあと、侯自身編輯され、人々が知ることのできるこの本を著わされたのである。

と、右によれば、全収載単語の訳は馬場佐十郎貞由の記憶にかかり、神谷弘孝はその筆記者であり、奥平昌高は編輯を行った人であることが判明する。
ここで、まえにも紹介した越後の蘭学者森田千庵の書写にかかる一写本を引き合いに出したい。その書名は、

Hollandischl en Japanschl Woordenboek.
西語訳撰

といい、二二四頁からなる一冊である。表紙の下欄には、特に、

Vertaalen door Ba: zazuro

と明記し、裏表紙には "M: Sennan" と森田千庵が署名して、千庵愛用の印四顆も捺している。"Vertaalen door Ba: zazuro" とは「馬場佐十郎による翻訳」という意味である。各頁は縦に二分し、それぞれイロハ各部を、天文、地理、時令、数量、宮室、人品、家倫、身体、器物、衣服、飲食、銭穀、采邑、人事、動物、植物など一六門に分類している。この『西語訳撰』は、その蘭文表題からすれば蘭日辞書のように読みとれるが、その組織は『蘭語訳撰』と酷似している。内容はどうか。

そこで、試みに『西語訳撰』冒頭の「以」部の「天文」および大尾「寸」部の「植物」と、『蘭語訳撰』冒頭の「伊」部の「天文」および大尾「寸」部の「植物」の単語を比較してみれば、表7のとおりである。

これを見て同内容である、といわない人がいるであろうか。馬場佐十郎が『蘭語訳撰』に寄せた蘭語序文において「暗記していた全ての単語を侯の高貴なる家臣の神谷弘孝をして書

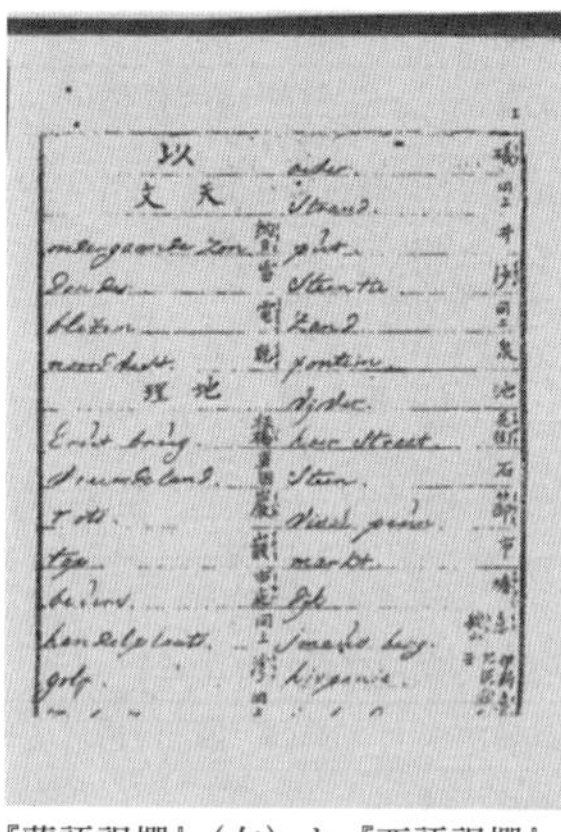

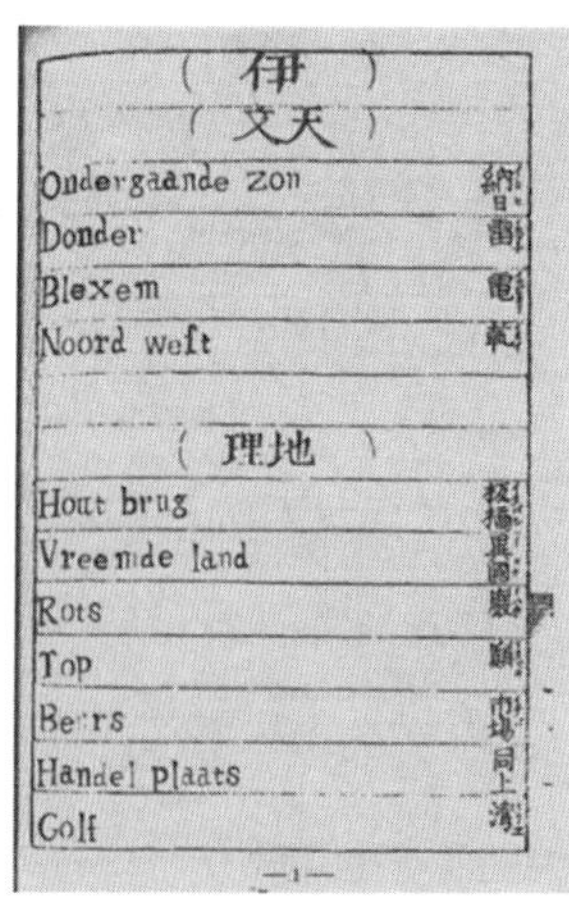

（伊）

（文天）

Ondergaande zon

Donder

Blexem

Noord weſt

（理地）

Hout brug

Vreemde land

Rots

Top

Beurs

Handel plaats

Golf

—1—

『蘭語訳撰』（右）と『西語訳撰』（左）の本文冒頭

き取らせた」という一節に符合することが明白に証明される。しかも、このような「馬場佐十郎訳」と明記した同一形式・同内容の写本が存在するということは、単に「暗記していた」単語を順序不同に口述伝授したのではなく、すでに馬場佐十郎が纏めておいた草稿本ともいい得る一本を書写させたことをも推測せしめるものである。

　これは、写本『西語訳撰』と刊本『蘭語訳撰』の時間的前後関係がいずれであってもいい得ることである。単語数に若干の出入りがみられ、表記やルビの付け方に若干の相違が認められても、書写経路は幾通りにも考えられる余地を残しており、現段階で前後関係を単純にいい切ることは不可能である。新しく傍証資料の見付かった段階で考察を深めなければならない。

　いずれにしても、要は、中津侯源昌高の

表7－1　『西語訳撰』『蘭語訳撰』対比表1

馬場：西語訳撰		昌高：蘭語訳撰	
ondergaande Zon	納日（イリヒ）	Ondergaande zon	納日（イリヒ）
donder	雷	Donder	雷（イカヅチ）
blexem	電（イナビカリ）	Blexem	電（イナビカリ）
noord west	乾（イヌイ）	Noord west	乾（イヌイ）

表7－2　『西語訳撰』『蘭語訳撰』対比表2

馬場：西語訳撰		昌高：蘭語訳撰	
Water limoen	西瓜（スイクワ）	Water limoen	西瓜（スイクワ）
narris	水仙（スイセン）	Narcis	水仙（スイセン）
porselein	馬歯莧（スベリヒユ）	Parselein	馬歯莧（スベリヒユ）
zuuring	酸模（スンボウ）	Zuuring	酸模（スカンホウ）
Sappan hout	蘓木（スワウ）	Sappan hout	蘇木（スワウ）
Snij boon	美人豆		

名において、著名なる日蘭辞書『蘭語訳撰』もまた、その内容のほとんどが阿蘭陀通詞の語学力に負っていることが証明されただけで、ここでは十分である。

以上の主要なる蘭日・日蘭辞書が直接・間接にその後の蘭学界に影響をおよぼしたことは枚挙に暇がない。ここでは深入りしないことにする。

8　オップステルレンと文法書

さて、通詞が日常会話のコツを会得し、習熟して、やがて、次にはオランダ語文を作る段階に移る。「オップステルレン Opstellen 作文」がこれである。

大槻玄沢は『蘭学階梯』の「修学」の項において、作文の学習について「文章ヲ書キ習ヒ」といっている。作文およびその説明を、また手本・テキストとする文章を、正確に理解するためには、文章の構造が理解されなければならない。ここにおいて、当然、文法の理解が要求されることになる。

オランダ語の文章にみえる規則・法則に気付き、最初に理解しはじめたのも、当然のことながら、阿蘭陀通詞であった。以下、長崎の阿蘭陀通詞がオランダ語の文章の中にみえる規則や法則に気付き、理解し、自身の表記・表現で書き表わそうとしていった大筋を把握してみたいと思う。

(1)　本木良永の『和解例言』

このような観点から、最初に指を折るべき通詞としては本木良永（一七三五—九四）であろう。彼の訳業については、別稿にゆずり（拙稿「阿蘭陀通詞本木良永の訳業分野」〈『日本歴史』第三八六号、一九八〇年〉、「勤学刻苦」（「墓碑銘」〈「本木系譜」〉）の実あがって、多くの訳書をものした間に、彼が会得したオランダ語発音に関する知識に注目しなければならない。

本木良永の最初の訳業『翻訳阿蘭陀本草』（明和八年〈一七七一〉九月）をみると、今日われわれのいう拗音の「ニュ」「ウェ」「テュ」などの「ュ」「ェ」を、今日とは逆の左方に小文字で「ニュ」「ウェ」「テュ」のごとく示している。このような試みは、続く『阿蘭陀地球図説』などにおいても、たとえば拗音「キュ」を「キユ」というふうに、今日とは逆に「キ」を小さく「ユ」を大きく書いて表現している。彼の初期の訳書『和蘭地図略説』では「セプテンテイリヨ」「カルデイナーレス」「ヲーステンゥイント」などと表記上の工夫をしている。今日のわれわれは、「セプテンティリヨ」「カルディナーレス」「ヲーステンウィント」と表記しているところである。はやくから、良永が創意工夫をこらしていた一斑である。このようなことを、良永が何時頃から気付いて工夫・案出しはじめたかは知る由もない。資料としては、右にみたごとく、明和八年の初作からみることができる。明和八年秋といえば、江戸で前野良沢と杉田玄白らが小塚原での観臓後『ターヘル・アナトミア』の会読を開始して半歳がたった頃である。

このような注意と創意工夫とをもって訳読に励んだ本木良永のオランダ語文法に関する知識を綜合的にみるとすれば、病歿四年まえの寛政二年（一七九〇）の筆になる『星術本原太陽窮理了解新制天地二球用法記』に付けられた『和解例言』を措いてほかにない。

まず、オランダ文字の二六字を説明している。「アベセレッテル A, B, C, Letter」というのは日本の「伊呂波四十八字」というがごときもので、字は三体あり、その一は「メルキ・レッテル Merk Letter 印文字」、その二は「テリュック・レッテル druk Letter 板行文字」、その三は「シケレイフ・レッテル Schrijf Letter 書牘文字」がそれである。また別に「セイヘル・レッテル Cijffer Letter」という「算数文字」があって、これに二体ある、といった文字の説明からはじまっている。

オランダ言語の「音声（発音）」を日本の片仮名で表記する際に、「濁音」には「゛」の二点を加え、「其ノ余ノ異ル音声（半濁音）」には「。」をつけ、あるいは文字を合わせて二字に記し、また「促音スル音声（促音）」には「ツ」の字を接し、「長ク引ク字音（長音）」には「ー」を記すことなどを述べている。

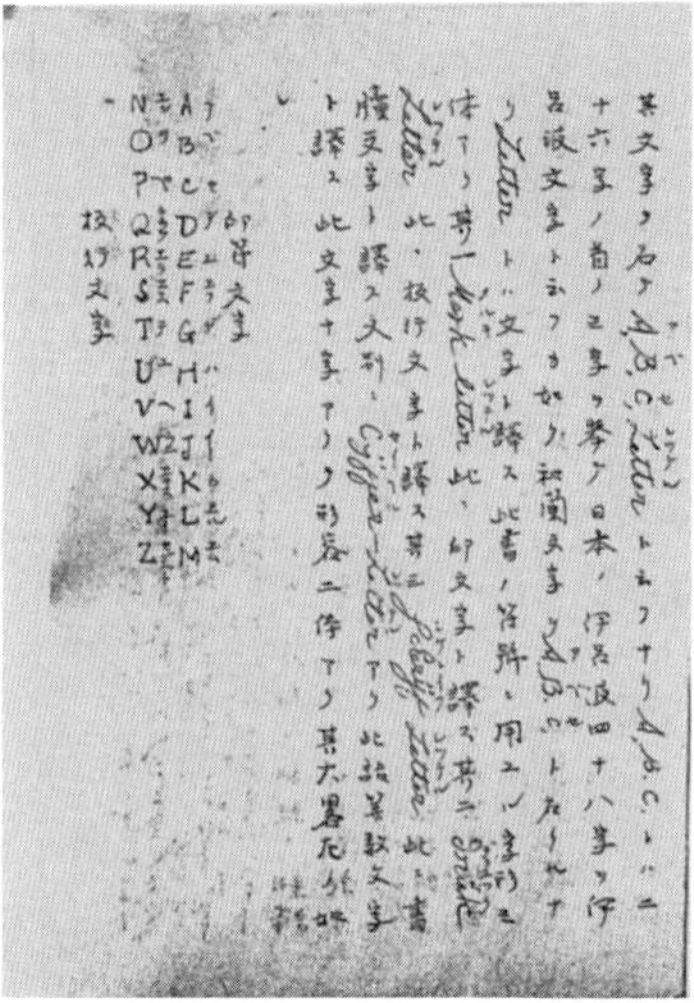

しかし、結局、片仮名文字で表記するのは「彼邦ノ語音ニ叶ヒ難シ」といっている。これは、鎖国下にあって、実際に、オランダ人に接して、その発音を耳にする通詞にしてはじめて実感の得られることであったと思われる。

本木良永『和解例言』の本文の一部（国立天文台三鷹図書室蔵）

表8　音節のオランダ語表記

A A C アアセ	A A B アアベ	A A アア	A ア
阿郭(アーク)	阿歩(アーブ)	阿(アー)	曷(ア)
E E C ヱヱセ	E E B ヱヱベ	E E ヱヱ	E ヱ
野郭(エーク)	野歩(エーブ)	野(エー)	悦(エ)
I I C イイセ	I I B イイベ	I I イイ	I イ
以郭(イーク)	以歩(イーブ)	以(イー)	逸(イ)
O O C ヲヲセ	O O B ヲヲベ	O O ヲヲ	O ヲ
窩郭(ヲーク)	窩歩(ヲーブ)	窩(ヲー)	屋(ヲ)
U U C ユユセ	U U B ユユベ	U U ユユ	U ユ
猶郭(ユーク)	猶歩(ユーブ)	猶(ユー)	由(ユ)

次に、「キリンキ・レッテル Klink Letter 韻字（母音）ＡＥＩＯＵ五韻」と、「メーテ・キリンケル Meede Klinker 助声字（子音）二十一字」を述べ、語を成すその組み合わせを「聯合反切」といっている。そして「日本五十韻」で「和蘭韻」を考え、「ウ」をオランダ人は「ユ」と発音するので、日本の「アイウヱヲ」の五韻を「アヱイヲユ」と訛る、として、彼我の五十音を比較掲載している。

ついで、「ＣＱＸ、ＣＫ、ＤＴ、ＩＪ、ＩＹ、ＦＨ、ＬＲ、ＳＺ」の用法を述べている。一例だけ示せば、ＬＲについて、

日本ラリルレロノ韻ハ和蘭ニ二韻アリ、二韻共ニ和蘭人ラレリロリユト訛リ、其一Ｌ(エル)ノ字ニ因リテ唱フル韻ハ舌ヲ上腭ニ着テ唱ヱ、其二Ｒノ字ニ因リテ唱ヱル韻ハ舌ヲ転シテ唱フルナリ

などと説明している。ざっと、こんな具合である。以下、母音と子音の組み合せについて縷説して「和蘭ＡＢＣ二十六字ノ大畧」を終わっている。

次に、「和蘭左行横文字聯合反切帰納ノ字韻唱法并ニ唐韻仮借文字」ということについて述

べている。これは要するに、音節についてオランダ語表記、その発音、その発音に当てはめる漢字について述べているのである。これを前述のＡＥＩＯＵ五韻に配して、表８にまとめている。

音節のオランダ語表記、たとえば「AAB」、その下についている「アアベ」というのはＡ・Ａ・Ｂ一文字ずつの読みで、AABという音節の発音を表記しているのではない。音節AABの発音はその下の欄の右についている「アーブ」である。この「アーブ」に当てた漢字が「阿歩」というわけである。この「和蘭文字ノ語音ニ漢字ヲ合セ記ス」作業には唐通事石崎次郎左衛門の教示を得た点が大きかったようである。

次には、「一字一韻ヲ出ス文字」として、表９の文字をあげ、このあと、国名にラテン語とオランダ語の二表記があることなどを述べ、続いて「翻訳」の苦心点に移っている。「形状」のあるものは、その「形状」によってその「名義」を識ることができる。しかし、「無形」の言語については何によって習うことができるか、とその困難性を指摘して、次の

表９　一字一韻を出す文字表

B ベ	K カ	R ヱラ	X ヱキス
歩(ブ)	郭(ク)	耳(ル)	吉(キ)数(ス)
C セ	L ヱル	S ヱス	Y ヱイ
郭(ク)	而(ル)	数(ス)	以(イ)
D デ	M ヱム	T テ	Z (セダット)
掇(ト)	無(ム)	鐸(ト)	世(ス)
F ヱフ	N ヱン	V イハ	
桴(フ)	尹(ン)	孚	
G ゲ	P ペ	W イハ (ドブルト)	
古(グ)	甫(プ)	武	

ような例をあげている。

「一二三ノ数」それぞれに相当するオランダ語はある。同様、「一十百千」という相当語もあるが、「万」という語はない。オランダ語で「万」は「遁尹無逸扇掇（ティーンメギュイセン）」といい、これは「十千」といういい方で、これが「正訳」であるといっている。したがって「十万」は「百千」といういい方をしている。では「万」はオランダ語で何というか。「密立猶尹（ミリューイン）」といっている。日本語には「密立猶尹（ミリューイン）」という言語はない。その結果、「故ニ万語万言一々的当ノ翻訳ヲナシ難シ」としている。「万語万言」の「翻訳」は不可能である、といっている。すべての言語に相当する言語があるわけでないから、翻訳は困難である、というのである。

本木良永の、このような、アベセ二六文字の三体、数字の二体、発音の表記、母音・子音・音節などについての例示の仕方は、以後の通詞や蘭学者に大きな影響をおよぼした。

以上、みてきたように、本木良永のオランダ語とオランダ語文法についての意識は、ＡＢＣ二六文字・数字の表記と発音、それに漢字を当てる作業にとどまっていたことがわかる。その解釈の仕方についても、まず日本語の文法的知識を基礎において、それにオランダ語をあてはめ、あるいは比較して理解しようとしていることがわかる。いわゆる品詞の理解、分類というような文法理解の段階にまでは達していないこともわかる。通詞・蘭学者がこのような考え方から解放されるのはしばらくのちのことである。もっとも、これは、良永が依拠したオランダ語に関する参考書によることであったかもしれない。初歩的な文法書を用いていたであろうことは察せられるが、それがいかなる書物であったかの確証は得られていない。

⑵　中野柳圃とセイウェル文法書

稽古通詞志筑忠次郎忠雄（一七六〇―一八〇六）が、その職を退いたのは、養父の跡職を継いでから、わずか一年ばかりした翌安永六年（一七七七）のことである。「病身」になったことが退職の理由であるという（『長崎通詞由緒書』）。それは、病歿の文化三年（一八〇六）行年四十七歳の過去帳の記載から逆算して、彼が十八歳のことになる。その後の彼は、多病の故に世人との交通を謝して独り学んで過ごしたと伝えられている。いずれの頃からか、本姓の中野に復してもいる（拙稿「志筑忠雄について」〈『洋学史研究』第二六号、二〇〇九年〉）。

柳圃の使用したオランダ語文法書

かつて、大槻如電翁は、志筑忠雄（中野柳圃）が『暦象新書』の翻訳中に「自力の発明もて蘭文に語格詞品あることを覚」ったものであるといわれた（『新撰洋学年表』）。しかし、柳圃が全く「自力」でオランダ語文法に開眼したわけでないことは、代表作の一つ『蘭学生前父』において、「以上二十七則ノ語ハ余カ作為ニ出タレトモ各本ツク所ナキニ非ス」と、基づく文献の存在したことを明言している。

柳圃に師事した馬場貞由が、ある日、柳圃師に「文式ノ要領」を「得」られたことについて質問した。すると「和蘭人泄物爾(セウエル)ト云ヘル人著述スル所ノ「ガラマチーカ」ト云フ書」を「閲」て、「日夜研究」して「聊カ得ル処」があったといわれ、自分が「吾子等ニ授ル所」もこれである、と答えられた、という（『和蘭文範摘要』例言）。

大槻玄沢は「ガラムマチカ」は「雅称」で、オランダでは「スプラーカキュンデ」という、といっている（『蘭訳梯航』）。

写本『四法諸時対訳』（江馬家本）の表紙には、

　本文ハ Sewel, Spraakkonst ニ取ル

と明記されている。

『三種諸格編』には、「スプラーカコンスト」「ウォールデンブーク」「レーデンコンスト」「アベブーク」「ケール、ナチュールキュンデ序」などと、参考にした蘭書名がみえる。大槻玄幹が「柳圃先生ノ遺教」の書として書き留めた『蘭学凡』には「セイデラール文科　全」という蘭書名もみえる。

中野柳圃が、これらの蘭書によって、日夜研鑽に努めた、ということになろう。

セイウェル文法書

中野柳圃がオランダ語文法を理解していく過程で利用したこれらの原書のうち、彼が最も体系的理解に用いた原書が「セウエル」の文典であった。

NEDERDUYTSCHE
SPRAAKKONST,
Waarin de Gronden der
HOLLANDSCHE TAALE
Nauwkeuriglyk opgedólven, en zelfs voor geringe
Verstanden, zo ten aanzien der Spellinge als
Bewoordinge duidelyk aangeweezen zyn.
De vierde Druk.
Doorgaans veel vermeerderd, en met eene
LYST VAN DE GESLACHTEN DER
NAAMWOORDEN,
Die onder geene vaste Regelen betrekkelyk zyn;
Nevens eene *Verhandeling* van de
REDENKONSTIGE FIGUUREN
En andere Taalcieraaden, verrykt,
DOOR
Wm. SÉWEL.
TE AMSTERDAM,
By JACOB TER BEEK, Boekverkoper
betyden de Beurs, in de Gekroonde Bybel. 1756.

WILLEM SÉWELと文法書（片桐一男蔵）

幕府の蛮書和解御用の訳官として江戸に召された柳圃の門人馬場佐十郎（貞由）が師柳圃のオランダ語文法書について伝える言葉に耳を傾けてみなければならない（『訂正蘭語九品集』緒言）。

馬場佐十郎が、まだ長崎にいた頃、「柳圃先生」に「和蘭詞品考」という著書のあることは知っていた。しかし、先生は、みだりに「他人ニ示ス」ことを許さなかった。佐十郎も知り得ないまま江戸に出てきた。

柳圃の歿後、「和蘭詞品考」は門弟の西吉右衛門の手にわたり、西によって「一二ノ追補」が加えられて「蘭語九品集」と呼ばれるものとなった。

「後」に、これを佐十郎が「熟読」してみると、「写誤多キ」もので、「文章更ニ解シ難キ者多シ」という状態であった。これは、きっと「訳ヲ為ス」の「誤解」に出たものと思われ、かつ「編次序ヲ失シテ体裁ヲナサス」その「説」が「前後」しているところも「少カラス」あった。このままで「初学ノ徒」がみて「規則」にしようとすると、かえって「惑ヲ生スル」ことになる、と佐十郎は思った。

そこで、佐十郎が「誤リヲ正シ」「本文」について「増減シ」「改写」して、「社中ノ諸生徒ニ示ス」ことにして成ったのが『訂正蘭語九品集』である、という。

伝わっている『訂正蘭語九品集』から、西と馬場両人によって手の加えられた部分を判別して、もとの「和蘭詞品考」を窺い知ることはできないものであろうか、と考えがちである。しかし、これは難しい。できるはずもない。

ところで、江馬家の写本『四法諸時対訳』と蘭学者川本幸民の書写にかかる『訂正蘭語九品集』を読み合わせてみると、同一の内容と思われる記述が存在することがわかる。

そこで、柳圃の作品『四法諸時対訳』の本文冒頭部分と『訂正蘭語九品集』の該当内容部分とを比較してみようと思う。煩に過ぎるきらいはあるが、柳圃のオランダ語文法の把握振りを検証するためには、どうしても比較してみなければならない。

『四法諸時対訳』	『訂正蘭語九品集』
aantoonende wijze	Van de Aantoonende wijze
直説	直説法

現在
ik leer,　gij leert
我学ふ　汝等学ふ

Tegenwoordig tijd 現在
ik leer　我学フ
gij leert　汝学フ

右は冒頭部分を一例比較してみただけである。文法内容の説明記述としては同じである。例示はしないが、全てを比較してみた。

両者を比較して判明点を列挙してみる。

①　内容は全く同じである。
②　「諸時」と「諸法」が、「諸法」と「諸時」に入れ替わっている。
③　「諸法」「諸時」の見出しに原語が付け加えられた。
④　「死語法」が「分註法」と表記替えされた。
⑤　「貞由按スルニ……」が二ヵ所加わっている。
⑥　「分註法」の原語中に of の字が加わっている。
⑦　「過去」の原語表記方法が改められている。
⑧　「不限時」が「不限」と表記替えされている。
⑨　「不限時」の原語表記中 aanvoegende が aantoonende と改められている。これは誤りを訂正しているのである。
⑩　「過去の現在」の註記において、語順が入れ替わっている。
⑪　「過去、過去」の註記において「此ハ」の語が落ちている。

⑫「不限」のところで、der aanvoegende wijze が der voegende wijze と aan を落としている。

右の一二点を検討してみる。①の内容が同じである点は馬場が師の作品の内容を忠実にそのまま伝えようとしていることを示している。②・③・⑥・⑦・⑧は馬場がいう「次序」を正しくし、表記・表現を整理し、「増減」「改写」した点に該当すると思われる。⑩・⑪・⑫はケアレスミスに属することである。ただし、馬場らの責任が問われるところか、写本作成者の書写の際の不注意か区別できない。④・⑨は意識的に変えたところであるが、④は単に名称の変更であるのに比して、⑨の指摘訂正の意味は大きい。このような点の誤りが放置されていた場合、馬場がいう「誤解」が生じ、「初学ノ徒」の「惑ヲ生スル」ことになるわけで、馬場の学力を示している訂正箇所である。⑤のような点も馬場の配慮の現われである。二種類の意味のことを単に「不限時」と同じ表記表現で説明されても読者にはその相異がわかるはずはない。そこで、新たに区別の説明を「貞由按スルニ」として付け加えたのである。師の作品の形はそのまま尊重しておき、自説は区別して付加したもので、馬場の学者的態度が表明されているところである。

両書とも、続いて「Leeren 学ぶ」という言葉を例にした文章に移っている。冒頭部分を同様に比較してみよう。

『四法諸時対訳』

> Leeren　学ひてん学ひつなとのてん□（学ふ）又はつ□の類ハ詞によれり、行くなといふ詞なとハ行□な
> ん行ぬなといふや

aantoonende wijze

直説

現在

ik leer,　gij leert

我学ふ　汝[等]学ふ

此ノ如キ ik, hij, gij, なとによりて動詞の格異なる事及ヒ aan voegende wijze によりて異なる事幷ニ予が三種諸格の後に見たるを以て此には ik のミを表して他は略セリ事跡なとに ik といふハ我昔を語る也

『訂正蘭語九品集』

○[Van de] Aantoonende wijze 直説[法]

[Tegenwoordig tijd] 現在

ik leer　我学フ

gij leert　汝学フ

如是 ik, gij, hij ナトニ依リテ動詞ノ格異ナルコト及ヒ aanvoegende wijze ニヨリテ異ナルコトハ、予カ三種諸格ノ後ニ見タルヲ以テ、此ニハ ik ノミヲ表シメ、他ハ畧セリ、事跡ナトニ ik ト云フハ我昔ヲ語ル也

> 貞由按スルニ、右動詞ノ格異ナルトイヘルハ、仮令ハ leeren ト云フ動詞ヲ右ノ如ク或ハ leert トシ、或ハ leert ト首尾ヲ転シ、異ニスルヲ云フナリ、又三種諸格トイヘルハ先生著述中ノ一書名ナリ

両者比較して気付く点をあげてみる。

① 『四法諸時対訳』の冒頭の一文が『訂正蘭語九品集』では除かれている。これは、師にして原著者の柳圃自身が未解決のまま疑問として残した点は、読者がいらざる混乱におちいることなきよう削除したものと思われる。

② 「aantoonende wijze 直説」が「Van de Aantoonende wijze 直説法」と表記・表現が整えられている。この方がよい。

③ 「現在」が「Tegenwoordig tijd 現在」と表記・表現が整えられている。これもこの方がよい。

④ gij leert の訳として「汝等学ふ」とあったのを「汝学フ」としている。単・複数とも

同形・同変化であるから、どちらも誤りではないが、「ik leer 我学ふ」に続く例文であるから、ここでは単数とみるべきである。したがって馬場の訂正が常識的で正しい。

⑤　柳圃の説明文中の「幷ニ」が「ハ、」と変えられている。前後の文の続き具合からして馬場の訂正文の方がよい。

⑥　原著柳圃の文とは区別して、一段下げて、馬場佐十郎は「貞由按スルニ」として一文を付け加えている。

右の諸点からして、読者が混乱しそうな点を削除し、不完全・不自然な表記・表現を改め、整えて、説明不足と思われる点は原文とは完全に区別して加筆したことがわかる。したがって、「貞由按スルニ」として附言した馬場の文を除くと、まずまず、原著者中野柳圃の原文に近いものになるのではないかと考えられる。

さて、中野柳圃の原文に近い文を、いま家蔵の原書セイウェル文法書 W. Séwel: Nederduijtsche Spraakkonst の一七五六年版で比較してみる。すると、九品詞の解説である前半部分の文は、原書の忠実な訳というのではない。たしかに、九品詞の説明はしてあるが、その文は柳圃がセイウェル文法書を基本としながらも、諸本から得た知識をも念頭において作った文である可能性が強い。にわかに確定はできぬ。後半の「諸法諸時」の部分は、内容から「四法諸時」といった方が適切であり、もとづく原書の文は内容からして動詞の解説部分であるセイウェル文法書の動詞の章二四一〜三一二頁に含まれているわけであるが、柳圃が訳出・利用したのは、そのうちのわずか二六三〜二七三頁の部分であったにすぎないことが判明した。それも、原書が各人称・単数複数の変化形を例示しているのに対して、柳圃は、ik, gij, hij などによって変化が異なることは「予が三種諸格の後」に述べてあるから、ここでは ik だけを示す、といったような抄訳による例示説明に終わっている。かつその説明の仕方・理解の仕方が、馬場が削除した「Leeren 学ふ　学ひてん（中略）なといふや」の一文をみてもわかるように、柳圃の頭のなかには日本語の表記・表現に関する知識、ひいては、語法・文法的知識があらかじめ強く存在し、それに合わせるような仕方で原書を利用し、抄訳していることが理解される。この特色は中野柳圃の他のオランダ語文法書にも共通してみられる特色である。これは馬場佐十郎が「先生ハ頗ル和学ニ達シ給ヒシナレハ」と指摘している点に原因があると思われる。

(3)　馬場貞由のオランダ語文法体系

オランダ語文法の本格的研究に手を染めたのは、前節でみたとおり、阿蘭陀通詞出身の中野柳圃（志筑忠雄）であった。その柳圃に教えを受け、さらにその体系的整備に努めた人が阿蘭陀通詞馬場佐十郎貞由である。

馬場佐十郎貞由が身につけたオランダ語文法の組織体系をみてみることにしよう。

馬場貞由のオランダ語文法書

馬場貞由のオランダ語文法書について、現在までに判明しているものを列挙してみよう。

①　蘭語冠履辞考　二巻　文化五年（一八〇八）秋月成。
②　蘭語首尾接詞考　一冊　文化五年秋月成。
③　和蘭辞類訳名抄　一冊　文化七年訳。
④　西文規範　一冊　文化八年訳。
⑤　訂正蘭語九品集　一冊　文化十一年成。
⑥　和蘭文範摘要　上下二冊　文化十一年成。
⑦　蘭学梯航　六巻　文化十三年。

右のうち、『蘭語冠履辞考』と『蘭語首尾接詞考』とは馬場のオランダ語文法理解の一端を示す訳著ではあるが、体系的なものではない。

『和蘭辞類訳名抄』は文法用語について、マーリンの一八類と、ハルマの一四類との訳語を按定したもので、これをもってオランダ語文法上の組織・体系を示し得るものではない。

『訂正蘭語九品集』と『和蘭文範摘要』とは、共にオランダ語文法書ではあるが、このうち『訂正蘭語九品集』は馬場の師中野柳圃の著作にかかる『和蘭詞品考』と『四法諸時対訳』とを合わせて成った『蘭語九品集』に馬場が訂正を加えたものである。『和蘭文範摘要』は柳圃の『和蘭詞品考』の原典とみなされているセイウェルのオランダ語文典の大要を訳したものである。すなわち、両書の成稿は、あくまでも、馬場の師中野柳圃のオランダ語文法に関する知識の吸収と体系化の成果であるという点に意義がある。

『西文規範』と『蘭学梯航』とは、前者がパームの文典の翻訳で、後者がハルマやマーリンを参考にして著わしたオランダ語文法書であるが、『訂正蘭語九品集』『和蘭文範摘要』が柳圃の業績を発展させたものという点からすれば、この『西文規範』『蘭学梯航』の二書こそは馬場佐十郎貞由が独自に成し得たオランダ語文法の体系的理解の成果ということができる。そこで、この二書のなかでも注目すべき『西文規範』についての内容を概観してみることにしたい。

『西文規範』について

大垣藩医江馬蘭斎の家に伝えられた『西文規範』写本、乾坤二冊で検証してみよう。まず内容構成を見てみる。表紙に続いて最初に六ヵ条からなる「凡例」があり、「文化八年辛未夏　轂里馬場貞由識」と明記している。次に蘭文原書にみえるVoorreede（序文）をそのまま書写している。

いよいよ内容に入って、「西文規範首巻第一第四篇抜訳」として、四ヵ条の問答体を訳出し、それに続いては「以下撮要抜訳スル也」として抄訳を載せている。この首巻が終わったところで、「原書ノ巻尾ニ詩アリ爰ニ写シ置ク」として蘭詩四行を書写しているが、これには訳文は附けられていない。これは、原書VIERDE STUKJEの大尾である一一〇ページにみえるものである。原文四行の形式を無視して、改行もしないで書き写している。

次に「和蘭文学問答」を「巻之一」「巻之二」「巻之三」の三巻に分かち、各巻には目次を掲示したあと各章を収めている。巻と章との関係は、「巻之一」には第一章から第七章までを収め、「巻之二」には第八章から第十二章までを収め、「巻之三」には第十三章から第十八章までを収めて終わっている。江馬本によって表示すれば次の通りである。

西文規範　乾
凡例
Voorreede
西文規範首巻第一第四篇抜訳
原書ノ巻尾ニ詩アリ爰ニ写シ置ク（蘭詩）
和蘭文学問答　巻之一
　目次
　和蘭文学問答　第一章
　〃　第二章
　〃　第三章
　〃　第四章
　〃　第五章
　〃　第六章
　〃　第七章
和蘭文学問答　巻之二
　目次

和蘭文学問答　　第八章
西文規範　坤
和蘭文学問答　第九章
〃　　　　　　第十章
〃　　　　　　第十一章
〃　　　　　　第十二章
和蘭文学問答　巻之三
目次
和蘭文学問答　第十三章
〃　　　　　　第十四章
〃　　　　　　第十五章
〃　　　　　　第十六章
〃　　　　　　第十七章
〃　　　　　　第十八章

『西文規範』の原書は何であろうか。「凡例」の第一条から、Kornelis van der Palm: Nederduitsche Spraekkunst, voor de Jeugdt. Rotterdam, 1769. という蘭書であることがわかる。馬場はこれを訳して「幼学須知文家必要」というような意であるが、「コレヲ西文規範ト仮題ス」といい、一七七四年版を使用したことを伝えている。

「若者のためのオランダ語文法」という、このパームの蘭文典は、初版が一七六九年ロッテルダム版で、以後二〇版くらい版を重ね普及した本であったようだ。本書では、初版本を用いるが、比較検討してみるに、馬場が使用した一七七四年版と内容的に相違はみられない。「凡例」の第二条から読み取れるパーム原書の第一―四篇構成と、『西文規範』の内容構成との関係を比較表示すれば表10のごとくになる。

現存する写本『西文規範』と右の表10を比べてみると、首巻すなわち原書の第一篇・第四篇は抄訳で読むことができる。原書の第二篇 TWEEDE STUKJE, 18 HOOFDSTUK は一八章から成り、『西文規範』の前篇第一―三巻の一八章とよく符合していて全訳であることがわかる。

表10　「パーム原書」と『西文規範』の内容構成比較表

パーム原書	西文規範		
第一篇 第四篇	首巻ニ抜訳		（抄訳）
第二篇	前篇	第一巻 第二巻 第三巻	（全訳）
第三篇	後篇	上巻 下巻	（全訳）

後篇上・下巻、すなわち原書の第三篇 DERDE STUKJE, 1 ― 19 HOOFDSTUK は未発見ということになる。ただし、馬場は「凡例」で第三篇の全訳も終えていると伝えているから、一九章から成るであろう『西文規範』後篇の発見を鶴首して待ちたい。

蘭文原書による内容検討

次に改めて『西文規範』の全記載内容をパームの

原書と比較検討してみよう。

「凡例」は馬場が原書翻訳後に附したものであるから原書にみえるはずがない。

写本の Voorreede 三丁半は原書の EERSTE STUKJE の最初に八ページにわたってみえており、このオランダ語文を馬場は忠実に書写したのである。

「西文規範首巻第一第四篇抜訳」はどうか。訳文会話四ヵ条と、それに対する原書の原文会話四ヵ条とは、それぞれ、

○問　何ヲカ Spraakkonst ト云フヤ

　答　spraakkonst ト云フハ letteren（文字）ト sprake（言語）トヲ知ルノ法ヲ云

Vr.　Wat is de *Spraekkunst*?

Antw. De Spraekkunst is eene kennis van de Letteren en Sprake.

○問　Spraakkonst ヲ若干ニ分別スルカ

　答　コレヲ woordgronding（品詞）ト Woordkoeging（連辞法）トノ二ッニ分ツ

Vr.　Uit hoe vele deelen bestaet de Spraekkunst?

Antw. Zy bestaet uit twee deelen, namelyk, de *Woordgronding* en *Woordvoeging*.

○問　Woordgronding（品詞）ト云フハ何ヲ学ブ丁ナルヤ

　答　Woordgronding ト云フハ辞ノ起因（ヲ、ルスプロング）性質（エイゲンシカップ）変化（アフレイジング）併合等ヲ学ブ也

Vr.　Wat leert de Woordgronding?

Antw. De Woordgronding leert den Oorsprong, de Eigenschap, Afleiding en

Verdubbeling van enkele woorden.

○問　コレヲ学バンニ何ヲ以テ要トスルカ

答　コレヲ学ブニ要トスルコハ第一ニ文字ヲ学ブ也、コレヲ併セテ辞ヲ読ル、コレヲspelling読法ト名ク、第二ニハ連読法ヲ学ブ、コレヲuitspraakト名ク、コレヲ以テ真語真辞ヲ知リ得ル也

Vr.　Wat wordt daer toe vereischt?

Antw. Daer toe wordt vereischt; vooreerst, eene kennis der letteren, waar uit de woorden t'samengestelt worden, 't welk de *Spelling* genoemt wordt,; en ten tweede, een onderzoek der lettergrepen, dat is, hoe die recht uittespreken zyn, 't welk men de *Uit spraek* noemt.

とあって、この書物の内容が問答体で著作されていることが判明する。これを点検するに、馬場は問答体の内容を逐条原文に即して正確に翻訳していることがわかる。この四ヵ条の逐条訳を施したあとは「以下撮要抜訳スル也」と断って、抄訳している。抄訳した部分は、原書にみえる各問答のうちから、必要と思われるものを選び、かつ、その撰択した問答の文章の大意をもって意訳している。

さて、次は馬場が「我党ノ須知有益ノ叓ヲ説ケリ」と重要視した原書第四篇に相当する主内容である。すなわち「和蘭文学問答」巻之一―三に当たる計一八章である。この馬場の訳定した翻訳章題と原書にみえる章題とを対比・列挙し、その内容が何ヵ条の問答から成って

の章題比較

和蘭文学問答 章題	問答数	パーム原書 章題	問答数
一、Van de Spraak deelen詞品科ト訳ス	10	Van de Spraek deelen（品詞分類）	10
二、Van de naamvallen変格六法	41	Van de Naemvallen（格変化）	41
三、aanmerking over de naamvallen運用規格的実	4	Aenmerking over de Naemvallen	4
四、Van de lid of geslachtwoorden発声詞	13	Van de Lid-of Geslachtwoorden（冠詞）	13
五、Van de naamwoorden静詞門	13	Van de Naemwoorden（名詞と形容詞）	13
六、Van de buigingen der zelfstandige naamwoorden実詞変化	16	Van de Buigingen der Zelfstandige Naemwoorden（名詞の性数格の変化）	16
七、Van de buiging der toevoegelijke naamwoorden虚詞変化	8	Van de Buiginge der Toevoegelyke Naemwoorden（形容詞の性数格の変化）	8
八、Van de trappen van vergelykinge比較級階	10	Van de Trappen van vergelykinge（形容詞の変化）	10
九、van de voornaam woorden代名詞	17	Van de Voornaemwoorden（代名詞）	17
十、Van de Werkwoorden動詞	31	Van de Werkwoorden（動詞）	31
十一、hoe de hulpwoorden, in tijdvoegingen, den werkwoorden hulp bÿzetten助動因時世扶助動詞	6	Hoe de Hulpwoorden in de Tydvoegingen den Werkwoorden hulp byzetten.（助動詞）	6

表11　「和蘭文学問答」「パーム原書」

十二、Van de buiging der hulpwoorden常用動詞変化	4	Van de buiging der Hulpwoorden	4
十三、Van de buijging der werkwoorden met de hulpwoorden動詞与常用変化	5	Van de Buiginge der Werkwoorden met de Hulpwoorden.	5
十四、Van de deel woorden動静辞	7	Van de Deelwoorden.（分詞）	7
十五、Van de onver onderlijke en in 't bijzonder van de bijwoorden属用辞前訳形動詞	13	Van de Onver anderlyke en in 't byzonder van de Bywoorden（副詞）	13
十六、Van de voegwoorden助辞	6	Van de Voegwoorden（接続詞）	6
十七、Van de voorzetselen冠辞	3	Van de Voorzetselen（前置詞）	3
十八、Van de tusschenwerpingen嗟嘆辞	2	Van de Tusschenwerpingen.（感動詞）	2

いるかを表示すれば表11の通りである。（　）内は筆者の補記。

翻訳方針と翻訳振り

翻訳の仕方について、馬場は「凡例」の第四条と第五条で述べている。第四条では、いわゆる意訳をしたところのあることを断り、また自分が私的に註記を施したところのあることを断っている。第五条では名目辞（品詞等の用語）は先師中野柳圃の訳例を用いているが、未だ訳例のないものについては新訳名を充当したことを断っている。

右の翻訳方針が実際どんなぐあいに行われているだろうか。各章の第一番目の問答を例にその翻訳振りを点検してみた。その結果、次のような諸点がみられた。

・第一章第一問答は、全訳である。
・第二章第一問答においては原文の脚註も含めて全訳である。
・第三―五章の各第一問答は全訳である。
・第六章においては原文の第一問答と第二問答を併せて訳している。この場合、原文の第二問を省略し、第一答と第二答を併せて全訳している。
・第七―一八章の各第一問答はそれぞれ全訳である。
・第九章第一問答の問いの訳文と、第一五章第一問答の問いの訳文には訳者の註記が入っている。前者は単に割註で挿入し、後者は特に〈按ニ〉と断って、本文より下げて註記している。

以上の点検によって、馬場佐十郎の「和蘭文学問答」と題した本論各章の訳文は原文に対してほぼ忠実な全訳であることが判明する。

『西文規範』の意義

馬場貞由の翻訳方針と翻訳振りを点検してみて、明確になった点を踏まえて気付く点を二、三指摘しておきたい。

一　原文に即した翻訳であること。

原書の第一篇第四篇についての抄訳はさておき、第二篇第三篇すなわち本『西文規範』前後篇の主内容は全訳であって、原文に即した翻訳であることが明らかになった。この翻訳振りは馬場の師中野柳圃の翻訳振りと大いに異なる点である。

柳圃の翻訳振りについては、すでに述べた（一(2)　中野柳圃とセイウェル文法書」の項参照）。柳圃はセイウェルの文典によりながら、まず「日本語」を中心にすえ、その日本語に対応する「オランダ語」を対比させて文法説明を試みる、というふうであった。

これに対し、馬場貞由は、あくまでも原文に即した翻訳を行っているのである。

二　馬場貞由における初の体系的オランダ語文法書であること。

馬場貞由が一つのまとまりのあるオランダ語文法書に依拠して独力で訳出し得た成書であることの意義は大きい。

馬場は「凡例」の最後で、セイウェル文典による師中野柳圃の訳著によってオランダ語文法の「綱目」を知ったが、それが未完であるので、「師ノ念」を継いでこのパーム文典の訳稿を成した、といっている。もちろん馬場はこの三年後において師が未完のまま仕残したセイウェル文典訳出の整備・体系化に努めるのであるが、それに先だつ、この文化八年（一八一一）に、師とは別個の原書から、独力でオランダ語文法の体系を獲得することに成功したのである。この『西文規範』訳出をもって馬場佐十郎貞由におけるオランダ語文法の体系的理解が確立した、とみなし得る。わが蘭学界におけるオランダ語文法の体系的理解確立といえよう。

三　内容の記述が会話体であること。

パームの文典が全篇にわたって会話体で著述されているから、原文に即して翻訳を行なった馬場の訳文も会話体になっているのは当然である。各章の表題が「和蘭文学問答」と名付けられているのは、いみじくもそのことを雄弁に物語っている。

そして、このことは馬場佐十郎貞由の活躍を考える場合に頗る重要視しなければならない点である。彼がオランダ商館長ヅーフやブロムホフから直接指導を受けて実力を養った通詞であったとはいえ、やがて他の追随を許さぬ会話力にすぐれた応接通詞として成長していった裡には、本書完成の過程において、正確なる体系的オランダ語文法に立脚した会話体の文章を大量に体得していったことを見逃すわけにはいかない。官命をうけて、異国船来航のたびごとに、現地に出張、応接に当たって彼が発揮した会話力はこのようにして蓄積されていたのである。

四　塾生に与えるテキストとして適切であること。

「凡例」の第一条に述べているごとく、パーム原典の書名からして、「幼学須知文家必要」の内容と程度であって、かつ会話体による叙述という取り付き易さであったから、馬場が江戸の天文台に勤務のかたわら、官舎内で開設した三新堂塾において諸生教導のテキストとしてこの『西文規範』を用いた場合、それは親しみ易く、理解し易いものであったと思われる。やがて、大槻玄沢から驚嘆の賛辞をもって受け入れられ、杉田玄白からは最大級の期待を寄せられることになった。これは、馬場貞由によって行われた諸生教導の効果が顕著にあがったことを雄弁に物語っている以外の何ものでもないことを意味している。

『蘭学梯航』について

『西文規範』と『蘭学梯航』の二書こそ馬場佐十郎貞由がオランダ語文法を体系的に理解し得た成果である、と前述したわけであるから、『西文規範』に続いて『蘭学梯航』について紹介・説明すべきところである。しかしオランダ語文法に関する記述があまりにも長文にわたってしまった。これ以上、読者に忍耐を求めることは忍びない、と判断して、一切省略にしたがう。

『西文規範』において、馬場佐十郎貞由が、初めてオランダ語文法の体系的理解に到着し得たことを証して、この章を閉じることといたしたい。

なお、関心を持ってくださる読者においては、拙稿「阿蘭陀通詞馬場佐十郎のオランダ語学」(『青山史学』第五号、一九七七年三月)を参看いただけたら幸甚である。『杉田玄白と江戸の蘭学塾——天真楼塾とその門流』(勉誠出版、二〇二一年)でも論じている。

II

長崎の阿蘭陀通詞

はじめに

長崎の町人身分であった阿蘭陀通詞の、長崎における地位と職務は、どんなものであったであろうか。

「外つ国のことば」、すなわち、阿蘭陀通詞にとって、基本的には「オランダ語」であったが、場合によっては、その他のことばの必要にも迫られた。

阿蘭陀通詞の働きは、主として、

①　長崎奉行・長崎奉行所に対する仕事
②　長崎会所ならびに長崎町年寄等役人に対する仕事
③　出島のオランダ商館に対する仕事
④　阿蘭陀通詞団自体に対する仕事
⑤　私的な仕事

に分けて考えることもできよう。しかし、通詞の、日常雑多な行動を、右の五項目に厳密に分けることは至難の業である。主たる行動を概観してみることにしよう。

一　通詞採用の任命と辞令

1　任命

長崎の町人身分である阿蘭陀通詞は、どの段階から正式に通詞の仲間入りをし、通詞と認められたのであろうか。

阿蘭陀通詞は、どの段階から正式に通詞としての籍を得たことになるのだろうか。

通詞仲間における主要構成員が大通詞四名、小通詞四名である点からして、「小通詞」に任命された段階からであるか。それとも、その下の稽古通詞若干名も有給であったから「稽古通詞」として採用されたときからか。それとも、さらに、それより前段階の「口稽古」を仰せ付けられたときからか。

具対例を通じて考えてみよう。

本木仁太夫良永は寛延元年（一七四八）二月二十七日、十四歳のとき、本木仁太夫良固の養子となることが、長崎奉行安部主計頭から許された。ついで同年三月四日口稽古を仰せ付けられ、翌年の六月に養父の跡役として稽古通詞に任命された。小通詞に関しては、明和三年（一七六六）七月、三十二歳のとき、小通詞末席となり、安永六年（一七七七）四十三歳のとき、小通詞並となり、天明二年（一七八二）、四十八歳で小通詞助役となり、同七年、五十三歳でようやく、正規の小通詞となった人である。

ところで、右の口稽古、稽古通詞、小通詞末席、小通詞並、小通詞助役、小通詞のそれぞれの任命段階のとき、旧記、由緒、親類書などには、それぞれ、「被召出」とみえる。どの段階から正式に召し出されたのか、このままでは判然としない。

ところが、「本木系譜」によると、「寛延元年戊辰年十四而充訳員」とみえる。同書収載の「墓碑銘」にも「寛延元年君年十四充訳員」とみえる。これからすれば、同人が「口稽古」を仰せ付けられた段階から「訳員」すなわち「通詞」の籍に入れられていたことが判明する。

本木庄左衛門が、享和二戌年（一八〇二）十二月に書き上げた「由緒書」において、仁太夫良永のこととして寛政六年（一七九四）病身に付き退役願いを出したとき、「四拾七ヶ年相勤」といっているのは、寛延元年からの起算となる。

以上のことから、「口稽古」のときから通詞の籍に入る、と理解されていることが判明する。

2　辞令

ここまでくると、通詞が任命をうけた「辞令」を見てみたくなる。どのような形式のものであったか。その内容はどうか。原本の遺存例はあるか。「写」で知ることはできるか。

阿蘭陀通詞における名家のひとつ、楢林氏の例をみることができる。二、三紹介してみよう。

文政十年（一八二七）、長崎奉行本多佐渡守正収が長崎在勤のときのこと。七月二十六日に年番町年寄の後藤市之丞と福田源四郎両名から、当時、小通詞並であった楢林鉄之助の悴定之丞十九歳が「稽古通詞」に任命をうけたときのものを次に掲げる。

〈例1〉

阿蘭陀小通詞並
鉄之助悴
十九歳
楢林定之丞

其方儀、父願之通、稽古通詞申付候、入念可相勤候
亥七月廿六日

天保八年（一八三七）、長崎奉行久世伊勢守広正が長崎在勤の十二月二十三日、年番町年寄の久松猺兵衛と久松碩次郎両名から、稽古通詞楢林定一郎（天保元年に定之丞を改名の許可を得ていた）が「小通詞末席」に昇任された辞令を受けた。

〈例2〉

阿蘭陀稽古通詞

楢林定一郎
十八歳

其方儀、家業心掛宜出精相勤候ニ付、小通詞末席申付候、弥入念可相勤候
十二月廿三日

天保十一年（一八四〇）、長崎奉行田口加賀守清行が長崎在勤の八月二十六日、年番町年寄薬師寺宇右衛門と後藤市之丞の両名から、小通詞末席の楢林定一郎が「小通詞並」に昇進した辞令を受けた。

〈例3〉

阿蘭陀大通詞鉄之助悴
小通詞末席
楢林定一郎
弐十一歳

其方儀、兼ヽ心掛宜出精相勤、殊ニ父勤功茂有之候ニ付、格別之訳を以、小通詞並申付候、入念可相勤候
子八月廿六日

弘化二年（一八四五）、長崎奉行伊沢美作守政義が長崎在勤の六月二十二日、年番町年寄久松新兵衛・高嶋作兵衛を通じて、小通詞並楢林定一郎が「小通詞助」の昇進辞令を受けた。

〈例4〉

大通詞鉄之助忰
小通詞並
楢林定一郎
二十二歳

其方儀、兼ゝ心掛宜出精相勤候ニ付、小通詞助申付候間、入念可相勤候
巳六月廿二日

嘉永元年（一八四八）、長崎奉行井戸対馬守覚弘が長崎在勤の六月二十八日、年番町年寄福田猶之進と高嶋作兵衛を通じて、小通詞助楢林定一郎が「小通詞過人」の昇任辞令を受けた。

〈例5〉

阿蘭陀小通詞助
楢林定一郎

其方儀、兼ゝ心掛宜出精相勤候ニ付、出格之訳を以、小通詞過人申付候、入念可相勤候
申六月廿八日

ここに「過人」とあるのは、どのような意味なのであろうか。前年の弘化四年現在で、小通詞定員四人のところ、すでに西紀志十、志筑竜太、岩瀬弥七郎、品川梅次郎、名村貞五郎、横山源吾の六名がみえていた。したがって定員オーバーのところへ「出格」の訳で昇進させせ

たため「小通詞過人」ということになったものと見受けられる。

安政三年（一八五六）、長崎奉行荒尾石見守成允が長崎在勤の十二月二十九日、楢林量一郎（嘉永六年十二月二十三日、定一郎から量一郎への改名許可を得ていた）は「小通詞」の辞令を受けた。

〈例6〉

楢林量一郎
当辰三十八歳

其方儀、兼ゝ家業心掛宜、殊ニ去卯年阿蘭陀献上物附添出府中、豆州表江致出役、臨時御用をも無滞相勤候ニ付、格別之訳を以、小通詞申付、御扶持方并是迄受用銀三貫五百目之上壱貫八百目相増、都合五貫三百目為取之候、弥入念可相勤候

辰十二月廿九日

これらの「辞令」の例からわかるように、長崎奉行から年番町年寄を通じて交付された通詞任命の辞令の形式と内容は、

旧役名
通詞　氏名
年齢

任命理由（採用、昇進、格別等）、新役名
年月日

から成っていることが判明する。任命権者は長崎奉行で、町年寄が実質的な任免・昇進人事に当たっていたであろうことがわかる。

例1は、父の願いによる初採用例、例2・4は、昇任の辞令。例3は父の勤功が勘案されて「格別」の任用となった辞令。例5は、過人として昇任の辞令。例6は、旅役で出府中、特に「豆州（下田）」に出役して臨時の御用を滞りなく務めたことが評価され「格別」の任用辞令となったものである。

このほか、加役や各種の褒賞にかかわる辞令もあるが、煩に過ぎるので、一切、省略にしたがう。

られている。

二　職階と役料

1　職階

オランダ商館が平戸に在った時代の通詞は、「大小通詞の差別なく」務めていた、と伝えられている。

オランダ商館が長崎の出島に移転するにともなって、通詞も平戸から長崎に移動した。新しく増員もみられ、大通詞が任命され、ついで小通詞が任命され、明暦二年（一六五六）の頃には大小二級の職階が揃って存在した。同年、稽古通詞の任命もみられた。

その後、通詞業務の増加にともなって、大通詞助役、小通詞助役、小通詞並、小通詞末席、小通詞末席見習、稽古通詞見習など、職階に分化がみられた。

正規の通詞職の一段下に、内通詞と称する一群が存在した。貿易業務の期間、オランダ語の力に従ってオランダ人に付き添い、売買業務を手伝って口銭を得ていた数十人の集団であったが、寛文十年（一六七〇）に、このうちから一二人を選び小頭役（こがしらやく）につけ、出島乙名と通詞の指図を受けて内通詞仲間を統率する組織体とされた。

正規の通詞群と、その下の内通詞群を合わせた多数を統率する役として、元禄八年（一六九五）、阿蘭陀通詞目附役が設けられた。大通詞役から一人、小通詞役から一人、計二名であったが、時には三名のこともあった。

これら細分化した職階は、交渉相手のオランダ商館側にも伝えられた。オランダ商館員がオランダ語で、どのように呼び分けていたか。それをまた日本人がどのように受けとめて理解し、日常業務にいかしていたか。通詞や蘭学者の間に流布した「単語帳」によって見ることができる。

hollands tolk	阿蘭陀通詞
dwars kijker	目　附
oppertolk	大　通　詞
ondertolk	小　通　詞
vies ondertolk	小　通　詞　並
provisseneer ondertolk	小通詞末席
leerling	稽　古　通　詞
leerling secunde	稽古通詞見習
particulier tolk	内通詞組頭（＝小頭）

2　役料

阿蘭陀通詞の役料については、時代と、貿易仕法の変化にともなう、それぞれの期間によって変遷がみられる。

役料の定額化をみた段階における基本職階である大通詞と小通詞の役料をみて、細分化された他の職階の役料を察してみることにしよう。

元禄十二年（一六九九）の改定では次の通り。

一同（銀）拾三貫六百八拾目宛　大通詞

一同五貫百三拾目宛　小通詞

正徳五年（一七一五）のいわゆる「正徳新令」において、地下配分金は「七万両」と定められた。このなかから、諸役人の役料も割り定められ、支給された。

正徳新令による地下配分金七万両は、以後貿易の好不況に関わりなく毎年最低保障されることになったから、通詞の役料も、一層定額化・固定化をみた。

大通詞　一一貫目　五人扶持

小通詞　五貫三〇〇目　三人扶持

というのが、幕末にいたるまで各種「分限帳（ぶんげんちょう）」等にみられる定額であった。

これらの基本的な諸職務と加役の数々を、満遍なく説明し、具体例を盛り込んで解説していったら、興味は尽きない。エピソード満載の面白い一書といわず、数冊のシリーズとなろう。しかし、本書の紙幅がゆるさない。一切、割愛にしたがわなければならない。

三　職務と加役

1　職務

長崎奉行とオランダ商館との間にたって、外交・貿易交渉の事務を弁ずる通訳官兼貿易官である阿蘭陀通詞。その各職階の職務内容について、「宝永五子年役料高幷諸役人勤方発端年号等」（以下、「勤方発端年号等」と略記）が基本を簡潔に記述している。

阿蘭陀通詞目付　二人
阿蘭陀大通詞　四人
阿蘭陀小通詞　四人
阿蘭陀稽古通詞　一人

これら正規の通詞の職務を概観してみる。

オランダ船の来航・入津に際して、

・入港手続き。
・オランダ風説書（海外情報）の翻訳。
・人別改め（乗船人名簿の翻訳と点呼）。

・積荷目録の翻訳。
その翻訳書類を長崎奉行立山役所と西役所に届ける。

貿易期間中は、
・毎日、出島に出役。
・貿易交渉に立ち会い、一切の請け払い勘定事務をこなす。
オランダ・カピタンの江戸参府に際して、
・交替で二人ずつ江戸行き（江戸番）を務める（大小通詞各一人）。
オランダ人が囲（出島）より外へ出る（市中出）際は、
・随行・案内にたつ（祭礼見物、薬草採集等）。
在留オランダ人の諸用事に際して、
・用事あり次第、年中、出島へ出向く。
大・小通詞が主となり交替で務めるが、通詞目附は諸事に立ち会い、稽古通詞は大・小通詞に付き従って諸事を務める。

内通詞小頭一二人は、オランダ船の荷役がはじまる初日より、出島へ詰め、商売方の諸事を、大・小通詞の指図を請けてつとめる。オランダ人の買い物、誂え物、その他の諸用事を、出帆の時まで務める。

以上は「勤方発端年号等」の略述するところである。

通詞たちが果たした多方面にわたる雑多な職務内容を、要領よく整理して、なおかつ、漏らすことなく把握することは至難の業である。ここでは、重要にして主要な職務を、筆者の大胆な仕分けによって列挙してみれば次のとおりである。

① 語学修業
② 来航船臨検、蘭船入港手続き
③ 阿蘭陀風説書和解（翻訳）
④ 人別改め・乗船人名簿和解
⑤ 積荷目録和解
⑥ 貿易事務
⑦ 蘭人諸雑務
・奉行・奉行所との諸連絡
・町年寄・町乙名等との諸連絡
・長崎会所との諸連絡
・通詞会所・通詞部屋との諸連絡
・諸色売込人（コンプラドール）と買い物をめぐる諸連絡
・市中出（祭礼見物・薬草採集・診療兼学術調査への出張・見物等）
・出島行き遊女との諸連絡
・出島の年中行事関連
・病気・死亡・犯罪その他

⑧　出島勤務

・当直・宿直
・出島乙名・組頭等との連絡
・検使等出張役人との連絡
・出島訪問者（巡見使・諸侯・縁故者・諸商人・職人・見学・学習者等）案内など
・出島通い人（料理人等）との連絡
・諸見廻り・点検（出帆後見分等）
・遊女・禿との連絡・世話
・漂流滞在人と荷物の世話など
・その他

2　加役

⑨　諸加役

・年番
・江戸番
・参府休年出府
・御内用

・天文台詰
・沖出役
・直組方
・荷改役

年番は、数十人からなる通詞団において、年度ごとの当番幹事ともいうべく、年間を通じて、ほとんどすべての役務に関与して多忙を極めた。大通詞四名、小通詞四名のなかで、大通詞一名、小通詞一名の計二名がローテーションを組んで諸事を担当した。年番大通詞と年番小通詞は一ヵ年激務に従事した。

江戸番に当たる通詞は、年番通詞に当たった大小各一名の通詞が、翌年にカピタン一行の江戸参府に随行することが多かった。江戸番大通詞一名、江戸番小通詞一名の計二名は責任の重い旅役であった。見習通詞として年若の稽古通詞等が随行したことも多い。

年番通詞と江戸番通詞を二大加役と呼ぶことにしている。

参府休年出府通詞は寛政二年（一七九〇）以降、カピタンの江戸参府が五年目ごと、四年に一回と改定された際、休年の三ヵ年、半減の献上物・進物を警固して出府のうえ、代参した大小各一名の通詞のことである。

御内用方通詞は主として将軍等の注文品などを扱うことを担当した通詞である。天文台の蛮書和解御用を務めた天文台詰通詞、沖出役通詞は蘭船来航の際、沖へ出役した通詞である。

直組方通詞、荷改役通詞としての加役は貿易期間等に値組み、荷改めの重要役務に従事した加役通詞である。

四　通詞会所と通詞部屋

1　位置

「蛮館回禄之図」と題した古図がある。『出島図』改訂版（長崎市）に収載されてよく知られた図である。寛政十年（一七九八）三月六日に発生、夜四ツ半時（現在の夜十一時）頃に出火、翌七日の五ツ半時（午前九時）頃ようやく鎮火した出島火災を詳細に記録したもので、その内容は具体的で生なましい。

出島の水門を入って、右奥に、「通詞部屋」が見える。出島の表門を出て、出島橋を渡ったところに、中島川を挟んで、出島の内側壁面のカーブに沿うように江戸町が長く延びて在る。その江戸町の出島側、出島の北角に向かい合った所に「通詞会所」と明記されている。

この図が、その名称通り、蛮館すなわちオランダ商館の回禄（火災）の記録に筆の力点が置かれているため、出島外の江戸町の記載は簡略に過ぎる嫌いがある。しかし、簡略な記載にもかかわらず、唯一「通詞会所」を明記しているということは、いかに出島のオランダ商館との関係において「通詞会所」が重要な存在であったかを雄弁に物語っている、といえよう。

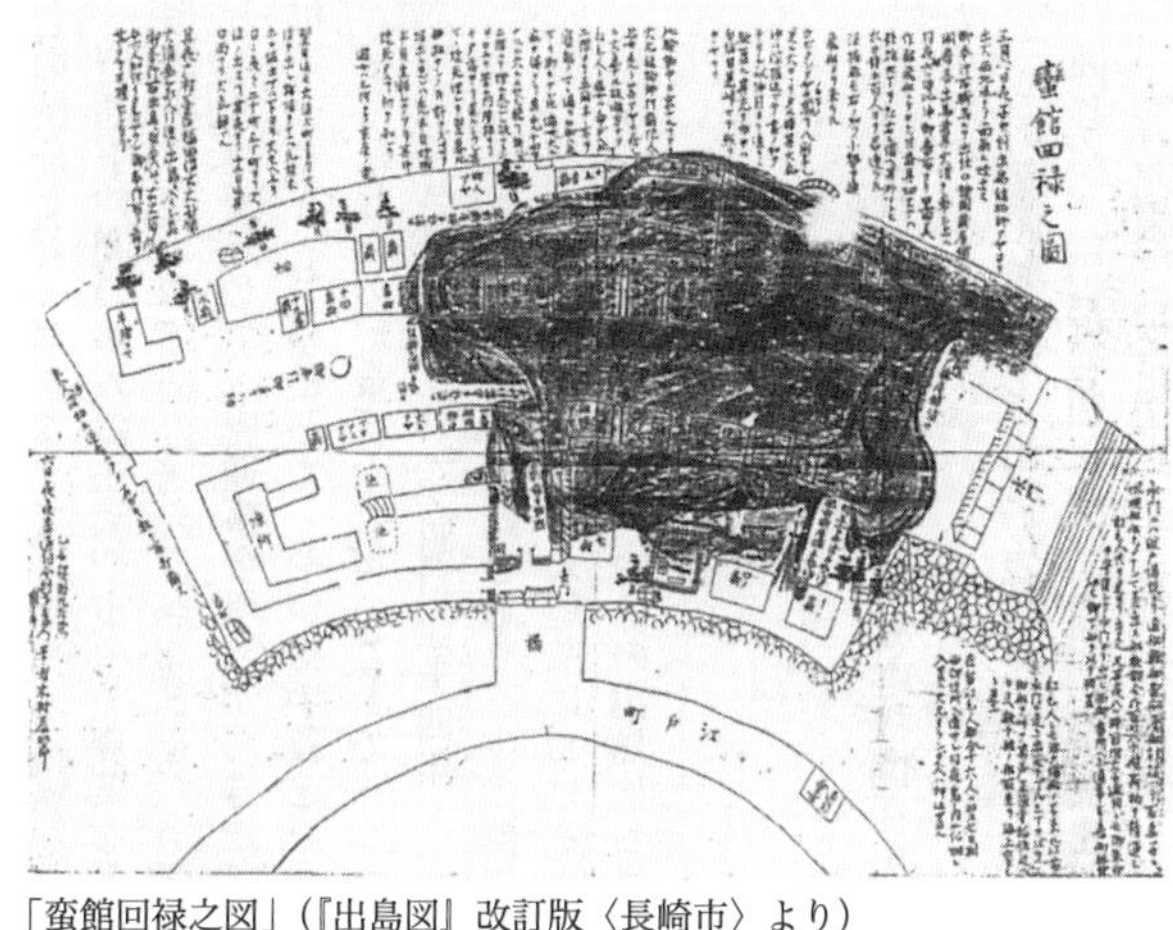

「蛮館回禄之図」(『出島図』改訂版〈長崎市〉より)

いずれにしても、これで、出島における「通詞部屋」と江戸町に在った「通詞会所」との位置関係が判然としたわけである。

「通詞会所」は、正しくは「阿蘭陀通詞会所」といった。同様にして「通詞部屋」は「阿蘭陀通詞部屋」と正しく呼ぶべきであろうが、オランダ商館員の居住する出島のなかに在ったから、わざわざ、常に「阿蘭陀」の三文字を付けなくともわかりきったことであった。したがって、単に「通詞部屋」と呼びならわしていたものである。ことに「通詞部屋」と「通詞」の表記を使用すれば「阿蘭陀通詞」を指すことは明白で、間違うことはなかった。

「阿蘭陀通詞会所」と「通詞部屋」との関係は、「唐通事会所」と「通事部屋」

との関係と好一対をなしている。

唐通事仲間の個人の住宅や市中の貸蔵などに分散、保管されていた海外情報書類である唐風説書の控えや諸種の覚え書きなどを一ヵ所にまとめ、執務の参考とし、業務・連絡の中心となる機関として「唐通事会所」ができた。長崎今町の人参座屋敷跡に成立したのが宝暦元年（一七五一）のことで、やがて手狭となって、二五六坪余の本興善町糸蔵跡屋敷地を修造して移転したのが宝暦十二年のことであった（新興善小学校の外側角、舗道に面した角に、「唐通事会所跡」の碑が、昭和四十四年〈一九六九〉十月に建てられた）。

唐人屋敷に入って、大門を通り、中の門に至る間に、唐通事の詰め所である「通事部屋」があった。唐通事会所の唐人屋敷における出先機関である。

同様にして、阿蘭陀通詞会所の出島における出先機関が「通詞部屋」であった。

2　備品

著者が校訂を行った『鎖国時代対外応接関係史料』（近藤出版社、一九七二年）において紹介した史料の、

「阿蘭陀船入津ゟ出帆迄行事帳」

同じく、『年番阿蘭陀通詞史料』（近藤出版社、一九七七年）において紹介した史料の、

『万記帳』（文化十一年〈一八一四〉）

『紅毛通詞年番行事』を見ると、

通詞会所江相備置候赤白青籏幷御用籏・高張其外用具（後略）

などと、通詞会所に備え置かれた備品類を知ることができる。「赤白青籏」とはオランダ国旗である。「御用籏」とは、長崎奉行所からその使用を許されていた各種の「籏」である。例えば、オランダ船の来航に際し、高鉾島そばの指定の場所へ派遣される検使船や通詞の乗船、諸役人の乗船などが掲げる旗などである。「高張」は「高張提灯」のことで、右の検使船団派遣の際、そのほか各種出張の際に携行した。

したがって、旗合わせの際の「秘密信号旗」や「一ノ印」「二ノ印」と記されていた「検問書類」も準備・保管されていたわけである。

「一ノ印」「二ノ印」の付いた検問書類に対する回答書類も事後に保管されていた。したがって、オランダ船のもたらす海外情報である「阿蘭陀風説書」の「控」をはじめ、「乗船人名簿」の「写」、随時行われる点呼の際に用いられる各種の「名簿」、例えば「オランダ人名歳一覧」といったものなどなどである。

年番通詞が、日々記し置いた職務日誌である『万記帳』（文化十一年分、安政二年分が伝存）、その制度化した年中行事を記した『年番行事』や『紅毛通詞年番行事』をみると、年頭における通詞の仕事始めの行事として、正月の六日から九日、十一日頃にかけて「御役場帳綴」の儀が行われていたことがわかる。

すなわち、指定の日に奉行所の御役場に通詞たちが参集すべき案内状の書式や行事の次第、年番通詞たちが祝盃をする際の膳部の品数、諏訪社家である中園和泉から祈禱してもらうことに対する御初穂・御酒料の慣例にいたるまで、細部にわたって知ることができる。そこで、新たに綴られた帳簿として、

『万記帳』
『諸願帳』
『入津人数帳』
『荷物差出帳』
『船之役人付帳』

を明記している。

ここに列記された帳簿は、通詞団における年番通詞にとって、最重要帳簿に属するものということがわかる。祈禱、儀式のあとは通詞会所に常備されて、日々、年番通詞ら、担当した通詞によって書き継がれていったことがわかる。

年番通詞以外にも、その年度の加役にしたがって、それぞれの職務における帳簿が綴られ、書き継がれ、保存されていったものである。例えば、カピタンの江戸参府に随行する江戸番大小通詞が重要視して作成した参府随行日記や出納帳、各種手続きに役立つ必携マニュアル・ブック、一行の総名歳帳などといったものがあった。これらの重要帳簿は、江戸番通詞が道中における諸事を日々書き継ぎ、前例として常に活用したものであったから、前例と

なる帳簿類、書き継ぎつつある帳簿類も、毎回、長崎と江戸の間を往復したことになる。道中の行列の図にみえる書類箱の大きさと数、その中身がしのばれようというものである。

続いて、貿易業務の行われる期間中に必要とされた、貿易業務の進行に随って、前例を知る各種のマニュアル・ブックや帳簿類、翻訳業務に必要な各種の辞書や事典類、書目類が常備保管されていた。

通詞会所の備品としては、通詞業務に必要な筆墨紙類といった筆記用具をはじめ、日直・宿直時に当然使用されたであろう喫煙・茶道具や寝具、神棚も備えられていたわけである。

これら、各種の記録類、必携書（マニュアル・ブック）、帳簿類、一件書類、辞書・事典などが、年間業務の進行に合わせて参考とされ、新たに書類や帳簿が作成され、蓄積されていったのである。

年間の業務だけではない。異国船の来航や異国人の潜入、漂流人引き受けなど、突発事件の対応に際して、前例を知る資料として随時活用されたものである。

具体例を挙げてみよう。

かつて、宝永六年（一七〇九）、幕府の新井白石が、屋久島に潜入、江戸送りとなったイタリア人宣教師シドッチを訊問したときのことである。通弁・翻訳役として同行・出府を命じられた大通詞の今村源右衛門英生は、単なるラテン語・オランダ語による通弁・翻訳だけでなく、訊問の事前・事後に、白石から当然、各種の下問を受けるであろうことを想定して、通詞会所に保管されていた各種記録類のうちから役立ちそうなものを携行して出府した。果たせるかな、その周到な準備が役立って、源右衛門英生は、何回にもわたって、長時間、白石の下問に答え、奉仕することができ、白石から懇ろな慰労を受けて長崎に帰郷したこと、その後、ますます栄転の一途をたどったことなどは、全く好例といってよかろう（拙著『阿蘭陀通詞今村源右衛門英生』丸善ライブラリー、一九九五年）。

文化元年（一八〇四）、ロシア使節レザーノフの長崎来航に際して、専心、応接に当たるよう長崎奉行から特命を受けた応接担当の通詞団が通詞会所に保存されている参考資料を活用して、困難な交渉に対処して大任を果たして、

・『魯西亜滞船中日記』
・『文化元子年魯西亜船入津ヨリ出帆迄記録』

など、新たな記録を遺したことも、際立った好例といえる。

こんな大小の例を挙げていったら、枚挙に遑がない。

3　機能

年番通詞の手になる『万記帳』をみると、文化十一年（一八一四）の場合でも、安政二年（一八五五）の場合でも、「通詞会所」が通詞業務の中心に位置して機能していることが読み取れる。

長崎奉行所や年番町年寄・長崎会所などからの各種の指示や伝達が通詞会所にあって、そ

のつど、ただちに連絡や対応事務に従事していることが多く見られる。

オランダ商館長や商館員からの各種連絡、奉行・奉行所への諸願などを受け、交渉、出入り業者との仲介や折衝に、通詞会所が関与していることも多く見られる。

雑多な業務、事件に関与していることが見て取れる。具体例として、次のような一例もみておこう。

寛政十年（一七九八）秋、バタビアへ帰帆しようとしたオランダ商館の傭船エライザ号 Eliza が、長崎港の出口である神崎沖の碇泊位置で風待ちをしている際に、突風に遭い、坐礁、浸水して、木鉢浦の土生田浜近くまで曳き寄せられたが、沈船となってしまった。この船は銅と樟脳を満載した、銅板を張りめぐらした重い船であったため、その引き揚げは困難をきわめた。幾人かの日本人・中国人・オランダ人が取りかかってみたが失敗、死人まで出るさわぎとなった。季節は真冬に向かっていた。こんなとき、独特の引き揚げプランで、大掛かりな作業によって、ようやく引き揚げてくれたのが、村井喜右衛門という防州串ヶ浜出身の漁師であった。そのため、喜右衛門の偉業は「オランダへ鳴りひびいた」と伝えられている（拙著『紅毛沈船引き揚げの技術と心意気――漁師・村井喜右衛門の壮挙 付 関係資料』勉誠出版、二〇一七年）。

「年番訳司」印（オランダ国立文書館蔵、片桐一男撮影）

その村井喜右衛門が、いよいよ長崎奉行から沈船引き揚げを命ぜられる、大事な出頭通知状が次のようなものであった。

口　上

御用之儀御座候ニ付、明十一日刻限四ツ時、江戸町阿蘭陀通詞会所江御出可有之候、以上

阿蘭陀
年番通詞（印）

正月十日

喜右衛門殿

この文書には、「阿蘭陀通詞会所」と明記され、通詞会所が「江戸町」に在ることがわかる。と同時に、このような大事な、儀式張った伝達の場所が「阿蘭陀通詞会所」と指定され、その連絡に「阿蘭陀年番通詞」が当たっているのである。注目に値する。ちなみに、ここに捺されている年番通詞の黒印は、オランダの国立文書館所蔵の出島文書群に多数見受けられる丸い朱印「年番訳司」の印とは異なり、角型の黒印である。筆者が長年日蘭関係の資料調査の間に寓目し得た唯一の「年番通詞」の角印である。注目の文書となっている。

江戸町の阿蘭陀通詞会所は、このように、多岐にわたって重要な機能を果たしていたのである。

4　日直と宿直

通詞会所と通詞部屋は、年番通詞をはじめとする諸通詞が関係する最も重要な事務所＝オフィスといえる。両者の関係は、通詞会所が長崎の街（市中）における阿蘭陀通詞の本拠事務所＝メイン・オフィス、通詞部屋は出島における出先事務所＝アネックス・オフィスといったところである。

通詞会所と通詞部屋は、このように通詞団において最も重要な事務所であったから、両所ともに、昼間の当直と夜間の宿直を置く定めであった。

安政二年（一八五五）の『万記帳』には、いずれの日の条にも、通詞会所の日直者名と宿直者名、通詞部屋の日直者名と宿直者名を明記している。一斑を示せば次の通りである。正月元日の条。

（出島の通詞部屋）

出嶋当番小通詞並猪俣伝之助・小使源助、泊番小通詞荒木熊八・筆者秋岡種之助、使甚兵衛

（江戸町の通詞会所）

通詞会所当番稽古通詞横山熊之助・嶋山栄次郎・西村理喜治・小使甚兵衛、泊番小

正月の一ヵ月を通覧してみたところ、出島の通詞部屋の日直には、小通詞並通詞が代わり合って番に当たり、小使一人がついている。泊番は小通詞が代わり合って泊っているが、時には大通詞や通詞目付が泊った晩も数日あった。泊番には筆者と小使もついて泊っている。

通詞会所の日直は稽古通詞が筆者・小使とともに当番に当たり、泊番は小使一人が泊って

いた。

貿易船が入港し、碇泊している間は、諸事繁忙をきわめたため、それぞれ日直、宿直ともに手伝を加えていた。

文化十一年（一八一四）の『万記帳』には、通詞部屋、通詞会所ともに、毎日の日直者名と宿直者名とを記載していない。両所における日直と宿直を置いていなかったわけではない。あまりにも毎日の日常的なことであったため、重要事項ではあったが、記載の習慣がなかったものと見受けられる。これに比して、安政二年の『万記帳』は、書き落とすことなく、よく記録している。

5　受用銀・扶持米などの請け取り

夥しい数の長崎町役人、その役職や役高を示した帳簿を『分限帳』という。阿蘭陀通詞は、例えば、

阿蘭陀大通詞　五人御扶持
　　　　　　　銀拾壱貫目
阿蘭陀小通詞　三人御扶持
　　　　　　　銀五貫三百目

などと見える。通詞の基本給に当たる受用銀と御扶持米、その請け取り、配分は年番通詞の

定期的な重要職務であった。

『万記帳』に、実に、詳しく具体的に見えている。重要職務であったからである。

まず「受用銀」の請け取り手続き事務の一例から見てみよう。

・正月十一日、年行司から、通詞の人数と受用銀額、不足人数、旅役（天文台詰・浦賀詰等）人数、旅役金額についての書類を、翌日「明四ツ時（＝午前十時）」までに提出すべき通知あり。

・正月十二日、小通詞助の楢林栄七郎に右の書類を立山役所に届けさせる。

この書類によると、天明度で通詞の「惣人数」は「五拾人」で、「内四拾三人」が「本勤」であったと記し、当時の「惣人数」は「五拾六人」で「内三拾五人」が「本勤」である、として全員の「受用銀」と「御手当」の額を計上している。「旅役（＝出張勤務者）」としては「天文台詰」一人、「浦賀詰」一人、「下田詰」二人、「箱館詰」二人、「臨時御用に付出府」一人、の計「七人」とし、「金五拾両」と「御扶持方拾人扶持」を計上、ほかに「筆紙墨料壱ヶ月金壱両宛」と付記している。したがって、この日の書類提出は、当年における全通詞の「受用銀」予算書の提出ということである。

七月期の支給、請け取り手続きの例を見てみる。

・七月二日、「当節、受用銀毎の通り下し置かれ候旨」の「廻文」が「御年番所」から到来。

・七月三日、手伝当番に次の「手札」を立山奉行所の御広間へ提出させる。

毎之通受用銀被下置候御礼

阿蘭陀方
年番通詞

・七月十一日、長崎会所払方年番より翌日「明四ツ時（＝午前十時）」に「受用銀」渡しの通知あり。
・七月十二日、「受用銀請け取り」として「年番印形」を小使に持参させ、請け取り、「向々へ割り渡す」。

というものであった。これを要約すれば、年頭に奉行所へ総予算書を届け出、各期に至り通知があると、長崎会所から受用銀をまとめて請け取り、通詞各人へ分け渡したことがわかる。

次に「扶持米」請け取りの事務手続きを見てみる。

扶持米は、正月・二月分、三月・四月分、五月・六月分、七月・八月分、九月・十月分、十一月・十二月分と、二ヵ月ごとに、長崎代官所の米蔵から支給された。五月・六月分請け取りの場合を見てみよう。

・まず、三月二十日、「五月六月分拝借米請取証文」一通を代官所へ提出。
・次に、四月十八日、「当五月六月分御扶持方米請取証文（写）」三通と半紙扣（ひかえ）を長崎奉行所へ持参、御広間御当番へ提出。
・四月二十一日、長崎奉行所立山役所年行司より「御扶持証文」の下付の通知。

・四月二十二日、「五月六月分御扶持証文」下付、小通詞助の西吉十郎を役所へ出頭させ、「請取帳」に記入のうえ、御広間御当番より「証文」を請け取る。ついで、同日、「証文写」三通と「半切」一冊を作り、小通詞並の川原又兵衛に代官所へ届けさせる。

・四月二十五日にいたり、代官役所から「明廿六日、南瀬崎御蔵所」において、「刻限五ツ時（＝午前八時）」に「御扶持米」渡しの「廻状」が順達されてくる。

・四月二十六日、五ツ時、南瀬崎御蔵所において、代官所役人馬田建次郎が「立ち会い」として「御証文三通」を渡してくれ、通詞付筆者の藤井周之助と小使の重蔵を遣わして請け取り、「向々へ」渡す。

というものであった。日数と手数のかかる手続きを要約すれば、扶持米支給書類を立山奉行所から発行してもらい、指定の日時に代官蔵から現米を請け取り、諸通詞に分配する、というものである。これを、年間、六期に繰り返すわけである。

以上によって、受用銀は長崎会所の払方年番から、扶持米は代官所の蔵から請け取ったことがわかる。

受用銀と扶持米とは、通詞にとって、いわば基本給といったところである。このほか、「加役料」「御助成銀」「御手当銀」「御救銀」各種の「雑用銀」など、臨時の支給銀があったが、いずれも、なかなか煩瑣な手続きを経て支給されていた。

これらに関連して、通詞の身分移動、各家の相続や改名など、常に把握しておくことも重要であった。『月〻引替帳』と称する帳簿を作成して、分限方が確認・把握につとめていたようである。

6　定例年間業務

毎日の、あるいは月次の業務というのではないが、不定期に年間を通じて、あるいは年間のある時期に、毎年、定期的に果たさなければならなかった定例業務があった。

そのような諸業務のなかでも主要と思われるものが、とりもなおさず、『万記帳』といっしょに、毎年、年頭に新しい帳簿を綴りかえた『諸願帳』『入津人数帳』『荷物差出帳』『船之役人付帳』に記録された業務であった。

・『諸願帳』は、不定期に、事あるごとに随時書き留められた業務の帳簿といえよう。通詞から奉行所へ、オランダ商館から奉行所へ、カピタンから奉行へなどと、諸願事項が備忘として、さらには以後の前例参考資料として書き留められていったものと察せられる。『万記帳』に、「別に諸願帳に記す」などと、間々見受けられるのがそれである。

・『入津人数帳』は、オランダ船の来航、入港手続きのたびごとに、ときには異国船の来航・検問に際して調製された「検問回答書類」や「乗船人名簿」がもとになっている帳簿であると思われる。点呼の際の名簿として、奉行所や幕府への報告書類などとして活用されたものと察せられる。安政二年（一八五五）の場合では、定例のオランダ船の来航、入港とともに、「エケレス船」「フランス船」「ロシア船」などの来航、入港が急増し、『万記帳』の記事にも頻出している。「異国船」に関する記事も七、八、九、十一月に見えている。

・『荷物差出帳』は、入津のたびごとにオランダ船から提出させた「積荷目録」がもとになって調製された帳簿ではあるまいか。奉行所・長崎会所・町年寄、五ヵ所商人の宿老や、ときには出入りの商人の間にまで活用されたものと察せられる。

・『船之役人付帳』は、これも「乗船人名簿」と関係が深いものと考えられる。港内所定の場所に碇泊しているオランダ船、ときには一時的な異国船、それらの来航船に対する警備や管理のうえから必要とされ、活用された帳簿と察せられる。

これらはシーボルト記念館の中山文庫にて具体的に確認することができる。このほか、安政二年の『万記帳』には各種多数の帳簿名や記録帳の名が見えている。いずれも通詞の関わった業務を示しているわけである。およその部門分けをして、列挙してみよう。

奉行所や町年寄の支配向きに関するもの、

・諸願帳
・御書出帳
・御書付帳
・誓詞帳
・八朔御礼帳

・書上帳
・引替帳
・出勤星高帳
・忌服帳

長崎会所に関連するものとして、

・銀請取帳
・御到出帳
・御裏判帳
・普請帳
・雑用銀小前帳
・雑用小訳帳
・拝借米石高帳
・拝借米請取高内訳帳
・御用御誂之品代銀帳
・脇荷物売印帳
・蒸気船通船賃小前帳
・沖并出嶋詰方雑用小前帳
・暎船渡来雑用小前帳

・江戸往返諸入用勘定帳
・旅中入用勘定帳
出島・オランダ商館・来航船応接に関するもの、
・通船帳
・手割書宮紙帳
・船数帳
・一ノ印、二ノ印、イノ印、ロノ印書翰文字并和解帳
・蒸気船船数帳
・船乗組役々の人数帳
・蒸気船諸書留帳
・横文字帳
・注文帳
・風説書
・書籍銘書帳
・書籍銘書引替帳
・ヱゲレス語書籍大意書
・献上端物組合帳
通詞家業・直試に関するもの、

・出席帳
・芸才御試帳

年中行事的なものとしては、

・年頭の挨拶
・オランダ正月
・加役交代
・人日の祝儀
・八朔の御礼
・定例オランダ船の来航・入津をめぐる一連の作業・手続き
・貿易期間中の一連の作業・手続き
・出帆（オランダ船帰帆）に関連した一連の作業・手続き
・カピタンの江戸参府もしくは通詞による代参のための江戸番に関連した一連の作業・手続き
・各地の阿蘭陀宿や銅座、会所等との連絡にかかわる書状の作成、飛脚屋との連絡など

以上、いずれも、禁教・鎖国体制下、唯一の国際港をもつ長崎で働く通詞の特色ある定期的な定例業務をよく反映している帳簿類であるといえる。

と同時に、これらの定期的・定例業務を通じてみえることは、幕府・奉行所が旧慣を墨守し、継続・堅持に努めようとしていることである。一例をあげれば、来航船に対する検問・

入港手続きなど一連の業務の流れが、開国後にいたっても、堅持されていることなどである。

7　貿易業務と通詞

長崎の出島にあるオランダ商館の第一の業務は日蘭貿易にあった。いうまでもないことである。日蘭交渉の、双方商人の間にたって「ことば」をもって、通弁に当たり、書類等の翻訳に従事したのが、通詞であった。

したがって、毎年、毎度、オランダ船の来航、入津をみたときから、貿易業務を終えて、帰帆するまでの間が、通詞にとって最も繁忙の時期であった。繁忙をきわめた日常業務のすべてを追って記すことは、至難であるばかりでなく、あまりにも雑多すぎて、わかりづらく、意味もない。

幸いにも、オランダ船の長崎入港から帰帆までの、雑多な交渉・業務を手際よく整理のうえ、順序にしたがって、見出し項目名を付けて示した資料がある。『唐阿蘭陀船入津ヨリ出帆迄行事帳』に含まれる「阿蘭陀船入津ゟ出帆迄行事帳」がそれである。単独の書名で伝えられたものも数本寓目している。失われた資料の多いなかで、数本も寓目できたということは、日蘭貿易の行われていた当時において、この種の記録が継続的業務遂行のうえで、指針・前例資料として、頼りにされていたことを雄弁に物語っている、とみなし得る。貿易業務の次第もよくみえている。

かつて、著者が校訂した『鎖国時代対外応接関係史料』（近藤出版社、一九七二年）に収録した、明和初年にいたるまでのことを記した「阿蘭陀船入津ゟ出帆迄行事帳」から、貿易業務の次第を抽出、通詞関与の様子を他の資料で補足しながら概観してみることにしよう。

生類其外手廻酒食等卸候事

蘭船が積んできた生類（生きた動植物等）は、生類方通詞（当時小通詞並の中山唯八）が前日のうちに許可をうけて、当日立ち会いのもとに卸す。この際酒食類手廻り品なども一緒に卸す。この作業のとき出島水門には奉行所から検使らの役人が立ち会う。

積荷物差出和解之事

カピタン部屋で年番町年寄・会所目附・吟味役・請払乙名・通詞目附・大小通詞立ち会いのもとに新旧カピタン・ヘトルの読み聞かせるところを通詞が聞きとり、和解帳面に仕立て、年番町年寄が奉行所へ届ける。

荷役申付候事

入港したオランダ船から荷物を卸す荷役前日、奉行所に出島乙名・通詞目附・年番通詞が一人ずつ出頭、命をうけ、カピタンへ用意の程を達する。その節、出島表門番所へ諸目利が出入りする書付を表門の番人へ届けておく。

荷役初日ゟ出島江泊番之事

荷役が始まると出帆迄、出島に泊番が行われる。その人数は、乙名附小者一人、乙名附筆者四人、乙名附日行使一人、同小使一人、同部屋下働一人、出島組頭一人、同小者一人、出島町人一人、同小者一人、出島小使一人、通詞二人、同小者二人、同筆者一人、同小使二人、同部屋下働一人、伊万里見せ商人二人。

（この項「四の4　日直と宿直」の項参照）

荷役之事

蘭船より積荷を卸す作業。オランダ本船へは荷役の期間中、毎日検使・給人二人・足軽二人・御役所附一人・唐人番・船番・町使・船掛通詞・通詞附筆者が出役。出島の水門蔵元へは検使三人・足軽五人・御役所附五人・唐人番・船番・町使・散使が出役。そのほか出島役人は全部出役。右のうち水門検使の一人が水門の鍵を持参し、封印をあけ、検使場に詰める。

荷役の初日には家老が出島に来て、それより本船へ赴き、カピタン・ヘトル・役付のオランダ人も本船へ乗り移り、通詞を通じて日本にて守るべき御法度の趣を船中のオランダ人にカピタンから申し付けさせ、オランダ人全員の名歳を帳面と引き合わせ、人別改めを行う。これは船毎に行う。

本船の荷物を漕船に積み、出島へ運び込むわけであるが、その際、本船の検使より出島の検使あて差紙を出し、これを出島町人が持参して水門検使へ差し出す。出島検使は漕船の荷物を残らず揚げ、その箇数と右の差紙に記載されたところと相違の有無を確認のうえ、裏印をして町人へ返す。町人はそれを本船へ持ち帰り、検使へ戻すという次第である。この漕船には足軽・唐人番・船番・町使の内一人ずつとオランダ人も一人上乗りして、荷物箇数を差紙と引き合わせるのである。荷物は検使の見ている前で足軽・御役所附・唐人番・船番・町使・散使・改方通詞・稽古通詞・内通詞小頭・町人が立ち会って改め、荷物蔵へ入れる。入れ終わったら検使が戸別に封印をする。

荷物改の節、禁制品があれば相改め、検使が封印をして乙名方へ預け置き、出帆の節、積み戻させる。

一日の作業が終わると人員点呼のうえ、また検使が水門に封印をするのである。

荷役が全て終わったら、持ち渡りの書物は残らず一桶に入れて、本船の検使が封をつけ、乙名へ預ける。釼も同様。武具類を稲佐の塩硝蔵へ入れたら、本船の検使のうち一人が出向いて蔵入り後、封印をし、蔵主から預かり証文をとる。

荷役がすんだら新旧両カピタン・ヘトルは本船へ行き、船改め人別改め等をして出島に帰る。

阿蘭陀船江肴野菜水積之事

右の品が入用の節は、役所へ乙名・年番通詞のうち一人が願いの書付を提出、用人一人・給人一人が裏印をして渡すのを、出島町人が持参し、繫番にて改めをうけて本船へ積み乗せる。この際、稽古通詞が出役する。

荷繰之事

荷役中、荒物は急いで蔵入りすべく荷繰りをさせる。

献上御進物撰之事

公儀献上御進物を選ぶ仕事は、前もって年番通詞より年番町年寄へ届け出ておいて、指図次第奉行所へ申し出る。当日は検使二人・足軽四人・御役所附一人・唐人番・船番・町使・散使・反物目利が出役。品を選ぶ出島役人は全員出役する。

鮫皮類薬種等撰候事

出島で鮫皮・薬種・はるしや革等の御用品を選ぶ仕事。通詞をはじめとする出役の諸役人立ち会いのところで、鮫目利が鮫一〇〇本を一丸として選び出す。選んだもの、残ったものそれぞれ蔵へ入れ、封印する。薬種・革等は薬種目利・革目利が選ぶ。御用品は長崎会所へ相渡し、同所より持参して選ぶ。

大改之事

オランダ東印度会社の貿易品である本方荷物 Companie Goederen と、上級商館員の個人商品である脇荷物 Canbang Goederen のサンプルをそれぞれ奉行所へ持参して、奉行の見分を受ける仕事で、荷役が半分程すんだ段階で行われる。

出島の蔵出しには荷役検使が兼役で行い、差紙を付けて送る。途中の警固は厳重にし、奉行所で品物と差紙とを引き合わせ、見分するのである。例によって通詞をはじめとする定められた諸役人が立ち会う。

御役所ニ而商売之儀申渡候事

大改めがすむと奉行所へ乙名・通詞目附・年番通詞一人ずつ出頭、例年の通り商売申し付けのことを、カピタンへ申し渡すべきよう用人二人が立ち会いのもとに申し渡されるのである。ただし委細の儀は年番町年寄から申し渡される旨も申し渡される。ついで五ヵ所宿老のうち月番両人へも阿蘭陀商売のことが申し付けられる。これまた委細は年番町年寄から指図を受けるべきことになっている。

御役所ニ而鮫皮撰之事

出島で選び分けた鮫皮、大改荷物を奉行所へ持参して、大改めがすみ次第、直ちに御用物場で家老立ち会いのもとで鮫目利が御用の分を選びとり、家老が封印をつけ、会所役へ渡す。残りは同様、家老が封印をして出島へ返す。

売荷物看板和解之事

新旧両カピタン・ヘトル・乙名・通詞目附・大小通詞が立ち会い、カピタンがいう商売品名を写し取り、長崎会所へ提出。会所から奉行所へ回達される。

目利見分幷商人見せ之事

諸役人はじめ出島役人立ち会いのもとに、出島の蔵々の封印をあけ、諸目利が手本物と対照しながら見分する。商人見せの節は五ヵ所商人は残らず出島に入り、五ヵ所宿老立ち会い、出島役人残らず出役で売荷物を見せる。

直組之事

カピタン部屋へ年番町年寄・会所役人・乙名・通詞目附・大小通詞が罷り出て、町年寄が直入帳を持参し、カピタンへ直組方大小通詞が読み聞かせる。

八朔進物之事

例年、奉行所・高木菊次郎・後藤惣左衛門町年寄へカピタンが八朔進物をする品立の書付は前もって乙名・通詞連印で年番町年寄へ提出する。

加比丹八朔礼ニ罷出候事

九月十五日八朔の御礼としてカピタンが奉行所に罷り出る。前日に伺い出ておき、当日は通詞目附・大小通詞・稽古通詞が付き添う。奉行所へは八朔進物目録并柄鮫二〇本、外に添進物として織物一品を差し出す。

諏訪神事踊見物加比丹願出候節之事

カピタンが諏訪神社祭礼の神事・踊見物を希望する際は、あらかじめその願いを年番通詞が伺い出る。当日は足軽二人・御役所附二人が付き添って大波止へ出る。

軽荷銅之事

荷役のうち、軽荷銅をカピタンが願い出る際は、斤高書付を乙名・年番通詞が捺印をして町年寄年番へ提出する。銅を出島へ搬入する際は前日に年番通詞が奉行所へ申し出て、銅持入願書を提出し、用人・給人より裏印をもらっておく。当日はその書付を出島門番人へ渡し、箱数を引き合わせ、表門から入れ、直ちに蔵入れして封印をする。

出島ニ而銅掛改即日船積之事

出島で銅掛け改めのことは、前日に年番通詞が奉行所へ申し出ておく。当日は諸役人立ち会いのもとで蔵より銅を出し、オランダ人へ掛け渡す。改方通詞と出島町人が立ち会う。掛け渡した銅は即日に船積みする。船積みの際も諸役人が出役する。

樟脳持入掛渡之事

年番通詞がカピタンへ売り渡し、高の斤数願書を年番町年寄迄提出しておき、許可があったら出島へ掛け渡す。船積みは銅の場合と同じ。

買物使方ゟ阿蘭陀人調物之事

酒・味噌・醤油・粕漬・香物・海藻類の樽物を出島へ持ち入る際は、その品の持ち入り願書を乙名・年番通詞連印で奉行所へ提出し、用人・給人の裏印を受け、出島門番人へ渡す。出島への持ち入りは諸役人改めのうえ搬入し、蔵入検使が封印を付けておく。船積みの節、蔵より出し、樽物に銘書をして直ちに船積みする。その他当用の遣道具の調達もほぼ同様で、日用の食物類は裏印なしで済む。代銀は、貿易決算後、長崎会所より商人へ渡す。

伊万里見せ之事

八月末、伊万里見せ惣代が年番町年寄方へ小屋掛りの儀を願い出る。許可がおりたら出島乙名方へ伝達して例年の通り小屋掛りし、蒔絵道具・伊万里焼物・銅器物等を搬入する。この際、出島門前に改所を設け、通詞ほか諸役人立ち会いで改め、搬入せしめる。搬入品目の書類は乙名か年番通詞が奉行所へ持参、用人・給人の裏印をもらって出島の門番所で、裏印のある書類と引き合わせてから出島の「見せ」へ持ち入らせる。

金具屋縫物屋足袋屋方江誂物幷調物持入之事

調え物・誂え物をするときは、毎度乙名・年番通詞の内一人が願書を奉行所へ提出、用人給人より裏印をもらって渡す。出島門番所で右の裏印と引き合わせて持ち出入りをさせる。金銀流金赤銅真鍮細工物を誂える際は、乙名が奉行所より書類に裏印をもらって、諸役人立ち会いのもと、玄関で正味掛け改めさせ、量目証文を乙名より差し出し、右の品を出島へ持ち入らせる。代銀請け取りも同前。

手廻改之事

オランダ人の手廻品として船積みする品々一切を乙名・組頭・出島町人・改方通詞らが改める。乙名が封印して直ちに船積みさせる。

阿蘭陀人病死取計方之事

出島ならびに本船で病死したオランダ人については、年番通詞が奉行所へ届け出る。指図次第検使以下諸役人が出会い、乙名・通詞目附・大小通詞の立ち会いで相改め、別条なければ直ちに葬らせる。稲佐葬所へは稽古通詞のほか掛役人が付き添う。オランダ人の役柄次第ではオランダ人も付き添う。

長崎奉行幷近国大名衆出島幷阿蘭陀人船見分之事

長崎奉行ならびに近国の大名が出島ならびに蘭船を見分する際の規定である。前日に乙名・年番通詞が奉行所へ届け、カピタンに伝達、諸役人立ち会いの案内で行う。大小通詞・稽古通詞が出勤する。見分後、大名から挨拶としてカピタンへ樽肴を送る際は年番通詞が所定の手続きをとる。

荷積之事

前日に奉行所へ年番通詞が伺いをしておく。当日検使以下掛役人が出島へ出向き、検使が水門の封を切りあけ、荷漕船等を相改めて取り行う。積荷物の儀は前もって相改めおき、乙名が封印をしておいたものを、直ちに本船へ積み込ませる。荷役の際と同様、送り状をつけて照合しながら行う。毎日、積荷目録を乙名・通詞目附・年番通詞・船掛通詞が連判で検使へ提出する。

加比丹江暇申渡候事

九月十八日にカピタンへ暇を申し渡す。前日に年番通詞が奉行所へ伺いをして指図をうける。当日は乙名・通詞目附・大小通詞・稽古通詞が旧・新カピタンを奉行所へ連れ、旧カピタンへ暇を申し付け、かつカピタンへ祝儀の樽肴を遣わす。

持戻物之事

本方ならびに脇荷物のうち、何品にても持ち戻りたくオランダ人の申し出があったならば、前もってその品の書付を年番通詞が奉行所へ提出、許可をうけてから、出帆の節検使の前で相改め、本船へ積み込ませる。積み込み作業は荷積同様、書物・釼なども同様である。

御用生類代り物持入之事

生類の持ち込みは年番通詞と生類方通詞が会所へ届け出て執り行う。代わり物は出島出入り商人よりオランダ人当人へ渡させる。

買渡金会所ゟ請取幷船積之事

買い渡し金、千両請証文を乙名・通詞目附・大小通詞が連印して年番町年寄へ提出。年寄奥印をして乙名へ渡す。乙名より奉行所へ提出。割り印して戻されたら、その証文を会所へ持参、金子を請け取り、出島へもっていって乙名方へ預けおき、出帆の節、水門検使場で会所封印のまま相改めて船積みさせる。

出帆ニ付申渡候事

九月十八日ごろ遠見番触頭・船番・町使触頭を奉行所に呼んで蘭船出帆を命ずる故、例の通り沖の夜廻り、見送りなど念入りにするよう申し渡す。

出帆之事

出帆は前もって何番船から先に出帆するか、年番通詞が奉行所へ届け出ておく。当日は諸役人出島へ出役、出島のオランダ人を本船へ乗せ終わったら、残留のカピタン・ヘトルも本船へ乗り移り、検使の前で人別改めをし、海上作法等を申し渡す。すんだらカピタンは出島へ戻る。稲佐へ預けおいた武具・石火矢・玉薬を検使が出向いて蔵出しする。直ちに本船へ積み込ませ、抜錨、合図の石火矢を放たせ出帆せしめる。

九月二十日、蘭船出帆を見届けのため家老が小通詞の出迎えを受けて出島へ罷り越す。掛通詞・両カピタン・ヘトル本船へ乗り、人別改めなどをすませ、新カピタン・在留オランダ人、出島へ戻る。家老はこれを見届けて帰る。

カピタンの乗船した船が出帆して合図の石火矢を放ったら、早速薩摩・筑前以下諸藩の附人は奉行所へ出頭、出帆の石火矢を聞き、別条なきかを伺い出る。奉行所からは別条なき旨を伝達する。出島乙名・組頭・通詞目附・大小通詞・稽古通詞・内通詞小頭など出役の諸役も無事出帆の旨を奉行所へ報告する。

出嶋跡改之事

出帆翌日に出島の跡改めをする。稽古通詞が検使らを迎え、諸役人出勤で、在留オランダ人の人別改め、御法を堅く守り、火の用心を念入りにするよう申し付ける。水門口三ヵ所は封を仕替える。

蘭船出帆、沖に滞船の間中は昼夜見守りをする。また沖の蘭船近辺を随時相廻り、改めをして帰る。

蘭船の帆影が見えなくなったら、小瀬戸当番の遠見番は役所へ出頭して、その旨を注進すること。

明和二年（一七六五）の春から秋にかけて長崎に在勤した長崎奉行は石谷備後守であったから、本史料にもその名が見えている。オランダ商館長はフレデリク・ウィレム・ウィネケ Fredrik Willem Wineke で、奉行所と出島の間の諸事連絡・交渉の実地の衝に携わった年番通詞は、大通詞西善三郎と小通詞森山金左衛門であった。

日蘭貿易の形態からすれば、定高貿易法の期間に入り、文化史的には右の年番大通詞西善三郎の名からして記憶されているごとく、長崎の通詞の間からようやく蘭日辞書の編纂が企てられるほどの気運が芽生えはじめた時期に当たっている。かつ、江戸における、かの明和八年春に小塚原で前野良沢・杉田玄白・中川淳庵らが観臓のうえ、『ターヘル・アナトミア』の訳読事業を開始した年から遡ること数年、まさに本格的蘭学が開花する前夜といった時期にも当たっている。そのころの、長崎における貿易の順序・次第をはじめとする日蘭交渉の基本を知ることができよう（前掲『鎖国時代対外応接関係史料』）。

8　カピタンと通詞

前節の貿易業務の順序・次第と通詞の関与の様子について、制度的基本を概観したことになる。そこで、通詞の関与の様子を、日常的具体例で、一端をみてみることにしたい。

「ブロンホフ家族図」（川原慶賀筆、神戸市立博物館蔵）

出島を舞台にして、最も接触の多かったオランダ商館員と日本人ということになれば、なんといっても、商館長（カピタン）と阿蘭陀通詞であろう。

カロン、チチング、ヅーフなど、有名な商館長をあげることができる。いずれも著書を遺していてよく知られている。

一九世紀の初頭に来日して、日本人の上下に交流を深めた商館長としては、ヤン・コック・ブロムホフ Jan Cock Blomhoff が注目される。著作を遺しているわけではないが、日本人との接触の広さ、商館長としての活動の顕著さ、話題の豊富さにおいて、また関係資料が日蘭双方に思いのほか遺っている点において、右に出るものはない、と思われる。

オランダのハーグの国立文書館に「ブロムホフ関係文書」（Stukken afkomstig van Jan Cock Blomhoff）が所蔵されている。

主として阿蘭陀通詞からブロムホフに宛てられたオランダ語の書翰群で、蘭学者や遊女からの書翰もまじっている。

これを通じて、通詞の働き、商館長との関係、町年寄や長崎奉行所と商館や商館長との関係、阿蘭陀商館、通詞部屋、通詞会所、長崎の街などとのことが具体的に話題にのぼっており、総じて、出島を舞台にした交流の諸相を、あまりにも具体的に読み取ることができる。出島の「通詞部屋」から出したと思われるものが多く、江戸町の「通詞会所」にいて出したもの、通詞の自宅から出したと思われるものもある。以下、拙訳のなかから話題を拾って紹介してみようと思う。

発信年月日を欠く日常的な連絡文に属するようなものばかりであるが、ブロムホフ滞日中、それも商館長として在日した期間に属するものばかりと思われるから、史的考察には十分役立ち得る。

そこで、まずブロムホフの略歴を年表風に列挙・概観しておこう。

・一七七九年八月五日、アムステルダムに生まれる。父をヨハネス・ブロムホフ Johannes Blomhoff といい、母をドロテア・コック Dorothea Cock といった。

・士官候補生として陸軍に入り、一七九四年、対フランス戦に参加。
・ついで、Elfping van Orange-Nassau のヤーゲル連隊に入隊、イギリスに渡る。
・一八〇二年、アミアンの平和克復後、オランダに帰還。
・商業に従事するため、ブレーメン Bremen に赴く。
・一八〇五年、ジャワ Java に至り、総督ダーンデルス Daendels 将軍の幕僚となる。
・一八〇九年（文化六）、在日本商館の荷蔵役 Pakhuismeester に任命され、出島に着任。
・通詞に英語を教授。
・ナポレオン戦争のためジャワ島がイギリス軍に占領され、イギリス東インド会社の副総督トーマス・スタンフォード・ラッフルズ T. S. Raffles が前商館長ワルデナール Willem Wardenaar を派遣して一八一三年、長崎出島のオランダ商館の接収を迫ったとき、商館長ヅーフを助けてこれに抵抗。
・ヅーフからラッフルズとの折衝の任務を受けてジャワに赴く。
・そのまま捕虜となり、イギリスに送られる。
・一八一五年、オランダ独立回復、自由の身となり、本国に帰される。
・出島の商館長に任命されたが、ナポレオンがエルバ島脱出、帰国して再挙をはかったため赴任を妨げられ、一八一六年、ようやく東インド到着。
・一八一七年八月一六日（文化十四年七月四日）、妻子を伴って来日、ヅーフと交替。
・一八一八年（文政元）、江戸参府。輸出銅、年額六〇万斤のほかに一〇年間、年々三〇万斤の増銅の許可を得る。

・一八一九年、明年分の銅を繰り上げて、一〇〇万斤の輸出銅の許可を得る。
・一八二〇年、向こう三年間、定額六〇万斤のほかに、年五〇万斤を加える許可を得る。
・文政三年（一八二〇）九月、長崎奉行筒井政憲の江戸町奉行への栄転に伴い、出島における送別の宴でオランダ俄狂言（弐人猟師乳汁売娘）を上演。
・一八二二年、江戸参府。
・一八二三年末、離日、帰国。
・一八二四年、オランダ本国へ帰国。
・一八五三年一〇月一三日、アメルスポールト Amersport で歿。

(1)　訪問伺い・訪問通知

カピタン部屋へ訪問するに際して、その都合を伺ったり、予定を通知している。出島の通詞部屋から小使に持たせてブロムホフのもとに届けさせたものと見受けられる。

いとも尊敬すべき
ブロムホフ様

貴下の下僕にして友人

この手紙によってお尋ねいたしますことは、私が貴下のところに行ってよろしいかということです。

吉雄（よしお）　権之助（ごんのすけ）

単に「お伺いしてもよいですか」という、たったそれだけのことを、なんとまあ仰々しい物言いで問い合わせていることであろうか。Jº Gonnoskij とサインしている。阿蘭陀通詞の大御所吉雄幸左衛門耕牛が六十二歳のときの妾腹の子で、幼名を六二郎といった。名は永保、また尚貞、如淵と号した通詞である。通詞の中野柳圃に師事し、門下の四俊といわれた。商館長ヅーフからフランス語を、ブロムホフから英語を学んだ当時、すでに実力ある小通詞であった。のちシーボルトが鳴滝学舎で診療と教授に当たった際には、よくその通訳をつとめ、諸生にオランダ語を教授したと伝えられている。訳書も多く、その筆跡も美しい。

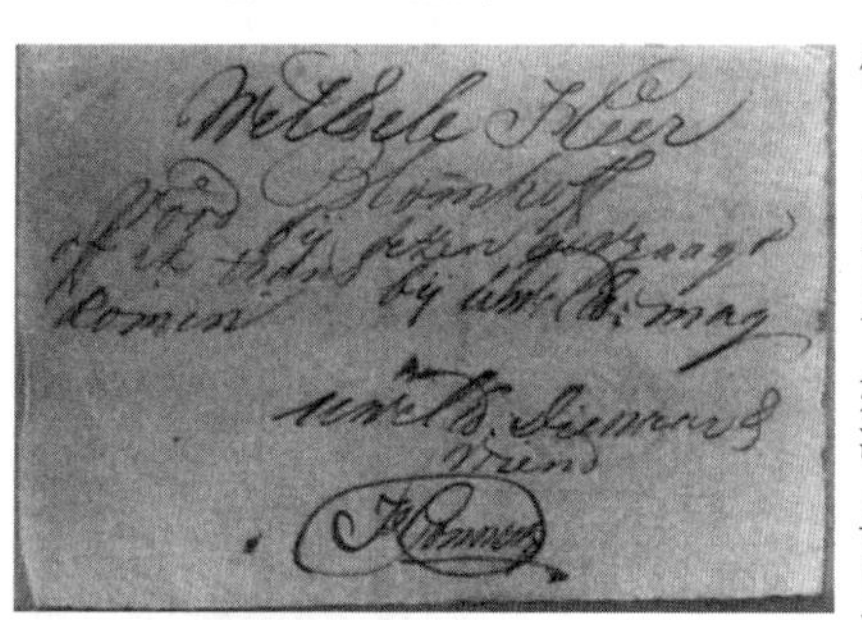

ブロムホフ宛吉雄権之助手紙（オランダ国立文書館蔵、片桐一男撮影）

ブロムホフ様

貴下のところへまいります。

貴下の僕

本木　庄左衛門

通詞の名門・本木家四代目、本木正栄がブロムホフを、このようにして訪問した。当時、大通詞。ブロムホフが通詞たちに英語を教授した際に世話役、すなわち諳厄利亜（アンゲリア）語開業世話役をつとめた。訳著も多い実力派通詞である。Motoki Siösaijmon とサインしている。

いとも尊敬すべき方へ

私は貴下に八日か十日遅らせて下さるようお願いします。何故ならば、まだ花が咲いていないから。そして、そのうえ、私と私の娘がカゼを引いて床についていますから。それで、私は明日貴下のところへ話しにまいります。

貴下の下僕
為八郎（ためはちろう）

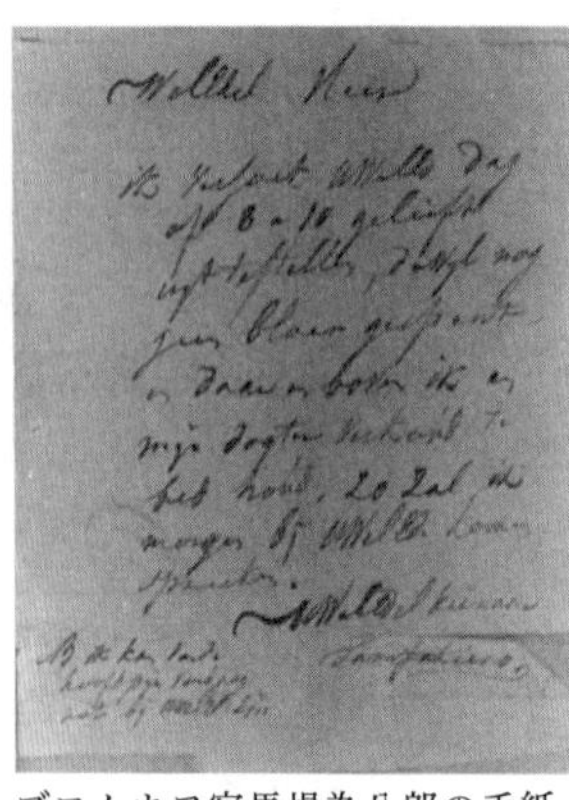
ブロムホフ宛馬場為八郎の手紙（オランダ国立文書館蔵、片桐一男撮影）

注意。私は今日頭痛がして貴下のところへまいれません。

Tamifatiero とサインしているこの通詞は、大通詞の馬場為八郎貞歴である。レザーノフ応接、蝦夷地御用、蛮学世話役、英艦来航時の応接、シーボルト事件に連座と、実力を発揮しながら波乱の人生を送った通詞である。遅らせてほしい用件はなんだろうか。二人の間では、もちろん、わかっていることであろうが。カゼによる頭痛で今日は行けないが、明日は話しに行くという断りの連絡である。

いとも尊敬すべき
ブロムホフ様

この者にお尋ねになった、その絵描きは、例のごとく、貴下のもとにまいってもよろしいです。

貴下の下僕
吉雄　権之助

ブロムホフから絵師派遣の要請があったようだ。「例のごとく」といっているから、すでに以前より出島に派遣されていた絵師にちがいない。幾人かの商館長や商館員に抱えられた出島通いの絵師ということになれば、川原慶賀をさしている可能性が高くなる。慶賀が、フィッセルにも、ブロムホフにも、シーボルトにも頼まれて、日本人の一生涯を描きあげた、酷似した内容の絵巻物が、三点もオランダ・ライデンの国立民族学博物館 Museum voor Volkenkunde (the National Museum of Ethnology) に存在する。それ以外にもおびただしい数にのぼる絵を注文によって描いている。ブロムホフの注文によって描いたものも多い。こんないくつもの要素が、川原慶賀の名を迷うことなく挙げさせることになる。古雄権之助自身も絵心があって、筆跡も美しい。同臭の間柄という感を懐かせる。

⑵　新年の贈り物

商館長ブロムホフが役職柄だけでなく、通詞たちと、日頃、親しく交際を深めていたらしく、新年の挨拶の贈り物を受けている。典型的な数例を拾ってみよう。

尊敬せる商館長殿

新年のお祝いとして粗末な贈り物を貴下に贈ります。われわれは貴下がご健康でお過ごしになりますことを希望しております。

いとも尊敬せる貴下の僕

乙　名

組　頭

通詞目附

大小通詞

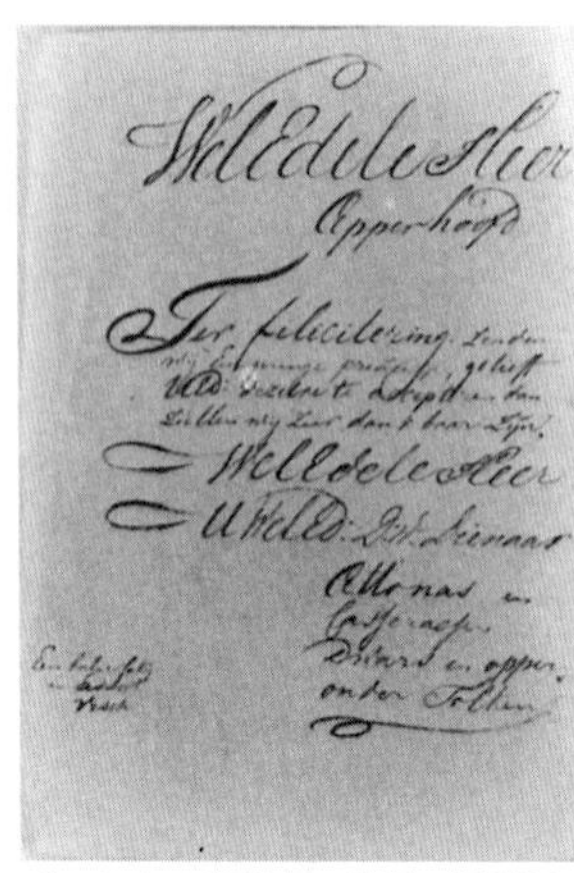
WelEdele Heer
Opperhoofd
Ter feliciteering

ブロムホフ宛乙名・組頭・通詞目附・大小通詞の手紙（オランダ国立文書館蔵、片桐一男撮影）

肴一皿

酒一樽

出島の乙名・組頭・通詞目附・大小通詞が商館長に新年の祝詞に添えて酒と肴を贈り届けたことがわかる。この乙名・組頭・通詞目附・大小通詞が出島においてオランダ商館の人びとと最も接触の頻度が高かった日本人であった。オランダ正月の賀宴に招待された面々でもある。

ブロムホフ様
新年のお祝いとして二〇袋のお米をお受け取り下さい。

貴下の僕
彦　四　郎
源　十　郎
弥　十　郎
権　之　助
伝次右衛門

新年の祝儀として米二〇袋を通詞五名が連名で贈っている。名前だけの連名であるが、姓名は、楢林彦四郎、馬田源十郎、岩瀬弥十郎、吉雄権之助、猪股伝次右衛門の五名である。

いとも尊敬せる商館長
ブロムホフ殿
貴下に鳥一籠のお粗末な贈り物を新年のお祝いとしてお届け申し上げます。貴下がこれを受納して下されば、それは私の大きな喜びで御座居ます。

いとも尊敬せる
貴下の僕
藤　四　郎

このTozir o藤四郎は通詞ではない。通詞でない藤四郎がこのような立派なオランダ語の挨拶状を書いて贈り物に添えて届けたものであろうか。きっと、通詞の誰かに書いてもらって届けたものと思われる。
新年の挨拶状はこのほかにも沢山ある。

⑶　いろいろな贈り物

ブロムホフ様
貴下に日本酒（Japansche Zackij）少々を私に贈らせて下さい。
敬具
貴下の僕
才右衛門

通詞の Saijemon 今村才右衛門から日本酒が贈られている。

いとも尊敬せる
ブロムホフ様
貴下に二〇個のカキ（Oester）をお届け申し上げます。貴下がこれを快く受け取って下さるようお願い申します。
敬具
貴下の僕
彦四郎

通詞の fikosiro 楢林彦四郎から牡蠣（かき）が贈られた。通詞の Jaijsaijmon 楢林栄左衛門からも牡蠣が一五個贈られている。

いとも尊敬せる
　ブロムホフ様
鮮魚一盛を貴下に。

貴下の僕
　庄八郎
庄左衛門の息子

通詞 Siosaijmon 本木庄左衛門の息子 Siofatsro 庄八郎から鮮魚が贈られている。「一盛」とあるから、すでに刺身として料理されているものかもしれない。実際、次のように調理したものも届けられている。

ブロムホフ様
ここに調理ずみの味噌汁（gekookte miso sop）一鍋をお受け取り下さい。貴下が味わってお飲み下さいますように。
敬具
私のご主人
貴下の僕
本木　庄左衛門

『砲術備要』『軍艦図解考例』『諳厄利亜興学小筌』『払郎察辞範』『和仏蘭対訳語林』など沢山の訳業をもつヴェテラン大通詞の Motoki Siosaijmon 本木庄左衛門が味噌汁一鍋を贈っている。なんとも、微笑ましい。

ブロムホフ様

西瓜二つを貴下に心をこめてお贈りします。

本木　庄左衛門

本木庄左衛門、今度は西瓜を二つ贈っている。それも「心をこめて」贈っている。ますます、微笑ましい。

尊敬せるブロムホフ様

お祝いとして、貴下がここに粗末な贈り物の鶫（つぐみ）三〇羽をお受け取り下さいますように。

貴下の下僕

N:彦四郎　jº権之助

B:源十郎　j:伝次右衛門

j:弥十郎

鶫三〇羽を連名で贈った通詞は、N: fikosiro 楢林彦四郎、jº Gonnoskij 吉雄権之助、B: Genzuro 馬田源十郎、j: densijemon 猪股伝次右衛門、j: jasuro 岩瀬弥十郎の五名である。

ブロムホフ様

御菓子三種をお受け取り下さい。

貴下の僕

庄左衛門

為　八　郎

甚左衛門
源十郎
弥十郎
権之助
伝次右衛門

三種の菓子とは何だろうか。Siozaijmon は本木庄左衛門、Tamifatiero は馬場為八郎、Zinsaijmon は末永甚左衛門、genzuro は馬田源十郎、gonnoskij は吉雄権之助、denzijemon は猪股伝次右衛門、いずれも通詞である。

いとも尊敬せるブロムホフ先生

ここに、小さな贈り物を受け取って下さいますように。尊敬を込めて。

いとも尊敬せる
貴下の僕
得十郎
作三郎の息

（端裏書き）

いとも尊敬せるブロムホフ様へ

ここに魚入りの箱を添えて。

魚を贈ったTokzuroは中山得十郎である。印文がおもしろい。挿図の印文は、NAKAiAMAの八文字を組み合わせたものと読める。

いとも尊敬せる商館長様

ここに貴下は蝦夷に生えている薬草の載っている一冊の本をお受け取り下さい。何故ならば、私は友人から苦心して買いましたから。

いとも尊敬せる貴下の下僕

忠次郎

注意、ここにもう一冊あります。

私はこれを貴下にすぐ送るでしょう。

Tjeuziroとサインしている通詞は吉雄忠次郎である。天文台詰通詞を務め、『亜欧語鼎』『諳厄利亜人性情志』の訳著があり、のちシーボルト事件に連座した通詞としてよく知られている。ブロムホフが通詞を通じて「書物」を入手していることが判明する。オランダ人、オランダ商館にとって、日本の北方関係や蝦夷地のことについては関心が高かったようだ。シーボルトも全く同様であったことが想起される。そういえば、吉雄忠次郎は天文方の高橋景保に書籍送付の斡旋をした人であったことも思い出す。

忠次郎のいう「友人」とは鷹見十郎左衛門泉石のことであったかもしれない。泉石が蝦夷地の植物のことが見えている本を贈ったことに当たるのかもしれない。

⑷　所望の品々

ブロムホフ様
おなかがすいていますので、パンを一切れ下さるようお願いします。
貴下の下僕
吉雄　権之助

ブロムホフ様
インクとペンを一度貸して下さるようお願いします。
貴下の下僕
吉雄　権之助

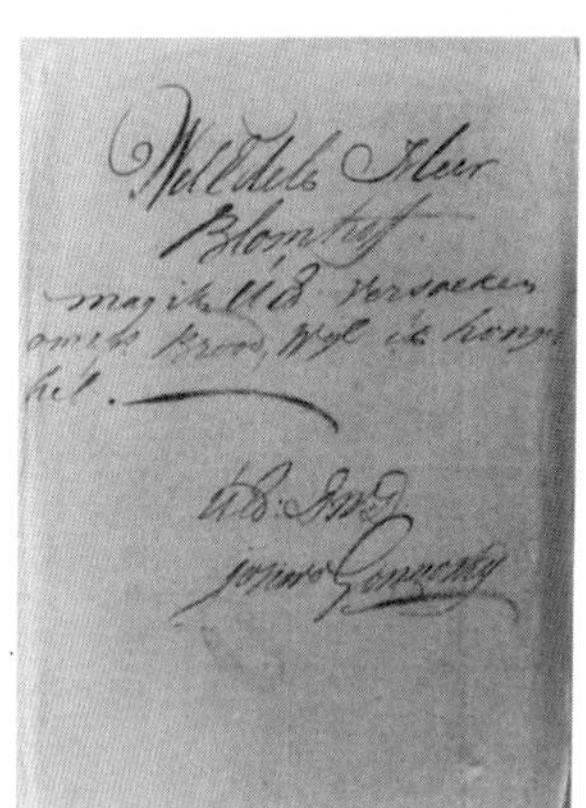

ブロムホフ宛吉雄権之助のパン所望の手紙（オランダ国立文書館蔵、片桐一男撮影）

名門の通詞吉雄権之助が「パン」と「インク」に「ペン」を所望している。出島の通詞部屋から小使を走らせたものであろう。当直か、宿直のときのものかもしれない。それにしても、随分、親しい間柄のようだ。

いとも尊敬せる
商館長ブロムホフ様

下名の者は貴下の大層なる御親切によってミルクを少しいただきたく存じます。

貴下の下僕
忠次郎

要するに「ミルク」が欲しいというだけのことを、いかにも大仰な言い方をしている。「下名の者」とは通詞の吉雄忠次郎である。

いとも尊敬せる
ブロムホフ様

下名の者は貴下に心からお願いいたします。よろしかったら、医師殿から薬をいただきたいのです。といいますのも、彼（訳者註＝自分を指す）は今夜大変喘息（ぜんそく）で、息づかいが悪いのです。

いとも尊敬せる
貴下の下僕
忠次郎

注意、もしできましたら、今夜、薬をいただけますと有難いのです。

出島の通詞部屋から、夜、小使を走らせ、薬を所望している。吉雄忠次郎が「喘息」の持病に苦しんでいたことは、この書翰ではじめて判明したことである。

いとも尊敬せる商館長殿

私は植物が欲しく、貴下より他の何ものも欲しくありません。私は貴下に喜んでいます。会計に関しては、私は三一六テールを貴下が私に書いて下さったごとく、クレジットに設定します。そして、残りの一〇〇テールのそれについて、私は、五〇テールは我々の十二月に八之進に対して、そして他の五〇テールは来年七月に彼に払います。

いとも尊敬せる
貴下の下僕
忠次郎
敬具

吉雄忠次郎は植物を欲しがっている。また、八之進という人物、おそらく通詞の荒木八之進と思われるが、ブロムホフのために、その人物に対して「クレジットに設定」〈カンバン勘定の貸方〈松井洋子氏の教示による〉〉してあげている。ブロムホフが忠次郎を通じて荒木八之進から、何か品物を買い受け、その支払いを分割払いに設定しようとして、その契約が成立したものと見受けられる。注目したいことは、商館長が個人的に通詞の斡旋を得て買い物をしていること、それも分割払いで買っていること、「テール」というオランダの金額計算で個人取引をしていることである。もっとも「テール」は「銀」をさしてもいる。

ブロムホフ様

どうか、いくらかの砂糖をこのコーヒーに入れて下さい。通詞部屋で当番をしている私の御馳走のために。

私の主人
貴下の下僕

庄左衛門

通詞の本木庄左衛門が出島の通詞部屋に当直をしている際に、コーヒーをいれて、そのなかに砂糖を入れて欲しいといって、小使をカピタン部屋へ走らせたものと思われる。すると小使はコーヒーを入れたコーヒーカップとこの手紙とを持って、通詞部屋からカピタン部屋へ走り、ブロムホフにこの短い手紙を渡し、砂糖をカップに入れてもらって、通詞部屋まで小走りに戻ってきたことになる。近い距離とはいえ、コーヒーは冷めてしまわなかったであろうか。いい香りで、小使も飲みたくなったのではあるまいか。それとも……。

ブロムホフ様

どうかオランダのパイプ一本を私の息子のためにお渡し下さいますようお願いいたします。一方、町年寄の必要なるものを。

敬具

私の主人

貴下の下僕

庄左衛門

本木庄左衛門が息子のために、オランダのパイプというから、クレー・パイプを所望している。町年寄にも頼まれていたものがあったようだ。オランダ人は、ちょっとしたプレゼントにパイプを贈ったことが多く、日本人のあいだで好評であったようだ。

いとも尊敬せる商館長殿

私は貴下に、ボタン一ツ、小さな宝石二ツ、もしくは王冠印付硝子盃を下さることを、心を込めてお願いいたします。私は長崎で貴下に感謝します。

貴下の僕

名村　進八

注意、一昨日長時間貴下とお話ができて、私は大変喜んでおります。

通詞の名村進八がボタン、宝石、硝子盃を所望している。これは婦人たちのためのものであろう。長崎の婦人たち、舶載の装飾品をどのように使いこなしていたであろうか。遊女たちのあいだでも好評であった。

いとも尊敬すべきブロムホフ様

私は、少々の砂糖を、貴下に心を込めてお願いいたします。この使者にお渡し下さるならばとても感謝いたします。

いとも尊敬すべき貴下につくす僕

勝之丞

Katsnozio とサインした通詞は横山勝之丞であろう。砂糖を欲しい、というだけのことをこんなにも丁寧に伝えている。もちろん、当時、白砂糖は日本になく輸入に頼っていた舶載の珍品であったから、先の本木庄左衛門がコーヒーカップに砂糖を入れて欲しいと依頼した気持とともに、心情がよく伝わってくる。

尊敬せる方へ

パン少々と、他のおいしいものを贈って下さるよう心からお願い申します。というのは、われわれは通詞部屋で会計について夜業をしておりますので。よろしく。

貴下の下僕

為八郎

甚左衛門

Tamifatiero と Jinzaijmon とサインしている通詞は馬場為八郎と末永甚左衛門である。出島の通詞部屋で帳簿付けをしていて、夜食にパンと何かおいしいものを所望している。Jinsaijmon とサインしたり、Jinzaijmon とサインしたり、オランダ人が s と z を混用しているのを、わざわざ真似ているのであろうか。

それにしても、大勢の通詞たちが、商館長ブロムホフにいろいろな船載の珍品を、こんなにも気安く所望していたとは、想像もしていなかった。このような具体例の紹介がなかったからである。改めて、この点について考えてみたい。

大仰な表現でメモや連絡の書状を小使に持たせているが、文面の背後には、予想以上の気安さが窺える。ブロムホフの方からも、通詞たちに働きかける点の大きかったことを証明している以外の、なにものでもないと察せられる。そして、その際、通詞の側からもブロムホフに贈り物がなされたり、ブロムホフの依頼を受けて、通詞がブロムホフに対して奉仕する点の多大であったであろうことが察せられる。

このような推察点を立証する具体例を次に見てみよう。

⑸　通詞からの贈り物、調達品、奉仕

いとも尊敬せる方へ

私は、十六日以前に、その内側を金箔で覆ってある蓋付鉢を贈るでしょう。そして、コーヒー缶、ナイフ、フォークとスプーンの御礼を申し上げます。

いとも尊敬せる
貴下の下僕
忠次郎

注意、私は、毎日、下町年寄から、裁縫箱、指輪と、三本の瓶からできている花飾りとについて催促されています。

吉雄忠次郎が返礼の贈り物として、立派な蓋付鉢を贈るといっている。すでに、コーヒー缶、ナイフ、フォーク、スプーンなどの珍品が吉雄忠次郎に贈られていたことに対してである。さらには、町年寄の望みにまかせて、婦女子が喜ぶ舶載の珍品の斡旋方に努めてもいる。

私はチューリンゲン氏の世話によって殆んど元気になりました。私は、私が貴下に約束したことをしていて、とても忙しいです。そして私は蝦夷の物について私の友人からまだ何も回答を得ていませんが、私がそれを受け取ればKへ送ります。

いとも尊敬せる

貴下の下僕
忠次郎

明らかに、吉雄忠次郎がブロムホフから依頼事をされている。その仕事で多忙にしている様子である。殊に、蝦夷関係の物品の調達を依頼されて、約束していることが判明する。常々このような奉仕をしてあげているからこそ、反対に、いろいろな注文や所望が、いとも気安くできたものとわかる。ここに見える「友人」がことによったら、鷹見泉石であったかもしれない。「K」は誰だろうか。

尊敬せる商館長殿

私が貴下に預けておきました貝殻二箱をこの者にお渡し下さいますと有難く存じます。
敬具

貴下の僕
楢林茂三郎

通詞の楢林茂三郎が貝殻の入った箱を二つ預けていた。事情もあって、それを返却して欲しいというのである。ブロムホフは大勢の通詞から日本の品々をもらったり、収集してもらったりしていたのである。オランダに遺っているブロムホフ・コレクションの一品、一品が想起される。

(6)　町年寄からの頼みと注文

いとも尊敬する方へ

私を通じて貴下に、貴下が一六五テールか一七〇テールかで与えることができる物をよく準備したことに対して御礼をすること、および、もう頼んだかということを、そして、なお、二五テールの化粧鏡一ケと、細頸の瓶としてのクリスタル製品と、銀製品その他を届けて下さるように、町年寄は私に尋ねています。私は貴下の回答を期待しております。

いとも尊敬すべき
貴下の下僕
忠次郎

注意、なお、リング、ピンとイヤリングあるいは他の小物や、貴下の見付けた物を届けて下さい。それは、まあ、よい物であればよいです。

通詞の吉雄忠次郎が町年寄からの注文を受けて、「化粧鏡」「クリスタル製品」「銀製品」「リング」「ピン」「イヤリング」その他の「小物」をブロムホフから買い受けることに努めている。「まあ、よい物」とはどの程度の良品であったらよかったのだろうか。

いとも尊敬せる商館長殿

貴下がティーセット、蓋付の鉢、植木鉢とインク壺を、早くリリー蔵から出して持って来て下さることを、下名の者は貴下に心からお願い申し上げます。何となれば、毎日町年寄から催促されていますので。

いとも尊敬せる
貴下の下僕
忠次郎

注意

貴下に、赤ワインとオートミールと□□を下さるように、心からお願い申し上げます。

私は貴下にしばしばお願いしますが、私の病気に必要ですのでよろしく。

やはり、吉雄忠次郎が町年寄のためにブロムホフから「ティーセット」「蓋付の鉢」「植木鉢」「インク壺」の斡旋に努めている。忠次郎自身は持病の喘息のためであろうか、「赤ワイン」と「オートミール」ほかを所望している。

ここで注意しておかなければならないことは、「リリー蔵」から早く出してきて欲しいといっていることである。出島のオランダ商館が会社の費用で、防火倉庫を二棟建てている。「リリー」Lely（ゆり）と「ドールン」Doorn（いばら）という名の蔵で、日本側では「イ蔵」「ロ蔵」と呼んでいた。商館員個人が借り受けている倉庫ではない。会社の帳簿に計上されている会社の商品が保管されている倉庫である。したがって、通詞吉雄忠次郎はブロムホフ商館長に対して、町年寄のために、オランダ商館の倉庫リリーから前記の品々を早く持ち出してきて欲しいといっているわけである。吟味を要する点であるが、これだけでは不明の点が多く、ここでは深入りしないでおきたい。いろいろな小物の名が見えている。本方荷物や脇荷物のリストが想起される。

いとも尊敬せる

ブロムホフ商館長様

私は貴下に、町年寄が皿紗三反を受け取ることができましたことを御礼申し上げます。けれども、私は貴下に、もっと安く与えて下さることをお伺い申します。そして、ガラス鉢三ツ、菱形ガラス三〇ケと大菱形八ツを、貴下の信用貸しにおいて、二五テールで与えて下さることをお願い申します。そして、スプーンとフォークとナイフを、できる限り早く与えて下さいますように願います。

いとも尊敬すべき

貴下の下僕

忠次郎

注意　私は貴下にコーヒー缶の御礼を申し上げます。そして貴下の回答を期待します。

この書翰でも吉雄忠次郎は町年寄のためにブロムホフから「皿（更）紗」「ガラス鉢」「菱形ガラス」「大菱形」を斡旋、「スプーン」「フォーク」「ナイフ」を注文している。殊に、更紗の値引き交渉をし、ガラス鉢などを「信用貸し」にして欲しいと申し入れている。忠次郎が個人的に「コーヒー缶」の礼を述べている点も、ちょっと、注意を惹く。度重なる高価な売り買いにかかわる吉雄忠次郎の斡旋の労力に対するブロムホフからの「心付け」の意が多分に含まれていたものかもしれない。「コーヒー」を「缶」で贈られたとなれば、この船載の珍品、なかなか、値の張るものであったと察せられるからである。

いとも尊敬せる

ブロムホフ商館長様

医師の訪問についてのよい処置に対して私は貴下に心から御礼申し上げます。私がこの間貴下に目録でお伺いした奥縞二反と更紗三反の請求について、私は毎日碩次郎と四郎太夫の二人の町年寄殿に尋ねられておりますので、私は貴下にそれをお渡し下さるよう心からお願い申し上げます。そして、私が貴下に約束したことを全くなおざりにしているわけではないのですが、私の同僚と友人が訪ねてきたことによって妨げられたのでした。だから、続けてすぐいたします。

いとも尊敬せる方

貴下の下僕

忠次郎

注意

私が貴下にお願いした薬を手早く送って下さいますように。

この書翰によって、吉雄忠次郎が町年寄の久松碩次郎と高島四郎太夫（秋帆（しゅうはん））とに対して、ブロムホフから「奥縞」と「更紗」を斡旋してやっていることが判明する。また、ブロムホフが忠次郎に、別に何か頼み事をしている様子も読みとれる。忠次郎が持病のためであろうか、「薬」を急いで欲しがっている様子もわかる。いよいよ大物町年寄の登場である。目が離せない。

いとも尊敬すべき方

下名の者はこの手紙で貴下にお伺いいたします。貴下によって知らされていた事は如何でしょうか。少し早く回答を知らせて下さるようどうぞお願いいたします。でないと、町年寄は前年のように受け取ることはできません。だから、彼はまた彼が今受け取れるものが欲しいと、いっています。そして、何か美しい物を彼に届けて下さい。わずかな物でよいですから。

いとも尊敬すべき
貴下の下僕
忠次郎

この書翰でも、吉雄忠次郎がブロムホフに問い合わせていることの回答を督促している。というのも、忠次郎は町年寄から毎日やいのやいのと催促を受けているからである。間に入って大変のようだ。町年寄の言い分で注目すべきは、「全てのものが看板にあるならば」前年のようには受け取れない、といっていることである。でありながら「わずかな物」でもよいから「美しい物」を今すぐ欲しい、といっている。

ここにみえる「看板」は「カンバン Canbang」のことであろう。すると、「脇荷貿易」すなわち個人商売のリストに入っているかどうか、に深くかかわっていることが読みとれる。会社の貿易品、すなわち本方荷物のリストと、個人商売の脇荷物のリストを比較してみてわかることは、現存する文政八年（一八二五）の一例（「文政八年酉年阿蘭陀船向々様御誂幷本方脇荷差出し帳」）を見ただけでもわかるごとく、断然、脇荷物 Canbang Goederen のリストに見える品々の方がバラエティーに富み、小物や綺麗なもの、美しいもの、かわいらしいもの、日常生活に便利なもの、珍しい日用品や食器、飲みもの、食べもの、といったものを際限もなくあげていくことができる。これらが、とりもなおさず、近世文化に彩りを添えているのである。装身具・装飾品・嗜好品・絵画作品・文学作品に数多く登場していることに気付くだけでもうなずける。

町年寄が毎度しつこく、はやく、はやくと、通詞を急きたてている、短い文面のなかに、いかにこれら舶載の蛮品が珍重され、好まれて、求められていたか、すすんでは、長崎を起点に、全国にわたって広く都市部へブームが伝わり、したがって商いとして成り立っていったかということが、構造的にみえてくる。

こんなことを察せしめる本翰は注目の一翰である。

次の書翰でもっとはっきりしてくるであろう。

いとも尊敬せる方へ

何を町年寄が脇荷勘定から受け取ることができるか、貴下が私に早く知らせて下さることを、私は貴下に心からお願い申します。というのは、他の町年寄がすでに脇荷勘定から他のいろいろなものを受け取りましたので、彼が私に何度も聞きますからです。

いとも尊敬せる

貴下の下僕
忠次郎

長崎の町年寄連中が競って脇荷物の買い受けに励んでいる様子、その商館長と町年寄の間に立って、通詞吉雄忠次郎も忙しそうな様子が目に見えるようである。長崎奉行や、長崎の代官、町年寄、そして通詞たちの実入りの多かったことが、構造的に判明する。だから、来航のオランダ船は「宝船」に見えたのである。

(7) 品物の斡旋

いとも尊敬すべき方へ

通詞八之進は町年寄に、貴下が一枚半の金唐皮（きんからかわ）を持っていると話しました。それで、彼は、貴下が金唐皮全部を彼に与え、これの最終価格を知らせて下さることを願っています。かつ、空のシナ茶の箱とシナ茶若干を頼んでおります。

私に鏡を与えて下さるよう、私は貴下にお願い申します。

貴下の下僕
忠次郎

den tolk Fatienosin は通詞荒木八之進を指す。通詞八之進が町年寄に知らせた「金唐皮」について、通詞吉雄忠次郎が品物の引き渡しと価格について問い合わせている。さらに追加して「シナ茶の箱とシナ茶」の注文を伝え、忠次郎自身も「鏡」を所望している。空箱までも珍重している。

いとも尊敬せる方へ

町年寄は、この間、八之進を通じて金唐皮を尋ね、彼は四〇テールで手放してもいいという返事を得ました。そこで、彼は貴下に親しくもう一度お聞きするのですが、灰色のリンネル二五反と取り替えるようお願いします。というのは、彼はそれを沢山持っていますから。そして皮の大きさをお知らせ下さい。

マントの値段が四〇テールに決められました。貴下の手紙は私をよく手助けしてくれました。貴下が、この間、町年寄に更紗二反をあげることができると書きましたので、彼（町年寄）はその生地の見本を豊吉に渡しました。そして、彼も選びました。だから町年寄の見本のような二反を彼にあげて下さるよう願います。

貴下の下僕

忠次郎

八之進は通詞の荒木八之進、豊吉も通詞の荒木豊吉である。通詞の荒木八之進を通じて入手しようとしている町年寄の注文品「金唐皮」を「リンネル」に取り替えて欲しいこと、町年寄から豊吉に渡してあった見本の「更紗」を引き渡して欲しいことの交渉と、「マント」の値段が決定したことの報告である。

いとも尊敬せる商館長様

貴翰拝誦、御趣旨よくわかりました。しかし、皿一六二、細頸瓶四八は、前年のほぼ半値で戸田侯に支払ったと思います。けれども、私ははっきりと記憶してはいません。それで、私はまた、他の権之助殿と長三郎殿にも聞きます。どうぞ、貴下も戸田侯に聞いて下さい。

いとも尊敬せる
貴下の下僕
忠次郎

ブロムホフから「戸田侯」に売られた「皿」や「細頸瓶」の値段について、なにか問い合わせでもあったものか、記憶が確かでないため、同僚通詞の吉雄権之助と志筑長三郎に聞いてみるが、ブロムホフ自身においても戸田侯に聞いてもらいたい、という連絡の手紙である。通詞の手を経由して、諸侯にも蛮品が売られていることが明らかにわかろうというものである。戸田侯は老中であろう。

(8)　語学学習

いとも尊敬せる商館長
ブロムホフ様

貴下に魚一皿のお粗末な贈り物をお届け申し上げます。貴下がこれを受納して下されば、それは私の大きな喜びで御座居ます。

いとも尊敬せる

貴下の僕
藤四郎

注意　貴下のところへ勉強に行けないことをお許し下さい。というのは、私は、目下、気分が勝れないからで御座居ます。

Tosiro 藤四郎なる通詞が「魚一皿」を添えて、レッスンを欠席する届けをしている簡単な連絡便である。藤四郎は、まだ通詞になっていない若者かもしれない。筆者の手元のリストにちょっと見当たらない。

いとも尊敬すべき
ブロムホフ様

ここに桂皮つきの魚をお受け取り下さって、快く召し上がっていただきたく、かつ、ご都合がよろしかったら、明朝勉強とお話をしにまいりたく存じます。
敬具

いとも尊敬すべき
貴下の下僕
本木　庄左衛門

大通詞の本木庄左衛門も「桂皮つきの魚」を贈って明朝の学習をお願いしている。

わが主人である師
ブロムホフ様

私は一〜五日の間、貴下のところへまいることができませんでした（貴下の教授を受けるべく)。というのは、先日来、左耳に一つの瘤腫ができたからで、現在、私は、一定の間隔をおいて、とても烈しい痛みに苦しまねばならず、辛うじて歩けます。この痛みは私に、話すことも、唾(つば)を飲み込むこともしにくくしています。そして、私は貴下に、ぐずぐずして、勉強がおろそかになっていることを信じないで下さるよう、むしろ、私が憶えている沢山の言葉を再び忘れることがないであろうことを、どうか貴下が考えて下さることを、お願いいたします。

四月四日

貴下の僕

吉右衛門

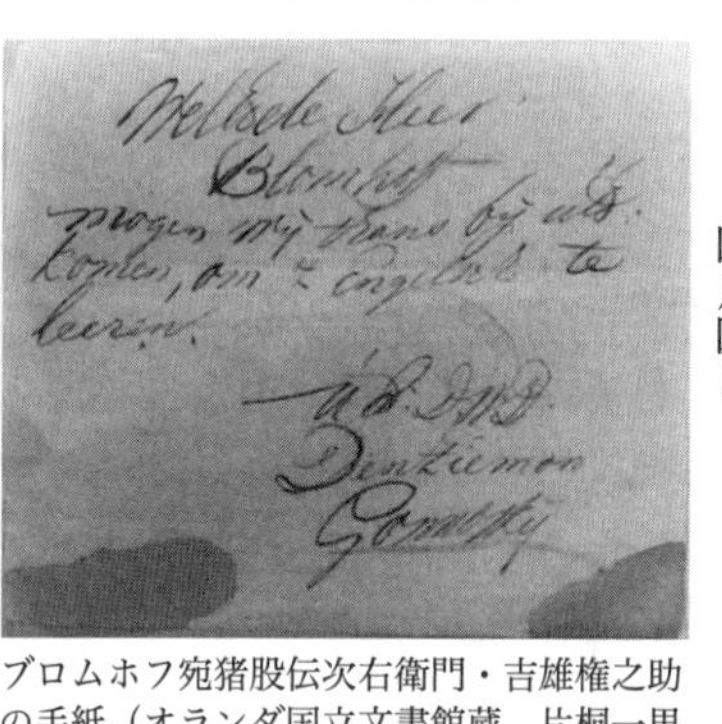
WelEdele Heer
Blomhof
komen, om
leeren.
Denziemon
Gonnosky

ブロムホフ宛猪股伝次右衛門・吉雄権之助の手紙（オランダ国立文書館蔵、片桐一男撮影）

kitsjemon とサインしているこの通詞は通詞家の名門・西家の西吉右衛門である。随分熱心に学習をしていたようであるが、左耳に出来た「瘤腫」に苦しめられ、出席が叶わず、欠席届けと、病状の報告といった書翰である。

尊敬せるブロムホフ様

明朝、われわれは、例によって、英語の勉強のために、貴下のもとにまいります。

貴下の下僕

伝次右衛門

権之助

この書翰によって、通詞の猪股伝次右衛門と吉雄権之助の両名が、ブロムホフから「英語」を学んでいたことがわかる。

ブロムホフによるオランダ語と英語の教授は、出島で、「朝」行われていたことが判明する。

⑼　翻訳の仕事

いとも尊敬せる方へ

ここになお貴下は街と湾の地図をお受け取り下さい。他はできるだけ早く貴下にお贈りいたしましょう。私は、貴下が私に書かれた商品（物品）のいくらかを、明後日以後に贈りましょう。だから、私はTを送って下さることをお願いします。年度会計と日本年の計算を、私は貴下が少しお待ちになって下さるようお願いいたします。

いとも尊敬せる
貴下の下僕
忠次郎

通詞の吉雄忠次郎がブロムホフに「街と湾の地図」を贈っている。他に約束した品々も順次贈る心算のようである。だから、反対にブロムホフから「T」を送って下さい、と頼んでいる。「T」とは何を指しているのであろうか。二人の間では、もちろん、わかっていることであろうが。それよりも注目すべきは、「年度会計」と「日本年の計算」を忠次郎が依頼されて、していることである。「年度会計」はオランダ商館としての「年度会計」の計算書で、「日本年の計算」とは日本の年度としての計算書のことであろう。このように、通詞は帳簿付けも大事な仕事であったし、それの蘭訳書類の作成も依頼される重要職務であったのである。通詞が理解し、日蘭の会計書類を書き分けていた具体例の紹介されることを期待したい。

通詞の行った会計事務は江戸参府随行の際も毎日毎日、その場その場でしなければならないことであった。拙稿「江戸参府におけるカピタンの遺銀と阿蘭陀通詞」（『シーボルト記念館鳴滝紀要』第九号、シーボルト記念館、一九九九年）参照。

オランダはハーグの国立文書館の日本商館文書群のなかには通詞の作成した会計書類が沢山ある。船載されたオランダの用紙に記入されたもの、和紙に毛筆で綺麗に記されたもの、いずれも沢山ある。書写してきたものもあるが、ここでは深入りしないこととする。

⑽　通弁・翻訳依頼

阿蘭陀通詞仲間に江戸の蘭学者から通弁・翻訳依頼があった。こんな例は、気が付いてみれば、他にも多かったことと察せられる。

沙箸(Sa tijo)一名　楊子貝(Joosibaij)、貝之類ニ御座候、備後尾道之産(びんごおのみちのさん)にて候、先年朋友共ゟ貰(よりもらい)、致秘蔵置候所(ひぞういたしおきそうろうところ)、箱之儘為御慰致進上候(はこのままおなぐさみとしてしんじょういたしそうろう)、内に奥州宮城郡北山之産不灰木石、俗に石わたと唱申候(となえもうしそうろう)、是亦相添申候(これまたあいそいもうしそうろう)、此等之事、御通弁可被下候事(ごつうべんくださるべくそうろうこと)

卯三月　　　　Oº K. Gentak

通詞御中様

Oº K. Gentak とサインした人物は江戸在住の蘭学者である仙台藩医大槻玄沢である。このオランダ語のサインは静嘉堂文庫所蔵『西賓対晤(せいひんたいご)』の大尾にみえる署名と酷似している。どちらも大槻玄沢の自筆文書ということは間違いない。Oº K. Gentak は「おお Oº つき K. 玄沢 Gentak」ということである。当時、長崎の通詞や江戸の蘭学者のあいだで、オランダ人が三文字でサイン、例えば J. C. Blomhoff など、するのを真似て、三文字で署名することが流行していた。

用件は、大槻玄沢が尾道でとれた「沙箸」一名「楊子貝」というものと、奥州宮城郡北山でとれた「不灰木石」俗に「石わた」を箱に一緒に入れて、ブロムホフに贈りたいわけで、その説明の通弁を通詞会所に依頼したことになる。通詞たちは説明の通弁をし、おそらくはオランダ語で説明書も作成して、この大槻玄沢の書付とともに、ブロムホフに手渡したものと考えられる。玄沢の文書のみがブロムホフのもとに保存されて伝えられたものとわかる。ブロムホフ・コレクションに、この「沙箸」と「不灰木石」は遺存していないであろうか。後考を待ちたい。「卯三月」は文政二年（一八一九）の三月に当たる。

⑾　蘭書の借覧

いとも尊敬せる
商館長様

私はこれ（手紙）によって貴下にお願いする自由を行使する。私に“Grondbeginsel der natuurkunde of in, zen over de bewaering van de gezondheid”を貸して下さい。あるいは、もし貴下が私に訳してもらいたいことがあれば、私に送って下さい。私は毎日大変淋しくしていますので、暇つぶしがてら、拾い読み、拾い書きいたしましょう。私が読み終わったら召使いに持たせてお返しするでしょう。

いとも尊敬せる僕
忠次郎

吉雄忠次郎が医学のオランダ語原書の借覧を願い、なお他にブロムホフから翻訳して欲しいものがあれば届けて欲しいと伝えている。

いとも尊敬すべき方へ

下名の者は、貴下が私に何日間か“'t Grondbeginsel der natuurkunde”を貸して下さるように、貴下に心からお願い申します。読んだあとで、私は貴下にお返ししますから。

私の門人の仕事については、まだ一寸も進んでいません。私が彼をしばしば雇いますので。そして、私はいま「外国人の到着 de Aankomst van vreemde natie」を始めました。私は、近々、貴下のもとにまいります。そして、もっと詳しく話しましょう。貴下が、もう用いることができないようなすべての古いものを、家具と他の簡単なもののようなものを、私に送って下さい。なお植物を必要とし、私は貴下を尊敬いたします。

いとも尊敬せる
貴下の下僕
忠次郎

前便と同じ原書の借覧について希望を述べている。ブロムホフからの頼みごとを門人にさせているらしいのであるが、吉雄忠次郎自身がその門弟を使用するので、頼まれた仕事は進んでいない様子である。また、忠次郎は「外国人の到着」という一覧表のようなものの編纂(へんさん)に取り組んでいるようで、これも、ことによったらブロムホフから依頼された仕事であったかもしれない。忠次郎がブロムホフの使い古した家具等を、譲り受けたい旨を申し入れている。この手紙はブロムホフ帰国の時期が近づいた頃のものかもしれない。

いとも尊敬すべき方へ

下名の者は、貴下に心からワイン一瓶をお願いします。彼（下名の者を指す）はそれをしばしば貴下にお願いして申し訳なく思っております。しかし、彼は昨日以来食慾がないのです。

いとも尊敬すべき

貴下の下僕

忠次郎

注意、もう何日か、't Grondbeginsel を貸して下さることを貴下にお願いいたします。それがしがそれをし終えたら、それがしはそれを貴下にすぐお返しいたします。

前記の原書の借覧を、さらに何日か延長させてもらいたい旨を申し入れている。持病の具合からであろうか、食慾がなく「ワイン一瓶」を所望している。

いとも尊敬せる

ブロムホフ商館長様

私はいま大変よいのです。胸と脇腹の痛みと熱がひけば、私は出島に詰めることができます。私の約束は近々果たされるでしょう。全部ではありませんが。総民族到着表はほとんど仕上がっています。

いとも尊敬せる

貴下の下僕

忠次郎

注意、私は貴下に心から葡萄酒一本をお願いいたします。

持病の具合がよさそうで、吉雄忠次郎は出島勤務を再開できそうな気振り。やはり、あの「外国人の到着」一覧表作成の仕事は、ブロムホフからの依頼の仕事であったようだ。この手紙で「総民族到着表」となっていて、ほとんど仕上がっているようだ。今便でも「葡萄酒」を所望している。

⑿　遊女代の請求

出島橋の手前に、二枚の制札が掲げてある。そのうちの「禁制」と題のついた一枚の第一条には、

一、傾城之外女入事

と、明記されている。「傾城（遊女）」の出入りは禁制外とされていた。出島への出入りは自由であったわけである。傾城町としては現在の丸山町と寄合町とひっくるめて「丸山」といったところ。出島のオランダ商館に滞在する商館員は独身の男性か、単身赴任の男性である。そこで、丸山から傾城を呼び入れることになる。「出島図」に「傾城」と散歩している姿も見えている。

ブロムホフ自身は、新婚間もない妻チチアと一歳五ヵ月の長男ヨハンネスを連れ、乳母や召し使いも一緒に連れて一八一七年八月に来日したが、婦女子の入国を許さないことから、その秋バタビアへ帰帆する船に託して泣く泣く送り返した。それが新妻との永遠の別れともなった。

独り身の商館長ブロムホフが、丸山から傾城を呼び入れていて、その一ヵ月間の揚げ代が請求されている。その請求書をオランダ語に翻訳して手交したのは、もちろん、通詞であ

る。

なにはともあれ、原文を読んでみよう。

覚

WelEd: Heer Opperhoofd
voor de maand Sjoguats

11 dagen　　　　　　　　かひたん
一拾壱　　　　　　　　　Itohagi
ƒ 8:2.5. _ . _ . _ .　　　糸　萩
代八拾弐匁五分

9 dagen　　　　　　　　Kin
一九ツ　　　　　　　　　きん事
ƒ 13:5. _ . _ . _ .　　　糸　萩
代百三拾五匁

7 dagen　　　　　　　　Samonda
一七ツ　　　　　　　　　左門太
ƒ 10:5. _ . _ . _ .

Sodegin voor de
heer bauver
不六流分
袖銀

代百五匁
30 dagen
一三拾

ƒ 22:5. ―・―・―・

代弐百廿五匁

さて、最初のオランダ語文の文意は、

商館長殿　正月分

とでもなるものである。この商館長「かひたん」は、もちろん、ブロムホフである。

11 dagen は「一一日」ということ、同様にして、9 dagen は「九日」、7 dagen は「七日」ということである。ブロムホフは Itohagi 糸萩を一一日、Kin きんを九日、Samonda 左門太を七日揚げたというわけである。合計して、一ヵ月のうち二七日揚げた計算になる。三日間だけ揚げなかったことになる。

長崎丸山の遊女の揚げ代については、古賀十二郎『丸山遊女と唐紅毛人』が詳しい。天明二年（一七八二）の商館長イサーク・チチングのとき以降、出島に呼び入れる遊女の揚げ代は、「太夫」が「拾五匁」、「店」が「七匁五分」であったという。これによってブロムホフに請求された計算を検算してみよう。

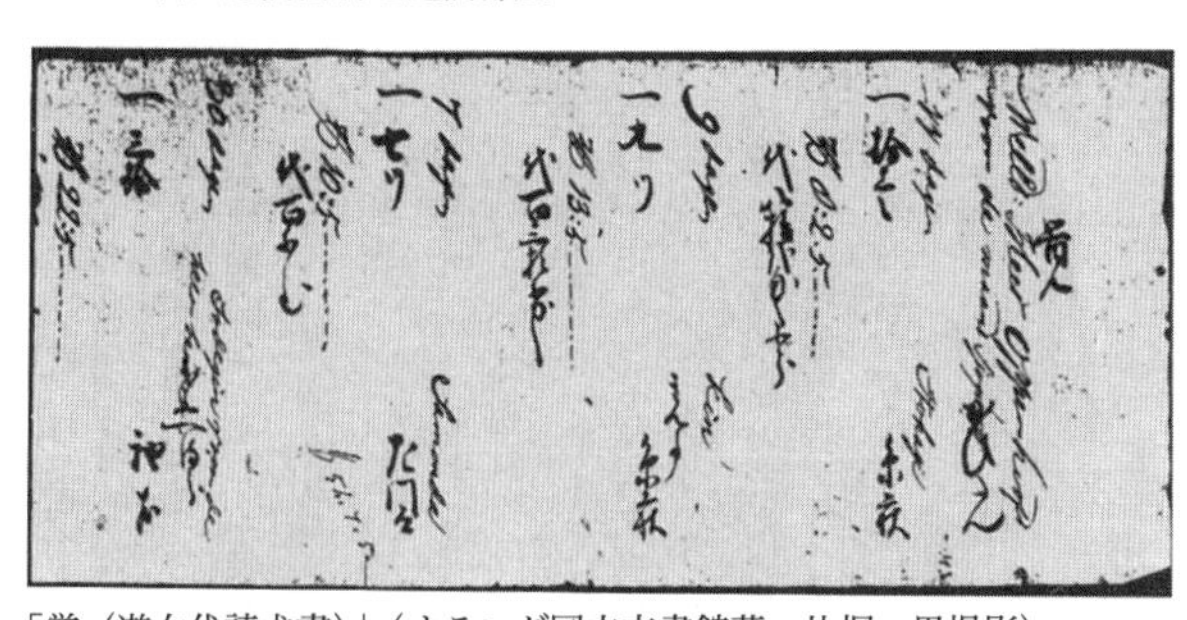

「覚（遊女代請求書）」（オランダ国立文書館蔵、片桐一男撮影）

糸萩、一一日の揚げ代「八拾弐匁五分」は、一日七匁五分の「店」としての計算になる。

きん、九日の揚げ代「百三拾五匁」は、一日拾五匁の「太夫」としての計算になる。

左門太、七日の揚げ代「百五匁」は、一日拾五匁となるから、左門太は太夫である。

最後の 30 dagen 三〇日は、heer bauver バウフェル氏が三〇日分揚げた日数で、その Sodegin「袖銀」が「弐百廿五匁」であるというのである。また、バウフェルに「不六流」と宛てている。すると、これは、一日七匁五分の割で、「店」を「三〇日」揚げた勘定である。商館員バウフェル氏の「揚げ代」を「袖銀」と呼んでいることがわかる。

商館長カピタンをはじめ商館員たちの出島における生活は、そのそばに、ほとんどいつも遊女がいたことになる。だからこそ、オランダ正月の宴席をはじめ、日常の食事の席にも、遊女が禿（かむろ）をつれて何人もみえていた。ビリヤードを楽しむ台の周りのオランダ人のそばには常に遊女の姿がみられた。涼所でも園内の散歩でも、常に遊女と談笑しながら歩く姿が描き出されていたのである。すると、パリのフランス国立図書館 Bibliothèque nationale de France に所蔵される完成図（『蛮館図』）は、きれいに取り繕った図ということになる。立正大学図書館の所蔵する白描図（下絵〈『長崎阿蘭陀船出島絵巻』〉）の方が実情を伝える図ということになる。詳しくは拙著『出島遊女と阿蘭陀通詞——日蘭交流の陰の立役者』（勉誠出版、二〇〇八年）参照。

同棲することも許されていた。だから、例えば『かぴたん部屋建替絵図』には、「湯殿」「台所」付きの「遊女部屋」があったことがはっきりと記載されている。これも詳しくは前掲の拙著を参照。

寛政十年（一七九八）三月六日夜、出島の縫物師部屋からの出火は、西北の風で西南に燃えひろがり大火となって、出島屋敷の主要部分を焼き尽した。縫物師のオランダ人と泊っていた遊女は寝起きのまま二階から飛び降り、遊女は大怪我をした。十四歳の禿は煙に巻かれ焼死した。遊女は京屋の「三河」であったという。

ヅーフの場合もシーボルトの場合も思い出される。

五　異国船と通詞

外洋から、水平線上に微(かす)かに帆影を現わす「白帆船」。だんだん大きく見えてくるその船がオランダの「商売船」であるか、それとも、来航・入港を拒否すべき「異国船」であるか。長崎奉行所と現場で応接に当たる水主や船役にとって、一刻もはやく知りたいこと、知らねばならない最大の必要事であった。

実際、異国船の来航によって、苦(にが)い経験を長崎は、何回もしていた。

そこで、異国船の来航に対する備え、来航に際しての応接について、大要を決め、手順を決めて、関係者が心得ておく必要があった。

実際に異国船来航の顚末を記した「異国船渡来一件」というような記録がなされ、爾後の参考資料とされた。似通った表題の未刊写本をよく目にするのは、そのためである。

江戸時代も後期に至り、異国船来航が周辺海域で度重なると、長崎における緊急要件として、長崎奉行所では、マニュアルにまとめておく必要に迫られた。

文化五年（一八〇八）におきた「フェートン号事件」の翌年には、事後処理に当たった長崎奉行曲淵甲斐守景露とカピタン・ヅーフが対策を協議、

曲渕甲斐守様弐御在勤文化六年巳六月異国船渡来之節御備大意御書付

という、マニュアルができあがった。「六月」ということは、事件の翌年の夏六月のオランダ船来航までに間に合わせて、緊急にまとめあげられた、日蘭合意の異国船対策マニュアル・ブックといったものであったことがわかる（詳しくは、前掲『鎖国時代対外応接関係史料』を参照）。

これが基本となって、爾後におきた異国船来航時の応接経験で修正を加えながら、より完備を目指したマニュアル・ブックが作成されていったようである。たとえば、

異国船渡来之節御備向大意書并御行列附向ゝ目印留

というような記録を目にし、似通った表題の写本を目にするのはそのためである。

それが、結果として、異国船の来航であった場合でも、定例の商売船であるオランダ船の来航であった場合でも、応接の第一線に出向いて、時には身命を擲って通弁に従事しなければならなかった阿蘭陀通詞にとっても、必携のマニュアル・ブックであったわけである。通詞の中山氏も、しっかり、座右に備えていた。中山文庫のなかに、

天保十二年丑五月廿四日被　仰付

異国船渡来之節　御備向手続并心得方大意書

の書名で見ることができる。

どの記録も詳細をきわめ、長文にわたっている。ここでは、応接に当たった通詞の関与の範囲内で、手順の様子を概観してみよう。

長崎の野母崎の突端、遠見番が水平線上に「白帆」の帆影を見出すと、烽火山（ほうかざん）からの

「烽火（のろし）」によって知らされる。これを、小瀬戸の番所が受けて、新地へ中継、長崎奉行所へ通報される。追っかけるように「飛船」でも、次々に報らされる。

商売船か、異国船か、まだわからない段階ではあるが、奉行の命によって、大波止から検使船団が仕立てられ、神崎辺まで出て行って、船繋がりして待機する。来航の「白帆船」が接近してくると、いよいよ確認のための応接である。ポイントは三つ。

第一は、伊王島辺で停船、碇を入れさせる。

第二は、来航の「白帆船」から、乗員二名を「質人」として卸させ、出島へ移送すること。

白帆船通報態勢（長崎市埋蔵文化財調査協議会『小瀬戸番所遺跡』より）

第三は、そのうえで、神ノ島近くで「旗合わせ」をする。

右のうち、第一の伊王島辺で一切の来航船に「一ノ印」と記された、停船し、碇を入れさせる命令文の一紙を手交する。同内容のオランダ語文の一紙「一ノ印」と、フランス語文の一紙「一ノ印」があらかじめ、カピタンの協力を得て作成されている。オランダ語文「一ノ印」一紙はオランダ商売船のために、フランス語文「一ノ印」一紙は異国船のためのものである。

第二の「質人」と称する、人質としての乗員二名を卸させ、出島へ連行するための命令書「二ノ印」一紙文書も、同内容でオランダ語文と、フランス語文と、二種用意されていた。

第三は、神ノ島近辺で、オランダ商売船であるか、どうか、の区別確認のための旗合わせである。

右の三段階までの確認作業に沖出役通詞二、三人が、同じくオランダ商館から出役のオランダ人二人とともに従事した。

これ以降の交渉と、港における警備や市中の警備態勢は、刻々ともたらされる報告内容、その内容と状況に応じて発せられた奉行所の判断指示によって、その都度、異なっていった。

異国船であると確認されたあとの、港や市中の警備態勢、出島のオランダ商館員を上筑後町の永昌寺へ立ち退かせ、「御朱印」をオランダ人に守護させること、避難させた跡の出島に乙名と通詞たちが詰める対処の仕方など、詳細な「手割」が決められていた。あまりにも煩に過ぎるゆえ、一切、前掲『鎖国時代対外応接関係史料』に譲って、割愛に従う。

Ⅲ　江戸の阿蘭陀通詞

一　江戸番通詞の参府御用

はじめに

阿蘭陀通詞が基本的職務のほかに、種々の加役を務めたことについてはすでに述べた（IIの三参照）。数ある加役のなかでも、年番通詞と江戸番通詞が二大加役であると指摘した（II参照）。

江戸番通詞はオランダ商館長＝カピタン一行が、毎春（寛政二年〈一七九〇〉からは五年めごと、四年に一回）江戸参府をした際に、付き添って東上、出府した阿蘭陀通詞をいう。オランダ商館長が江戸参府を行わない休年に、オランダ商館長から将軍家へ贈る半減の献上物を警固して東上、代参した通詞を、史料に見える用語から組み合わせて、参府休年出府通詞と命名しておいた。

江戸番通詞も参府休年出府通詞も、ともに参府して御用を務めた通詞である。参府して通詞が務めた職務を総称して「阿蘭陀通詞の参府御用」と呼ぶこととする。

阿蘭陀通詞の務めた参府御用とは、どんな内容であったか。どのように務めたか。キリスト教国の人であるオランダ商館長一行を案内して、禁教・鎖国下の日本を旅させたのである。重大な加役であり、気苦労の多い旅役であったにちがいない。どんな旅であったか。

職務内容について、制度的な、一通りのことはすでに瞥見したことがある。が、より具体的に、より組織的に把握できないものであろうか（拙著『カピタン最後の江戸参府と阿蘭陀通詞――歩く、異文化交流の体現者』勉誠出版、二〇一九年）。

例年の、重大な加役であったから、ローテーションによって江戸番を務めた歴代の通詞は、責務を万遺漏なく果たし終えるために、きっと、職務上の前例を収集することに努めたことと察せられる。すすんでは、職務上の必携書＝マニュアル・ブックといったものを作成していたのではあるまいか、と思えてならない。

伝え受けたマニュアル・ブックを活用して役務をこなし、事あるごとに増補の手を加え、後日のために、完璧を期そうとしていたのではあるまいか。そんな記録が見付かればどんなにか理解に助かることであろうか。

そこで、現在、公開されている阿蘭陀通詞家史料のうちで最大と思われるシーボルト記念館に所蔵されている「中山文庫」のなかに探ってみた。その結果得られたのが、未刊史料『江戸行一件書留』である（後出）。また「泉屋家文書」は通詞本木氏関係の史料とわかったことであるが、このなかにも良好な史料が見受けられる。夥しい通詞関係史料のなかで、前記の目的にそった最も組織だった史料と見受けられる。「中山文庫」と「泉屋家文書」のなかには参府休年出府通詞関係史料も見受けられる。それらで、阿蘭陀通詞の取り組んだ「参府御用」を再構成して、組織的解明を試みてみたいと思う。

1　『江戸行一件書留』の構成

そこで、まず、『江戸行一件書留』が記す、内容構成を見てみる。本史料の本文中に記されている見出しを列記し、便宜のための番号を付けてみる。

(1) 長　崎
(2) 登り下道中
(3) 登船中
(4) 兵庫着船
(5) 登り大坂着
(6) 京都着
(7) 下り東海道
(8) 江戸着
(9) 帰り東海道
(10) 帰り京都着
(11) 帰り大坂着
(12) 帰り船中
(13) 帰り小倉着船

⒁　覚
⒂　台所荷物
⒃　（無題付録）

掲出した「見出し」の一覧によって、通詞中山氏が、オランダ商館長の江戸参府旅行に江戸番通詞として随行するに際し、往路、復路と主要滞在地を通して、心得て準備すべき諸事が、その順序通りに記載されていることがわかる。

オランダ商館長の江戸参府旅行が次のような行程で成り立っていることと、よく一致している。

ア　長崎—小倉間の九州路は長崎街道による。
　オランダ人は、これを短陸路 Kort landweg と呼んでいる。
イ　小倉の阿蘭陀宿・大坂屋（宮崎氏）。
ウ　小倉—下関間は船で渡海。
エ　下関は、大町年寄の伊藤家と佐甲家が交代で阿蘭陀宿を務める。
オ　下関—兵庫もしくは室津間は海上船旅で、オランダ人は、これを水路 Water reis と呼んでいる。
カ　兵庫もしくは室津—大坂間は陸路。
キ　大坂の阿蘭陀宿・長崎屋（為川氏）。
ク　大坂—京都間は、淀川の船旅と、高瀬川・高瀬船の船旅。

ケ　京都の阿蘭陀宿・海老屋（村上氏）。

コ　京都―江戸間は東海道による。オランダ人は、これを大陸路 Lang landweg と呼んでいる。

サ　江戸の阿蘭陀宿・長崎屋源右衛門。

シ　帰路、江戸―京都、東海道。

ス　京都、海老屋滞在。

セ　京都―大坂間、高瀬川・淀川。

ソ　大坂、長崎屋滞在。

タ　大坂―兵庫もしくは室津間は陸路。

チ　兵庫もしくは室津―下関間は海上船路。

ツ　下関は、伊藤家か佐甲家。

テ　下関―小倉間は船で渡海。

ト　小倉、大坂屋滞在。

ナ　小倉―長崎間、長崎街道。

2　『江戸行一件書留』の内容

(1)　長崎

長途の江戸参府旅行に先立って、長崎において準備すべき事項が四二ヵ条にわたって記されている。各条の記載内容を踏まえて見出しを付け、簡潔に解説を付してみれば次の通りである。各条に整理番号を付す。

① **献上端物除き置き**

オランダ商館長の江戸参府の要が、将軍家に対する「拝礼」と「献上物」の献上にあったから、まず献上する「端物」の選別作業と、その総額の算出・計上作業である。前年の例とも勘案して「組合帳」を仕立てる。江戸の大官に対する「売」りたて、五ヵ所の「阿蘭陀宿」に対する「御買わせ反物」、予備の端物も含まれている。

② **献上幷御進物羅紗疵改め**

将軍への献上、大官への進物にする「羅紗」の「疵」の有無を「端物目利」が改め、各布地の「小口」に品名を記した小布を縫い付ける作業。この事「専要也」と特記している。

③ **参府阿蘭陀人名歳書付**

明春、江戸参府をするオランダ人一行の名と年齢を一覧にした名簿の作成作業で、その訳文書式が見える。年番通詞がオランダ人に書き出させた原本は「後証」のために通詞の手元に留め置き、訳文名簿のみ長崎奉行所へ提出した。原文名簿はおそらく阿蘭陀通詞会所に保管されたものと察せられる。

④　仕入銀拾貫目願い

献上物・進物を入れる「長持」「竹皮籠」などを用意するための、あらかじめの小払い請求の仕方と、その書式。年番町年寄へ提出したようである。

⑤　道中用品の見積もり

「駕籠屋（阿蘭陀料理人）」を「出島」へ呼び入れて、道中用の品々を見積もらせる。「直組み」が済んだうえで「出島出シ」の「裡判」を願うのであると、註記している。

⑥　阿蘭陀人参府下知

明春予定されている江戸番通詞が奉行所に呼ばれ、正式に任命をうけ、出島へ行きカピタンに知らせ、そのあと請書を役所に提出。乙名や通詞仲ヶ間(なかま)には「廻状」で知らせる。

⑦　長持・竹皮籠の準備注文

献上物を入れる長持は大工に、竹皮籠は駕籠屋に注文する。寸法の指定もあったようだ。

⑧　船中の品用意

参府の船中で使用する「薪・炭・塩肴・酒・餅・砂糖」や小道具の用意である。

⑨　献上端物ニ階卸し

献上物（将軍・世子への献上物）・進物（幕府高官への贈物）用の端物を封印付きの蔵から卸す作業の手続き。「御封解明帳」というものが存在した。

⑩　献上并御進物品立帳

献上物・進物品の一覧表を各二冊作って江戸番通詞が代官所へ提出。

⑪　手本御覧

献上反物の見本を長崎奉行の見分にいれる諸手続きと、目録の調製、封印紙の取り扱いについて代官所へ届けの仕方。目録の書式と口上書の例がみえる。

⑫　御試し珎酡酒・葡萄酒

長崎奉行が献上物として持参される珎酡酒と葡萄酒を試飲してみる際の準備、手続き。書式と用意品がわかる。「コップ」も二つ含まれている。

⑬　進物羅紗裁ち分け

献上物・進物の羅紗を、カピタン立ち会いのもとで、蔵二階で截り出し、梱包。

⑭　裁断残り切れ申請

裁断の残り切れをもらい請ける手続きと書式。大羅紗・ふらた・ごろふくれん・糸織・奥島(縞)・籏地などが見える。

⑮　献上物・進物端物入付下調べ

献上物・進物端物を長持に入れ、点検のうえ、帳面に控える。宰領の小川善蔵と瀬下市左衛門に立ち会わせる。

⑯　参府阿蘭陀人附添通詞の任命

役所に出頭、年番町年寄立ち会いのもとで、用人より江戸番が任命される。仲ヶ間・乙名への廻状の書式。

⑰　警固検使の任命
役所に出頭、任命された警固検使からの挨拶をうけ、祝儀を申し上げる。仲ヶ間・乙名へ廻状で知らせる。
⑱　江戸上下目録
当春の江戸上下目録を大通詞が検使へ提出。
⑲　献上・進物荷造り
検使の許可を得て、献上物・進物の荷造り作業の手配をする。乙名・仲ヶ間・小通詞並・蔵懸稽古通詞・筆者・江戸行き町使・日雇頭・宰領へ廻状を出す。書式。荷造りの当日は、長持を一二棹、竹皮籠を三〇荷、出島へ持ち込んだことが判明する。
⑳　日吉丸船頭と水主の誓紙
江戸参府に使用する御船・日吉丸の船頭と水主に誓紙を提出させる仕方。
㉑　江戸行筆者以下の誓詞
㉒　起請文前書
㉓　道中の注意
㉔　商売物携帯の禁
㉕　参府附き添えの請状
㉖　商売物・言伝物携帯を禁ずる請人のこと
㉗　日吉丸荷積み

日吉丸に荷積みをする手配。廻状の書式。

㉘　路料支度料

江戸行きの路料（旅費）と支度料を長崎会所から支出してもらう手続き。検使・足軽・通詞・町使・筆者・料理人・定部屋小使等に対しては現銀が支出されたようであるが、長持代・駕籠賃・諸運賃・諸役人の増額分・阿蘭陀宿・日吉丸畳代・その他大儀料などは白砂糖で支給と計上されている。

㉙　江戸行連名書付（名簿）

長崎会所へ江戸行き一行の名簿提出。「支度料渡方帳」に記載のためである。

㉚　献上物・進物端物かひたん引合帳

江戸番大通詞が調製・提出。

㉛　阿蘭陀人名歳書付

参府オランダ人の名歳書付を二通役所へ提出。

㉜　江戸上下所〻見物書付

江戸参府の往路・復路において見物予定箇所の届けである。下関・上関・御手洗・鞆・室津・兵庫では寺社と町中の見物、三嶋では三嶋大明神、京都では祇園社・二軒茶屋・知恩院・大仏・三十三間堂・清水寺・泰産寺があがっている。大坂では天王寺・住吉社・銅吹所・うかふ（浮）瀬（瀬）茶屋・からくり芝居が書き上げられている。

㉝　定式遣銀催促

旅行中において予定される「遣銀」として、八一貫目余を出立つまえに支出してもらう手続きである。オランダ人が道中で遣い捨てる銀と調い物の代銀、京都の宿における賄料等、京都でオランダ人が注文・購入する銅器物・細工物・針がね代等が計上され、旅中用に肉折人参の携帯も申請されている。

㉞　献上物・進物目録と阿蘭陀人名歳書付の作成

③、㉛と重複部分もあるが、

・「御本丸献上御目録」　小奉書一五枚
・「阿蘭陀人名歳書付」　小奉書一五枚
・「西御丸献上御目録」　小奉書一五枚
・「阿蘭陀人名歳書付」　半切　一五枚
・「御老中様始御目録」　大奉書

が調製された。

㉟　首途社参式

伊勢宮・水神社に大小通詞より御初穂銀が、松森社・諏訪社へはそれぞれ白銀二両ずつが献じられた。特に諏訪社へは御湯二釜と銀二枚が献じられた。大通詞から生鯛一折と千柳一（三升入）が献じられ、社家中へ金百疋が贈られた。小通詞からは社へ銀一枚が献じられ、社家中へ金百疋が贈られた。

㊱ 通路の国々へ人馬半紙書付と附添役人書付が遣わされた。

㊲ 先触状

先触状を出す際、阿蘭陀料理人を呼び寄せ、魚・鳥・パンのことを確認する。

㊳ 道法休泊書付

距離と休・泊を一覧にした旅の日程表が検使の下役・大小通詞・町使に渡される。

㊴ 遣銀積合（予算）請け取り

㊵ 桜馬場威福寺にカピタン立ち寄り式

桜馬場の威福寺でカピタンが餞別の見送り人に対する謝儀の方式である。

㊶ 矢上より小倉までの通し人足名書付

㊷ 長崎より小倉までのカピタン駕籠宰領人名書付

(2) 登り下道中

長崎出立から小倉までの道中における心得である。

矢上・大村・彼杵・牛津・田代・山家・小倉・下関の各宿に所の領主から遣わされる使者と被下物（くだされもの）を目録に記録し、賄方に受け取らせる。卵や生鮮食料品などであった。

人足等に対する祝儀、下宿銀、宿礼等の渡し方。

諫早・小倉・下関から長崎へ報告の書状を発送する。

太宰府神社に初穂銀一両遣わすこと。

小倉から下関への渡海に、小早二艘・漕舟二艘・関船一艘を使用、船賃百三拾目。下関に着船の日は本陣の振る舞いで、飯代はなく、翌日より飯代・宿礼を払う、となかなか細かい。

(3)　登船中

下関で乗組人数を検使下役と町使へ提出、人別改め。

途中、湊に滞船の折、検使・オランダ人上陸、据風呂使用、寺社参詣などの手配や謝礼支払い。

長崎・大坂・江戸で、町使・筆者・賄方・料理人・定部屋・日雇頭や小者・小使に与える祝儀銀等。

(4)　兵庫着船

兵庫着船の場合、兵庫休、西宮泊、尼崎、神崎、大坂北浜過書町へ、休・泊の手配と支払い。

検使、下役、町使、大小通詞、勘定方、オランダ人、台所関係の荷物数と人足・馬・駕籠・賄人数等についての書き上げ。

(5)　登り大坂着

大坂から、江戸の宗門奉行と長崎奉行宛の書状を出す。
大坂の東・西両町奉行への進物目録・進物台の準備。
阿蘭陀人名歳書付提出。
大坂・京都諸払銀の請け取り。
兵庫船宿・伏見船宿・駕籠の者への白砂糖代の請け取り。
枚方で先触を出す。
伏見迄の荷船、京都迄の高瀬船の手配。
京都宿（海老屋）が大坂へ来たら、御進物品立書付を渡し、台屋へ用意を命じる。
小川善蔵が雇う下宰領から請合証文を取る。
大小通詞より検使・下役・足軽家来への進物の式。
大坂より通し人足二三人とその給銀。
大坂・京都より江戸迄の人馬船川渡証文下附の手続き。

⑹　京都着

大通詞が、所司代と両町奉行に蘭人着の届け。
翌日、検使が御三所に蘭人着の届け。
御礼の日限を伺う。進物の反物等の点検、挟箱等の用意、熨斗を作る。
目録を作成のうえカピタンの署名を得る。

所司代に御礼をつとめ、人馬船川渡証文の下附を得て請取書を提出。

江戸と長崎へ書状を差し出す。

先触状を出す。道中宿割書付を大通詞がカピタンに読み聞かせたあと、小川善蔵へ渡す。

出立前日、献上物・諸荷物の貫目掛け改め。

出立前夜、賄方に大津小休料金子一両渡す。

(7)　下り東海道

出水等で渡河できない川支の際、賄茶漬料のこと。

神奈川小休のとき、検使が下役・大小通詞・町使・オランダ人を連れて茶屋へ揚がった際の茶屋入用座礼等の切扶持支出のこと。慰労のための恒例行事であったらしく、検使以下、料理人や賄方、日雇頭、駕籠の者にいたるまで、御扶持が計上され、前夜に賄方に渡される定めであった。

小通詞の下宿、鳴海・御油・浜松・興津・小田原・藤沢で予定。

富田蛤茶屋で、検使はじめオランダ人が茶屋休み。往路は大通詞が支払い、帰路は小通詞が支払う。

大浜茶屋で、検使はじめオランダ人立ち寄り、蕎麦切代は駕籠宰領が支払う。

藤沢駅から江戸へ飛脚を差し立てる。検使の御状のなかに、江戸着の節、御供等の儀を知らせる。勘定方には内々に知らせる。

川崎泊まで、長崎屋源右衛門出迎え。
川崎駅で、献上目録・阿蘭陀人名歳書付・御進物横折帳を改め、大通詞へ提出。

(8)　江戸着

①　到着届け。大通詞が、宗門奉行・在府長崎奉行に献上目録・阿蘭陀人名歳書付を提出。長崎奉行へは御進物横折帳も添える。
②　長崎へ着届状を出す。
③　献上物・進物の端物員数改め。
④　宗門奉行からの使者によるカピタンへの被下物（くだされもの）が届けられ、請取書に蘭人三人のサイン。
⑤　桐長持借用手配。長崎屋の手代に命ずる。
⑥　珎酡・葡萄酒入徳利の調達を駕籠頭に命ずる。
⑦　反物擦れ疵改め。
⑧　献上羅紗綴り。
⑨　献上端物揃い立て、検使・カピタン見分、大小通詞・下役・町使も出役。
　　御本丸桐長持　六棹
　　西御丸　同　四棹
⑩　献上目録と阿蘭陀人名歳書付を、本丸坊主河嶋円節と西丸坊主佐藤永務に手代をもっ

て届ける。
⑪ 廻勤順の書付を、長崎屋源右衛門に命じて取る。
⑫ 献上物・進物の箱書きと真田付け。
⑬ 献上目録を長崎屋源右衛門より請け取り、老中・若年寄宛の目録を大小通詞に渡し、カピタンのサインを取る。
⑭ 献上御熨斗・水引を勘定方より宿源右衛門に渡し、例年通り拵える。
⑮ 老中宛ほかの熨斗は勘定方で認める。越前中奉書。
⑯ 挟箱の用意。宿源右衛門へ。
⑰ カピタン二階で、例年通り、献上・進物酒を包装・封印・水引・上書き・酒名記載。
⑱ 阿蘭陀膏袋の準備。二五袋入り一袋を、本丸三袋、西丸二袋。
⑲ 月番宗門奉行の用人より検使へ切紙到来に対する「請状」と「御城内入人順書」。
⑳ 登城の際、阿蘭陀人名歳書付を大小通詞と勘定方は懐中すること。
㉑ 寺社奉行・町奉行への進物目録に大・小通詞からカピタンのサインを取ってもらう。
㉒ 拝礼済みの届状を長崎へ発送。
㉓ 献上残り珎酡・葡萄酒を在府・留主両長崎奉行へ大通詞持参。箱入りコップ添え。
㉔ 宗門奉行へ代礼を大通詞が務める。それぞれ進物が添えられる。
㉕ 売上端物伺い。
㉖ 四ヵ所宿屋（江戸・京都・大坂・小倉の阿蘭陀宿）端物伺い（残品お買わせ反物のこ

と）。

㉗勘定方より検使・下役・足軽衆への進物の件。

㉘御暇前日、宗門奉行の用人より検使へ切紙到来、御返答のこと拝礼の節と同じ。

㉙御暇下されの後、老中・若年寄へ大通詞参上、御礼の名札差し上げ。

㉚御暇下されの届けを、長崎へ書状で発送。

㉛老中以下役人方より使者をもって被下物到来、大小通詞が前もって請取書を作成しておき差し上げる。

㉜奉書紙・水引を働きの者へ渡す。

㉝百人組番頭はじめ坊主衆まで、進物端物目録をもって宿源右衛門へ渡す。

㉞売上・お買わせ反物の印形帳を認め置く。

㉟検使・下役・町使へカピタンより進物。

㊱草鞋銭割り渡し。

㊲取替金願い（帰路不足金を人参座用意金のうちより取替銀を願う）。

㊳先触状出す。

㊴出立届け。老中・若年寄宛大小通詞と宿。

㊵売上・御買わせ端物代金請け取り。

㊶滞留中諸払い・京都迄の積もり。

㊷献上物宰領頭小川善蔵へ金子請け取り。

㊸　小川善蔵より通し馬帳面に印形取らせ。
通し馬（往路）一八疋
帰り通し馬　一〇疋
通し高賃
東海道行之分　三拾六両と銭三貫七百拾二文
帰り之分　拾八両三歩と銭三貫廿文

㊹　滞留中、オランダ人食物支払い。
㊺　残端物荷造り。
㊻　諸荷物貫目改め。
㊼　宿手形帳面に源右衛門印形を取る。

(9)　帰り東海道

日割りの通りの順路であれば往路と同じ。
小通詞下宿は、戸塚・小田原・江尻・金谷・浜松・鳴海。

(10)　帰り京都着

①　所司代・両町奉行へ、大通詞届け。
所司代へ「証文」返上、「請取証文」返却。

② 所司代・両町奉行へ、検使届け。
③ 伏見橘屋へ大坂より差し廻しの船を問い合わす。
④ 江戸・長崎へ書状発送。
⑤ 売上・お買わせ端物カピタン引合帳、大通詞へ渡す。仕方は「雑録」にあり。
⑥ 所司代より使者、カピタンへ被下物、請取書を出す。
⑦ 両町奉行より使者、カピタンへ被下物、請取書を出す。
⑧ 所司代・両町奉行へ被下物の御礼と出立届け、大通詞が参上。
⑨ 高瀬船、宰領小川善蔵方取り計らい。
⑩ 伏見へ下りの節、下役・町使駕籠申し付ける。
⑪ 伏見賄料金三両遣わす。

⑾　**帰り大坂着**

① 町奉行所へ到着届け。大坂の阿蘭陀宿が案内、大通詞参上。そのとき見物のことも伺う。
② 町奉行所へ検使が到着届け。
③ 江戸と長崎へ書状発送。
④ オランダ人見物。前夜、駕籠頭へ申し付ける。
⑤ 大坂より兵庫まで先触状を出す。賄方を呼び人数をきめる。尼崎・西宮・兵庫へ知ら

せる。
⑥　残り端物改め、御封付け。
⑦　東海道上下駕籠賃、算用。
⑧　安治川で、駕籠頭へ浜出し人足賃を勘定元〆方より出す。

⑿　帰り船中

①　献上・御進物差引帳調製、大小通詞へ渡す。
②　下関着船。検使オランダ人とともに上陸。
朝着船ならば、船用意、小倉へ渡海。昼過ぎならば止宿。
③　先触状、飛船を以て小倉へ遣わす。

⒀　帰り小倉着船

①　長崎へ飛脚さし出す。
②　お買わせ端物代、宿善助より請け取る。
③　出立見送りに名書付を置く。
④　山家で、福岡よりの使者。
⑤　田代で、御使者。
⑥　牛津で、佐賀よりの使者。

⑦　大村境より見送り。

⑧　彼杵で、働きの者を呼び「出島持入物品立」の書付を受け取る。

⑨　大村で、御使者。

⑩　諫早着、年番より飛脚が来る。出島へ持ち入る書付、検使と大小通詞が奉行所へ提出する書状を認める。

⑪　小通詞の下宿。

⑫　年番より来たる飛脚、夜帰るに付き、軽尻一疋を矢上まで申し付ける。

⑬　長崎着。出島で、「上下目録」を勘定方より大通詞へ提出する。

⑭　出島覚へ持ち入るカピタン・役人オランダ人・外科オランダ人三人の荷物数と個人別の物品と数量が書き上げられ、台所荷物も書き上げられている。

出島持入物品立

一長持　六棹　御封六ツ
一掛(懸)硯　一指　同　一ツ
一膏薬箱　一指　同　一ツ

表12　出島への持ち入り荷物の内訳

カピタン		役人オランダ人		外科オランダ人	
蒲団	二ツ	蒲団	一ツ	ふとん	一ツ
枕	六ツ	枕	五ツ	枕	五ツ
灰吹	一ツ	灰吹	一ツ	灰吹	一ツ
手炉	一ツ	手炉	一ツ	手炉	一ツ
タバコ入	一				
沓	一足	沓	一足	沓	一足
きせる	一本	きせる	一本	きせる	一本
財布	一ツ	財布	一ツ	財布	一ツ
壺	一ツ			壺	一ツ
さし笠	一本	さし笠	一本	さし笠	一本
		茶出し	一ツ		
		茶碗	一ツ		
		小フラスコ	一ツ	小フラスコ	一ツ
		帽子	一ツ	帽子	一ツ
		敷御座	一枚		
		杖	一本	杖	一本

一挟　箱　二荷　同　四ツ
一乗下皮籠　六ツ　同　六ツ
一合羽袋　二ツ　同　二ツ
一挑（提）灯　五張　同　五ツ
一白木酒箱　一指　同　一ツ
一青堅酒箱　二指　同　二ツ
一茶弁当　一荷
一夜　具　四包
一小鳥籠　四ツ
一同明籠　三ツ
一乗　物　三挺
〆拾五桁（ママ）
台所荷物
一長　持　一棹　御封一ツ
一簞　笥　一棹　同　一ツ
一幕　箱　二指　同　二ツ
一藤（籐）籠　但桶弐ツ添　一指
一鶴　籠　但白兎一疋添　九指

一ゑん豆　　　二包
〆六桁

3　江戸逗留中　マニュアル・ブック

阿蘭陀通詞が交替で務める二大加役の一つ、「江戸番通詞」は、江戸でどんな職務に従事したであろうか。

「江戸番通詞」とはオランダ商館長＝カピタン一行が江戸参府を行った際に、付き添って出府した阿蘭陀通詞のことである。そこでまず、カピタンの江戸参府の基本をみておく必要がある。


　カピタンの行った「江戸参府」の旅。その目的は、独占的対日貿易の許可・継続に対する「御礼」にあった。

「御礼」は、江戸城本丸の将軍と西丸の世子に対する「拝礼（謁見）」と「献上物」の呈上とから成っていた。その際、幕府の高官にも「進物」を贈り、無事に拝礼を済ますことのできた御礼の「廻勤」を行った。

「御礼」に対して「返礼」があった。「御条目（貿易の許可・継続条件五ヵ条）」の読み聞かせと「被下物（くだされもの）（時服）」の授与から成っていた。


　したがって、江戸城で、「ことば」のできないカピタンが行った「御礼」と「返礼」受領の儀式に携わった江戸番通詞の役割は、まことに重大なものであった。

「江戸番通詞」は、大通詞一名と小通詞一名の二名から成っていた。長崎で加役として「年番通詞」を務めた年番大通詞と年番小通詞が、その翌年に、加役としての江戸番大通詞と江戸番小通詞を務める場合が多くみられる。

大通詞四名、小通詞四名から成る少数の正規の通詞において、重要な加役の数々を〝順番(ローテーション)〟を組んでこなしていたことがわかる。

稽古通詞などの段階にあった江戸番大通詞の子息などが「見習い」として加わる場合も多かった。込み入った仕来りを心得て、万遺漏なく、重大な職務を、毎回、務め続けてゆくためには、当然、必要なことであった。

このように、江戸番通詞の職務は重大で、気苦労の多いものであったと察せられる。

そこで、通詞自身は、

・職務を万遺漏なく果たすために、
・次回の当番に遺漏なく伝え継ぐために、

「必携書(マニュアル・ブック)」を作成し、職務に対する継続的奉仕に努める必要があったようだ。

幸いなことに、通詞本木氏が書き留めておいたマニュアル・ブックが見付かった。これを点検すれば、江戸番通詞が江戸でどんな職務に従事したか、ひと目でわかると期待できる。

虫損甚だしく、綴じ糸は離れ、表題紙も失われた「反故」八紙であったが、仔細に点検、復

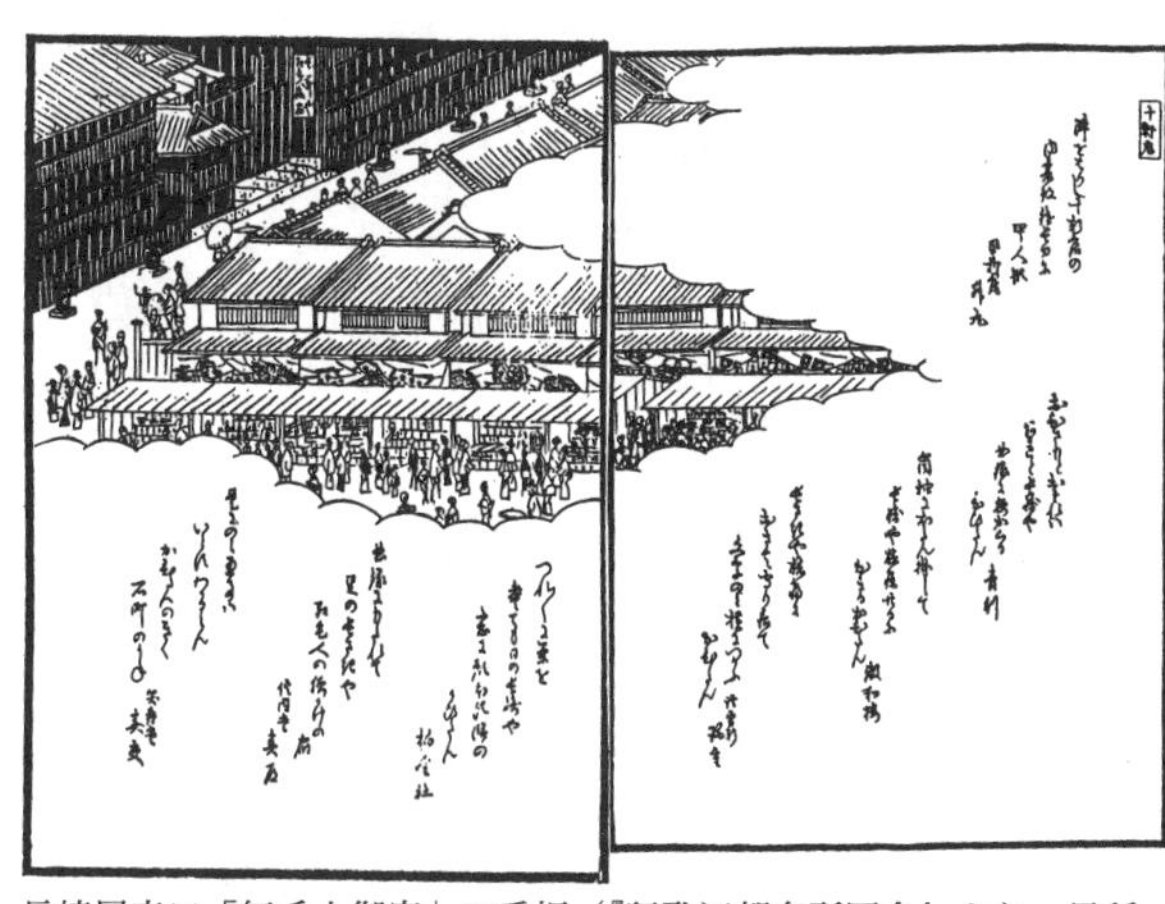

長崎屋表口「紅毛人御宿」の看板（『狂歌江都名所図会』より、早稲田大学図書館蔵）

元に努め「江戸番通詞江戸逗留中勤方書留」と表題を付けてみた。

カピタンの江戸参府は、オランダ商館が平戸に設置されていた頃から行われはじめたが不定期であった。寛永十年（一六三三）以降、年一回の定例となり、寛政二年（一七九〇）から、貿易半減に伴って四年に一回と改定をみ、嘉永三年（一八五〇）まで、じつに一六六回にのぼる定例参府を数えている。

カピタンの参府が行われない休年の三年は通詞が半分の献上物を警固して代参を行なった。このときの大通詞一名と小通詞一名を「参府休年出府通詞」と名付けた。カピタン自身が参府をしないとはいえ、カピタンにかわって半減の献上物・進物を警固・出府した休年出府通詞の任務は重大であったから、あわせてみていくことにしよう。

「江戸番通詞江戸逗留中勤方書留」は、「江戸着当日」と記す初日から「廿一日目」の帰路江戸出立の記事まで、一部欠損はあるものの、ほぼ揃っていることが確認できた。

江戸における一行の逗留場所は日本橋本石町三丁目の定宿長崎屋源右衛門方である。長崎屋に到着の初日から将軍謁見までの準備逗留期間、拝礼・献上、廻勤、江戸出立までの逗留期間の四部に分け、それぞれ、日を追ってみていくことにしよう。

(1)　参府準備逗留期間

第一日

① 江戸の定宿長崎屋に到着したら、長崎屋の主人源右衛門の案内で、江戸在府の長崎奉行役宅と長崎在勤長崎奉行の江戸留主役宅の二ヵ所へ参上して、御機嫌を伺い、運んできた献上物と進物類に別条のないことを報告する。

② ついで、用人に会って、次の桁々を伺う。大通詞担当の仕事であった。

A、献上物の点検が何日になるのか。
　何日に献上の許可があるのか。

B、長崎掛勘定奉行が旅役等で不在の場合、届けはどのようにしたらよいか。

C、納戸頭衆へ、銘々より更紗二反ずつ差し上げることについて。

D、明朝五ツ時（午前八時）に、献上物・進物の荷に付けられている封印を解き明けるので、その見分願い。

E、「売り上げ反物」と「御買わせ反物」を、是までと同様、持って来ていること。

F、勘定掛の月番のこと。

G、献上当日、本丸と西丸と、双方に手分けして検使両人が出役されるか、どうかの都合。

H、本丸・西丸への両献上物の目録を八包、進物については横折帳一冊を、在府の長崎奉行役宅へ提出のこと。

I、江戸番大通詞は川崎宿より、一行より先に出立して、江戸に着いて、見分のため検使の出役があるから、献上物と進物、長崎からの梱包荷物を揃えて検使の出役願いを届ける。

　長崎掛の勘定奉行所　二ヵ所
　在府と留主（長崎詰）長崎奉行屋敷

③　京都所司代より下された「御証文（＝東海道人馬船川渡証文）」二通を江戸滞在中、在府の長崎奉行役宅に預かってもらう。

④　到着の見分として、長崎奉行留主屋敷から検使が長崎屋に出役、土蔵に出向き見分。荷物数を書類にして提出。「覚」として、○○棹、○○箇と書き上げ提出。

第二日

①　小通詞が、源右衛門の案内で、次の向々へ到着届け。

御掛り
　勘定奉行所
　　在府幷留主屋敷　　二ヵ所

② 在府奉行所より五ツ時（午前八時）検使出役、献上物・進物・長崎皮籠の封を解き明け、在中目録と引き合わせ、両献上物、進物の反数を改め、書類を提出する。その書式は次の通り。

覚

一持越端物惣反数品立桁々書載、
　右之通献上幷御進物今日御見届之上、御封解明相改候処、相違無御座候、以上
　　月　日　　　　　　　　　　　　　　　　　大小 無印

③ 献上端物の調べは、双方が立ち会い、筆者と宰領が改める。端物類の畳み直しは仕立屋に仕立て、糸縫いさせる（この仕立屋は長崎屋定式出入り商人の献上物仕立屋甚兵衛であろう）。

④ 解き明けた「御封」は残らず検使へ提出（検使が奉行所へ持ち帰った御封は、奉行の見分の後、江戸番通詞に返される）。

⑤ 明日四ツ時（午前十時）に奉行への「御目見」の案内が在府奉行の用人から大通詞にあり、紙面で御請けの御礼を申し上げる。

⑥ 献上反物調べにつき、手廻り（準備）のため、検使出役前に双方立ち会いで調べるこ

とを、見廻り検使へ、あらかじめ、届け出ておくこと。

第三日

① 献上物調べ。

② 在府と留主屋敷より見廻り検使出役。

③ 四ツ時（午前十時）在府長崎奉行所へ大通詞御目見え、そのあと触頭も御目見え。このとき、大通詞から奉行への進物を持参。奉行家中へも一同持参。

右の序に、献上物差し上げが何日頃になるか伺う（何日頃、献上物調べが済むか、心覚えを提出）。

献上物納めの前日に「法被・合羽・笠」を例によって貸し渡されるよう「手頭書」を提出する。

第四日

（この日の条、以下破損）

① 献上物調べ。

② 在府と留主長崎奉行屋敷から見廻り検使出役。

③ 八ツ時（午後二時）在府長崎奉行所へ小通詞御目見え、このとき、小通詞から奉行への進物持参。奉行家中へも一同持参。

第五日

（この日の条、破損して未詳）

第六日

① 大通詞在府奉行所へ参上、明日献上物差し上げにより、六ツ時（午前六時）検使出役のことを仰せ付かり、明後日役人方へ進物差し上げ御礼廻勤の届けをする。

② 法被・合羽・笠、各五〇、在府長崎奉行屋敷より請け取る。請取書の書式は次の通り。

覚

一法被　五拾
一合羽　五拾
一笠　五拾

右之通慥ニ請取申上候、以上

月　日　小通詞印

⑵ 拝礼・献上の当日

第七日

① 六ツ時（午前六時）、検使両人が長崎屋に献上物入りの長持を請け取りに来られると、前日つけられた封のままで渡す。すでに届け済みの人数が付き添って登城する。献上物差し上げののち、カピタン拝領の時服を検使が請け取り、長持に入れ、在府長崎奉行屋敷に運ばれるので宰領そのほかが付き添う。

②　九ツ時（正午）頃、在府長崎奉行屋敷へ大小通詞参上。書院において家老・用人の立ち会いのもとで御目見えが許され、今日、本丸・西丸両献上物が滞りなく差し上げられ、オランダ人へ御時服拝領が仰せ付けられた旨が伝えられる。一度、退出のあと、両通詞は、オランダ人に御時服拝領仰せ付けられたことに対する御礼言上に罷り出る。終わって次の間に控えていると、今度は、大通詞のみ召し出され、御銀拝領が仰せ渡される。御銀台を頂戴の後、一応退出、またまた御銀頂戴の御礼言上に罷り出る。

③　終わって、大小通詞に対し、奉行から、御目通りが許され、今日献上物滞り無く差し上げ、かつ遠路大儀に思し召しのあったことが告げられる。

④　御使者の間において、用人をもって左の通りお渡しになるので、長持に入れ、大通詞が封印をして旅宿長崎屋へ持ち帰り、蔵入りする。大通詞持参の封印は三ツ用意。

御本丸　御時服　三拾
西御丸　同　弐拾　かひたん江
御銀　五枚　大通詞江
〆

(3)　廻勤の当日

第八日

①　廻勤につき、御進物・御熨斗御目録を筆者に各高官屋敷へ届けさせておく。長崎屋源

右衛門の案内で、大小通詞が参上、取次をもって左の手札を差し上げ、御礼を務める。

手札奉書紙

目録之通奉差上候

乍恐私共を以御礼申上　大小　名前

阿蘭陀人拝礼休年ニ付

（この項は参府休年、通詞代参のときの例である。カピタン参府時にはカピタンらに付き添って、右通詞らが各家を廻勤する）

② 廻勤の節、老中と若年寄屋敷においては、いったん門外に退出後、またまた大通詞が参上し、左の手札を差し出し御礼を申し上げる。

阿蘭陀人江御時服被下置私儀

御銀頂戴仕冥加至極難有　大通詞　一名

仕合奉存候右御礼参上仕候

③ 宗門奉行二ヵ所、長崎掛勘定奉行二ヵ所、留主長崎奉行屋敷へ参上、右同様の手札をもって御礼申し上げる。

ただし、宗門奉行所へは源右衛門は不参。小通詞は在府長崎奉行屋敷へ用人をもって箱根関所掛合い名前書一通を提出。

(4)　出立まで逗留

第九日

①大通詞、在府奉行へ参上、見廻り検使の出役、借用法被・合羽・笠の返上、献上物納入の届状の件に付き「伺書」五通提出、朱書致し提出を命ぜられる。

第十日

①本丸・西丸両御徒士目付・御坊主衆への進物調え、源右衛門へ渡し、向々へ配る。

②大通詞、在府奉行へ参上、昨日の伺書五通に朱書し提出。

第十一日

①老中・若年寄・宗門奉行へ、「売上反物目録代銀書付」を源右衛門へ渡し、提出。

②役人方から売上反物の代金を持参されるので、端物引き替え渡しの帳面に印形申し請けのこと。

第十二日

①見廻り検使の出役。

②在府奉行屋敷より明日の「御料理」下される案内。御請けの返書。

③在府奉行所用人より、手紙で宗門奉行所の時服渡しにより、出頭通詞。小通詞参上請け取り帰り蔵入り。

④役人より、手紙に添えて時服を源右衛門方へ遣わされたときは、同人が請取書提出、序の節口達で向々様へ届ける。

第十三日
①　四ツ時（午前十時）、在府奉行屋敷へ大小通詞参上、御料理を下され、書院で両人共御目見え。源右衛門も参上。
第十四日
①　御用なし。
第十五日
①　留主奉行屋敷で、御料理下されるので、四ツ時（午前十時）大小通詞同伴参上。
②　売り上げ、御買わせ反物の惣残り反物調べ。
第十六日
①　欠員老中一名分の「進物売上端物」と源右衛門への「御買わせ反物」を同人へ渡し、「代金請取印形」を取り置く。
②　老中・若年寄欠員分の進物ならびに売り上げ反物の惣残り反物の分源右衛門へ渡し、「印形」を取り置く。
③　荷宰領・源右衛門手代・定部屋小使への進物を向々へ渡す。
④　拝領時服、明日下調子、明後日荷造りをしたいので、四ツ時（午前十時）頃検使出役の申請。
第十七日
①　本丸・西丸、役人方からの時服の荷造り下調子、目録入り日記等を仕立てさせる。

第十八日

①　四ツ時（午前十時）、拝領時服荷造りの立ち会いとして、在府・留主奉行屋敷より検使出役。拝領時服ならびに持ち帰り羅紗類入れの長持・皮籠を取り出し荷造り。「御封」を申し請け、貫目改め書付一通ずつ差し上げる。

②　長崎屋に設置されている人参座の人参座出銀に付き、在府奉行屋敷より用人と給人が出役。老中・若年寄欠員一ヵ所ずつならびに惣残り端物代金を御渡しになるので、大小通詞から請取書を差し上げる。

③　『売上幷御買セ反物印形帳』一冊を出役の用人へ提出、奥書きをしてもらう。

④　在府奉行所へ小通詞参上、用人をもって、左の条々を伺う。

手　頭

一、「副触」を明朝下されるよう、

一、『売上幷御買セ反物代金引合帳』ご覧のうえ、出立まえに渡して下さるよう、

一、出立当日、何時頃、御見届けの御検使双方よりお出でになるかのこと。

第十九日

①　明後日出立に付き、老中・若年寄へ源右衛門同道、取次をもって、御礼ならびに出立届け。大小通詞名で「口上書」を提出。

②　宗門奉行二ヵ所へも参上、取次をもって、御礼と出立届けの「口上書」提出。

③　掛り勘定と在府・留主奉行屋敷へ参上、御礼と出立届けを申し上げる。

④ 在府奉行屋敷の書院で御目見え、御意があり、用人より『売上幷御買セ反物代銀帳』奥書き済み二冊とも渡される。
⑤ 役人方よりの『拝領時服請取帳』一冊を持参、用人へ提出。
⑥ 明後日、出立に付き、品川より大津迄の「先触状」一箱を源右衛門へ渡し、差し立てる。

第二十日
（欠損）

第二十一日
① 出立見届けとして、在府・留主奉行屋敷より検使出役。
② 「江戸出立長崎御役所江御注進状」一封を「宿次便」で送って下さるよう出役検使へ提出。

以上、江戸番大・小通詞が、江戸逗留中、長崎屋を定宿にして、務めた職務の詳細を、日付順に把握することができた。

あえて、一目で一覧できるよう、各日の用務をまとめてみれば次のようになる。

第一日　到着届け、挨拶、日程伺い。献上物・進物の取り扱い伺い。証文二通の預け。
第二日　小通詞の到着届け。献上物・進物改め。
第三日　献上物点検。法被・合羽・笠の貸与願い。
第四日　献上物点検。

第五日　（欠損で未詳）
第六日　法被・合羽・笠借り受け。
第七日　献上物呈上、時服拝領、御礼。
第八日　御礼廻勤。
第九日　法被・合羽・笠返納、献上物納入届け。
第十日　進物の扱い。
第十一日　売上反物目録代銀扱い。
第十二日　拝領時服渡し、請取書等。
第十三日　在府長崎奉行の通詞慰労。
第十四日　御用なし。
第十五日　留主長崎奉行屋敷で通詞慰労。売上・御買わせ反物惣残り調べ。
第十六日　御進物・売上・御買わせ反物渡し、代金請け取り。残り反物・時服調べ、荷造り。
第十七日　拝領時服荷造り。
第十八日　持ち帰り荷造り、封印、書類作成。
第十九日　出立届け。書式。『売上幷御買セ反物代銀帳』二冊、『拝領時服請取帳』一冊の扱い。先触状の件。
第二十日　（欠損で未詳）

第二十一日　出立。

江戸参府一行が江戸滞在中に過ごす次第の基本を把握することにもなった。ことに、類焼に次ぐ類焼によって史料の失われた江戸の阿蘭陀宿長崎屋の研究の進まない現状において本史料の意義は大きい。

次に、『江戸番通詞江戸逗留中勤方書留』いわゆる江戸番通詞のマニュアル・ブックを通覧して、気付く二、三の点を指摘しておきたい。

①　江戸番通詞のマニュアル・ブックが、江戸の定宿長崎屋に宿泊逗留の日数を二十一日としていることは注目に値する。カピタンの江戸参府一行の江戸滞在が二十一日を基本に設定されていたことを示している。

『狂歌江都名所図会』に紹介されている、

筒袖に　ほたん掛して　長崎や
旅寝廾日に　かきる　かひたん

の一首が想起される。カピタンの長崎屋での「旅寝」を「廾日」に「限」っている。狂歌に詠まれるほど、二十日間の宿泊滞在が基本的目安として定着していたことがわかる。シーボルトの滞在が一ヵ月にもおよぶ、特別長期のものであったことが、あらためて注目される。

②　江戸番通詞が二十一日間にわたって務めた大小の職務を大胆に分類してみる。

・　江戸在府の長崎奉行に、諸事報告をし、予定を伺って、準備や手続きをすすめている。必要に応じ、在府と留主長崎奉行屋敷から検使の出役を要請している。関連して、長崎掛の勘定奉行等と連絡をとっている。

・カピタンの登城、拝礼、廻勤、暇乞い等の案内、通弁、通訳を務め、献上物・進物の取り扱い・保管に細心の注意を払っている。カピタンの江戸参府が目的とする最重要事項を「ことば」をもって世話し、ときにはカピタンに成り代わって務めている。江戸番通詞の責任の重さが、ここに見られる。

・カピタンと随員逗留中の長崎屋に、オランダ人を目的に来訪者のあった場合には、通弁に当たり、ときにはオランダ人に成り代わって応対や接待に当たった。

・献上物・進物の残品の販売、進物販売、残品の取り扱い、拝領時服の取り扱いに深くかかわり、その会計事務に従事している。長崎で、通詞が、一面で、貿易官的業務に従事しているわけであるが、江戸においても、同様に指摘できる一面である。

・長崎屋の主人源右衛門に指示したり、同道して、業務をこなしたりする点が多くみられる。長崎屋の警備、長崎屋に対する御買わせ反物、進物の売り上げ反物、献上物納入・奉呈の準備、長崎屋に設置されている人参座からの出銀手続き事務などに深くかかわっている。

たとえば、初日、献上物や進物を載せる台等の用意を長崎屋に命じているが、これをうけて、長崎屋は長崎屋に定式出入りの許されている商人に必要なものを発注している。台は、「献上物台屋　台屋利兵衛」に発注されたものと察せられる。同様のことは仕立屋甚兵衛にもいえることであった。

③　別のマニュアル・ブックの存在。

城中におけるカピタンの拝礼・蘭人御覧・暇乞い、および廻勤時の幕府高官の役宅における勤務振りについては、マニュアル・ブックから、その詳細は伝わってこない。別にマニュアル・ブックなり注意書きを用意していたものと察せられる。したがって、本史料はあくまでも長崎屋滞在中を主にしたマニュアル・ブックということができよう。

④　このような江戸番通詞の業務を通じて、オランダ商館と江戸幕府の「江戸参府」に対する意識がみえてくる。

オランダ商館のカピタンは、将軍・幕府に対する「御礼（＝拝礼と献上）」の機を通じて、

・日蘭貿易の独占的継続
・江戸における商品の販売
・日本情報の収集

に努めていることが見てとれる。

一方、幕府は、

・将軍権威の誇示
・対外政策の海外への発信
・異国の物と情報の直接入手

の継続を図っていたことが見てとれる。

4　江戸番通詞の御用と私用

オランダ商館長＝カピタンの江戸参府に随行・東上した江戸番通詞の仕事は、以上みてきたように、御用としては、江戸城でのカピタンの、

・拝礼（謁見）
・献上物呈上

と、将軍および世子からの、

・下され物（時服）
・「御条目」読み聞かせ（貿易の許可・継続）

が滞りなく行われ、幕閣への廻勤が終わる間、通弁・翻訳をスムーズにし終えることにあった。仕来り通りとはいえ、細部にわたる通弁や翻訳には、気を抜くことのできない連続であった。

私用としては、雑多なことがあったであろうが、あえて目ぼしいものを、項目として列挙しておくにとどめる。

・長崎の人（町役人等）から江戸の知人への言伝ておよび言伝て物の伝達、販売。
・土産品の買い入れ・入手。

・江戸の人から長崎の人への言伝ておよび言伝て物の引き受け。
・宿（長崎屋）で、訪問客への応接、質問に対する回答・教示。
・帰路における、社寺参詣（日光東照宮、伊勢神宮等）、名所見物。
・京都・大坂等での買い物、見物。

二　参府休年出府通詞の参府御用

寛政二年（一七九〇）九月、幕府は「半減商売」を令した。それにともなって、カピタンの「江戸参府」も「五ヶ年目毎」すなわち「四年に一度」と改定された。三ヵ年の「休年」には、通詞が「半減」の「献上物・進物」をカピタンに代わって江戸まで警固して出府のうえ呈上することとなった。

この参府の休年に出府した通詞を史料に見える用語を組み合わせて「参府休年出府通詞」と呼ぶこととした。

参府休年出府通詞の務めた御用は、当然、カピタンからの「献上物・進物」を江戸まで持ち越し、呈上することにあったが、その持ち越しの旅と呈上の式は、どんな具合であったであろうか。

この点について、長崎奉行が参府休年出府通詞に与えた注意事項が参考となる。「中山文庫」の書き留めていたものをまず一読してみる。

覚

A一　今度阿蘭陀献上物為附添（つきそいとして）差遣候ニ付、第一　公儀掟を大切ニ存し、道中筋聊権威ヶ間敷儀致間敷候、仮令雖為道理（どうりたりといえども）任我意（がいにまかせ）候は可為越度（おちどたるべく）候

B一　御定之通、過貫目之荷物為持不申様、逸〻相改可申候、馬士人足等打擲致間敷候、献上物附添候者共、弥以右之通相心得、面〻小者ニ至迄堅可申付事

C一　献上物附添えもの共、途中ハ勿論、休泊之節、又は出立之節も、万事心を附、雨天等之砌者別而入念警固可致事

D一　宿〻ニ而、第一火之用心堅可申付候、尤献上物差置候所者不寝之番人申付置、其方共折〻見廻可申候、惣而他之者宿江不入込様、勿論附添之者ニ至迄一切致他出間敷候

附、道中・船中・京大坂江戸逗留中は、別而相慎可申、尤不時ニ人別相改、万一軽きもの共ニ而も其節他出いたし候ハヽ、可為越度候

E一　大酒不可致、惣而一分を嗜、作法能可相勤候、若酒狂口論高声等致候ハヽ、可為越度候、少〻宿ゟ致方悪敷候共、随分可致堪忍事

附、宿〻ニ而献上物差置候処者勿論、其方共詰居候所迄も作法能相守可申事

F一　道中御定之通駄賃相払、請取手形取置可申候、若下〻草臥軽尻ニ乗候共、定之通駄賃相払可申候、跡江下り不申候様可致候

附、宿〻泊ニ而かさつ成義致間敷候、

急ニ人馬当テ替之儀有之候共、催促不致、若差支之儀も有之候ハヽ、其方共得と評儀之上可取計候

G一　道中又者於江戸、宿近所出火有之、献上物其外進物等蔵江入候共、持退候共、其

所之様子次第随分無油断附添片付可申付候、兼而宿ニ而其心掛可有之候事

H一　旅中衣類其外何事ニよらす可成丈ケ質素ニ可致候、召連候もの共別而可心付事

I一　紅毛人ゟ江戸幷京大坂其外旅中ニ而買物等相頼候共、相断、尤自分入用之品等も買調候儀者可為無用候之事

J一　諸向ゟ江戸其外旅中届物等相頼候共、持越候儀可為無用候

但、此地ゟ品物持越、売払候様之儀、猶又無用可為候

K一　於江戸献上物幷進物等納相済、其外御用向相済次第、不手間取様いたし、在府奉行江伺之上出立可致候事

L一　御役所附触頭・御役所附為附添差遣候之間、万事令相談取計可申事

M一　江戸京大坂共、用向相済次第、早ゝ出立可致事

右之条ゝ堅可相守候、若相背族於有之ハ、帰省之上、急度可申付候

正月

これをみると、基本としては、カピタンの江戸参府旅行に準じていることがわかる。

A・B・C・D・E・F・G・H・Jの各項は、カピタンの江戸参府随行の際に守るべき内容と共通している。

Iはオランダ人から買い物を頼まれても断るべきこと、自分入用の品を買い調えてもいけない、また、長崎より品物を持ち越して売り払ってもいけないとしている。

K・Mは、献上物・進物の納入が済み、御用が済んだら、手間取らざるよう、早々出立す

るように。

Lは、長崎奉行所派遣の御役所附触頭・御役所附と万事相談をして致すようにという注意である。

右のことから、江戸では、在府の長崎奉行の指示を受けて、献上物・進物の納入をしたこと、定宿はカピタン参府の際の定宿長崎屋と同じであることが察せられる。

参府休年出府通詞の私用については、江戸番通詞のそれに準じている、といえよう。

三　天文台詰通詞の御用と私用

国際情勢の変化をうけて、長崎以外の地に異国船の出没する時代を迎えて、侵寇事件をみることとなった。

寛政四年（一七九二）九月、ロシア使節ラクスマンが根室に来航、通商を求めた。公文書は受理されず、翌年、長崎への信牌を授けられて、余儀なく帰った。

文化元年（一八〇四）九月六日、右の信牌を持ってロシア使節レザーノフが長崎に来航。翌年三月、通商拒絶の諭書を与えられて帰国。その結果、文化三年から四年にかけてロシア人が北辺を侵寇、文化魯寇事件としてよく知られている。

幕府は、文化四年、北辺の情報を収集すべく蝦夷地御用に通詞を出府せしめ、蝦夷地差遣を命じた。

結局は、天文台に「蛮書和解御用」の一局を設置、天文台詰の通詞を常駐させることとなった。北辺を中心とする世界地誌の訳出、異国船出現時における応接を目的とするものであった。余暇に「ショメールの百科事典」の翻訳を命じていたことはよく知られている。その成果が『厚生新編』である。

文化元年九月六日、ロシア使節レザーノフ長崎来航。

初日のうちに、長崎奉行が魯西亜人掛として命じた通詞は次の面々であった。

通詞目附　三嶋　五郎助
大通詞　石橋　助左衛門
　　　　中山　作三郎
　　　　名村　八左衛門（多吉郎）
小通詞　本木　庄左衛門
小通詞助　馬場　為八郎

ロシア人からの聴取、通弁・翻訳に当たって「口書」作成に従事したのは次の通詞たちであった。

三嶋　五郎助
加福　安次郎
石橋　助左衛門
中山　作三郎
名村　多吉郎
今村　金兵衛（マヽ）
本木　昌左衛門
横山　勝之丞
今村　才右衛門

馬場　為八郎

ロシア国王書翰の主意把握、聴取、翻訳、呈上に従事した通詞は次の通詞目附、大通詞、小通詞等、通詞団における主要通詞全員であった。

三嶋　五郎助
加福　安次郎
石橋　助左衛門
中山　作三郎
名村　多吉郎
今村　金兵衛
本木　庄左衛門
横山　勝之丞
今村　才右衛門
馬場　為八郎

文化四年七月からの蝦夷地御用に従事した通詞は、

大通詞　名村　多吉郎
小通詞格　馬場　為八郎

で、十一月に、

大通詞　石橋　助左衛門

が出府を命ぜられ、翌文化五年二月二十九日馬場為八郎が蝦夷地差遣を命ぜられると、稽古通詞の馬場佐十郎が補充された。

馬場為八郎は御用が済んで文化六年二月二十日江戸出立、帰郷した。文化八年五月、蛮書和解御用の設置にともなって、馬場佐十郎は正式に天文台詰に任命された。

以下、天文台詰通詞の任命、交替の様子を列挙してみる。

①　馬場　佐十郎
・文化五年三月、長崎出立。
・文化八年、蛮書和解御用。

②　吉雄　忠次郎
・文政五年（一八二二）七月二十七日病歿（三十六歳）。
・馬場佐十郎病歿後から文政九年まで四ヵ年余。

③　猪股　源三郎（小通詞末席）
・文政九年夏六月に忠次郎と交代。
・文政十一年いっぱい勤めて帰郷。

④　名村　三次郎（小通詞並）
・文政十二年正月、交代出府。
・天保三年（一八三二）まで勤務。七月帰郷。

⑤　名村　貞四郎（小通詞末席）
・天保三年正月長崎出立。
・天保六年四月九日、江戸出立。

⑥　堀　専次郎
・天保六年正月十五日長崎出立。
・天保九年正月十五日帰郷の途につく。

⑦　荒木　熊八
・天保九年十二月二日江戸着。
・天保十二年四月帰途につく。

⑧　品川　梅次郎
・天保十二年三月江戸着。
・弘化元年（一八四四）、三ヵ年詰越の命。
・弘化四年三月事務引き継ぎ、四月二十七日帰途につく。

⑨　吉雄　作之丞
・弘化四年三月梅次郎から事務引き継ぎ。
・嘉永三年（一八五〇）三月十三日事務引き継ぎ、四月末江戸出立。

⑩　堀　達之助
・弘化三年正月二十二日長崎出立、三月十三日江戸着。

⑪　加福　喜十郎
・嘉永元年十一月二十八日長崎出立、翌二年正月二日江戸着。
⑫　立石　得十郎
・嘉永三年正月三日江戸着。
⑬　中山　兵馬
・安政二年（一八五五）七月二日江戸着。
⑭　品川　藤十郎
・安政二年八月二十四日長崎出立。
⑮　北村　元七郎
・安政二年八月二十四日長崎出立。

制度化してからの天文台詰通詞は、原則三ヵ年勤務ののち交替しており、若手の小通詞、稽古通詞から選ばれていたようである。

天文台詰通詞は天文台の役宅を与えられていた。その役宅で江戸の蘭学者にオランダ語と海外知識の教示に従事していたことは注目に値する。

馬場佐十郎が天文台役宅で三新堂塾を開設、蘭学者にオランダ語を組織的に教授していたことは注目すべき、特筆事項といえる。

馬場佐十郎が体系的オランダ語文法に立脚した指導をしたことによって、江戸の蘭学界は一変した。斯界の長老杉田玄白は、文化十一年に稿を終えた『蘭学事始』において、「わが子弟孫子、その教へを受くることなれば、各々その真法を得て、正訳も成就すべし」と期待した。江戸蘭学界の中心人物大槻玄沢も、同十三年、『蘭訳梯航』において「都下ノ旧法廃シテ新法正式ニ一変セルナリ」と讃辞を贈っている。

馬場佐十郎の三新堂塾における教示、なかんずく、天文台詰通詞の教示活動は、鷹見泉石への教示事例にもみられるごとく、さらに注目され、具体的事例を通じて解明されて欲しいと、期待の念一入なるものがある。

四　江戸からの出張通詞

江戸の天文台に勤務する通詞が、異国船の来航した地へ、さらに出張のうえ応接に当たらなければならないことが多くなっていった。列挙するにとどめ、補充に努めたいと思う。

文化四年（一八〇七）七月から蝦夷地御用に出張した大通詞名村多吉郎、小通詞格馬場為八郎のことは前述した。

① 文政元年（一八一八）英船ブラザース号が浦賀来航の際には、馬場佐十郎が足立左内と浦賀に出張、応接に当たった。

② 文政五年四月二十九日、英船サラセン号が浦賀に来航の際にも、馬場佐十郎が足立左内と浦賀に出張、応接に当たった。

③ 文政七年五月二十八日、常陸国大津浜に英船二艘来航。十余人上陸。六月十日、足立左内と吉雄忠次郎が現地に出張、応接に当たった。
「諭書」の起草は吉雄忠次郎に係る。

④ 天保十四年（一八四三）、森山栄之助が浦賀詰を務めた。

⑤ 弘化三年（一八四六）、堀達之助は浦賀に来航したアメリカ東インド艦隊司令長官ビッドルに対し、出張、応接に当たった。

⑥　嘉永二年（一八四九）二月二十一日、加福喜十郎浦賀出張。同月二十七日浦賀出立、翌二十八日江戸着。以後再び天文台詰。
⑦　嘉永三年、立石得十郎が浦賀に派遣された。
⑧　嘉永五年、堀達之助が第二回の浦賀詰。
⑨　安政二年正月、岩瀬弥四郎が箱館へ赴く。
⑩　同年月、名村常之助・田中三四郎が下田詰となる。
⑪　安政二年（一八五五）、中山兵馬が十一月浦賀詰となる。
⑫　安政三年、品川藤十郎と北村元七郎が箱館詰。

Ⅳ　多才で多彩な阿蘭陀通詞たち

はじめに

二百数十年にわたって活躍し続けた阿蘭陀通詞、その数、万を超すかもしれない。

多才な能力を発揮し、多彩に活躍の場を展開した。

目ぼしい通詞を個別にとりあげてみよう。

・名・別名・号、生歿年月日。

・語学の学習。

・通詞としての任免・昇級を詳しく。

・予期しない事件に遭遇、第一線に立たされて働いた動向とその史的意義も。

・訳著・通弁業績。

などの諸項目に留意して、今後の資としておきたい。

一　二十四名の通詞たち

1・2　西吉兵衛父子（初代、二代）

(1)　初代吉兵衛

?—一六六六。肥前国生まれ。南蛮通詞から阿蘭陀通詞へ。

元和二年（一六一六）南蛮大通詞。寛永十七年（一六四〇）平戸より長崎に移り、ただちに「阿蘭陀大通詞役」を命ぜられた。承応二年（一六五三）、三八ヵ年勤続の通詞職を退役、剃髪、蘇安と名を改めた。

正保四年六月二十四日（一六四七年七月二六日）、ポルトガル国王の特派した使節ゴンサロ・デ・シケイラ・デ・ソウザが、貿易の望みを胸に秘め、表向きは代がわりの挨拶ということで長崎に帆影をみせた。シケイラ・デ・ソウザの『日本渡航記』に、シケイラ・デ・ソウザの差し出す「覚之書」を受け取り、翻訳にあたった「最年長の通訳」として西家初代吉兵衛の活躍の様子がみえている。

ポルトガル人、イスパニア人の日本貿易、航海、交通を厳禁し、使節の帰国を命じた「諭

書」の伝達の様子について、

書記官はその国語（＝日本語）で口演、通訳がそれを訳し、次に彼は懐から書類二通を取り出した。一通は（中略）日本の文字が書かれ、他の一通は我らの国語（＝ポルトガル語）で書かれたものである。彼はその書中に天下の執政らの指令、並びに最終の決定が書かれていると言った。

と伝えられている。

時のオランダ商館長ジルク・スヌークも日記に「老通詞吉兵衛が衰弱している」「通詞の最年長者吉兵衛」と明記している。

慶安二年（一六四九）の南部漂着のブレスケンス号送還に対する謝恩使節にも随行東上して通弁にあたり、翌年、オランダ商館長の江戸参府東上にも随行し、通弁に努めた。

初代吉兵衛は「当地の人達に識られたるキリシタン」であったようだ。シケイラ・デ・ソウザらの使節に対し、「背教者なれどもデウスの御慈悲を被る望を失はざることを示したり。彼等は此使節に好意を表し、其成功を望むことを示し、談話通訳の間に我が国人に親しみを有する言葉を混へたり。又屢々涙を流し巧に之を拭ひたり」と伝えられている。談話・通弁の間に、官憲の耳と眼をぬすんで、このような微妙な表現ができたとなれば、この「最年長の通訳」西吉兵衛は、なかなかの南蛮・阿蘭陀通詞であった、といわなければならない。

寛文六年（一六六六）五月十七日病歿。

(2)　二代目吉兵衛

?——一六八四。承応二年、初代吉兵衛が退役すると、悴新吉が吉兵衛の名を襲い、大通詞に任命された。万治三年（一六六〇）、寛文四年、同八年の三ヵ度、商館長の江戸参府に随行、江戸番を務めた。寛文九年まで勤めた。

この間のこととして、特筆すべきことが二つある。第一は、明暦二年（一六五六）、官から南蛮文字の天文書の翻訳を命じられたとき、吉兵衛が南蛮文字を読み、長崎の儒者向井元升が和字で写し『乾坤弁説』を呈上したという。同書は、転びキリシタンのクリストファン・フェレイラ Christovão Ferreira、日本名沢野忠庵の著である。

特筆の第二は、寛文八年、オランダ商館長から医学証明書を得たことである。二代目吉兵衛・玄甫は、はやくは沢野忠庵（フェレイラ）に南蛮医術を学び、さらに医術の修業を通詞職の傍ら継続して、南蛮・紅毛両流外科を併せた、いわゆる西流医術をもって独立したことを認められたことになろう。一六六八年（寛文八）二月二〇日付でオランダ商館長コンスタンチン・ランスト、商務員補ダニエル・ファン・フリート、オランダ商館付外科医アーノルド・ディルクスゾーン三名の名による医学証明書を得たのである。

証明書を得た同年三月、江戸番を務め東上、翌年、一七ヵ年の勤務を退役、西流医術を以て独立した。ついで、延宝元年（一六七三）、幕府に召され、江戸に移って、宗門改めにも関係する参勤通詞目附役を仰せ付けられた。幕府の外科医を兼ね、西久保に拝領屋敷を与えられた。

吉兵衛改め玄甫は門人の指導にも努めた。延宝五年十月吉日付で久原甫雲に与えた「阿蘭陀流外科免許状」と、杉田玄白が『蘭学事始』のなかで、「西玄甫先生」のことを紹介し「これわが祖甫仙翁の師家なり」という言などによって知ることができる。貞享元年（一六八四）九月十七日江戸で病歿。

初代と二代目西吉兵衛の経歴・足跡を追ってみたことによって、彼我交渉時における通弁の実況から、南蛮人・紅毛人に接する機会にもっとも恵まれていた通詞の代表例として、その機会を生かして兼修した学問・技術の内容、その及ぼした文化的影響などを具体的に考察することができた。

西吉兵衛父子は、南蛮通詞から阿蘭陀通詞へ、南蛮流医師から紅毛流医師への代表例として注目に値しよう。

〔参考文献〕片桐一男「阿蘭陀通詞西吉兵衛父子について」箭内健次編『鎖国日本と国際交流』下巻（吉川弘文館、一九八八年）。

3　楢林鎮山

一六四八―一七一一。阿蘭陀通詞としての楢林家の初代。外科医。

名は時敏、通称は初め彦四郎、のち新右衛門、さらに新五兵衛と称し、鎮山と号した。晩年剃髪して栄休といい、得生軒の軒号を用いた。

慶安元年（一六四八）十二月十四日長崎に生まれる。

承応年中（一六五二—五五）より出島出入りを許され、明暦二年（一六五六）稽古通詞、寛文六年（一六六六）出島出入りの者三〇〇人余りにオランダ語の吟味が行われた際、好成績で即時に小通詞に採用された。貞享三年（一六八六）大通詞となり、元禄十一年（一六九八）まで四三ヵ年務めた。この間、寛文八・十二年、延宝四（一六七六）・八年、貞享元・三年、元禄五・八年の八度年番通詞を務め、寛文九年、延宝元・五年、天和元年（一六八一）、貞享二・四年、元禄三（一六九〇）・六・九年の九度江戸番通詞を務めた。

また、延宝元年イギリス船リターン号来航の際、貞享二年ポルトガル船サン・パウロ号来航の際、ともに応接通詞に加わった。

元禄十一年九月二十七日、オランダ人に加担し、勤方不届きのかどがあったとして閉戸を命ぜられ、退職した。

通詞のかたわら、商館付医師より医術を学び、諸生を教導した。

フランスの外科医アンブロワーズ・パレの外科書をカロルス・バトスの蘭訳本を参考にして『紅夷外科宗伝』を著した。本書には、貝原益軒の宝永三年（一七〇六）九月の序がある。彼の医術は世人に楢林流と呼ばれ、ひろまった。

宝永五年、将軍綱吉の召を固辞、また筑前黒田綱政の再三の招聘も固辞したという。

宝永八年三月二十七日歿。

4　今村源右衛門・英生

一六七一―一七三六。名は英生、通称は初め源右衛門、のち市兵衛。内通詞小頭今村市左衛門の子で、幼時より出島に出入り、商館付ドイツ人医師ケンペル付小使をつとめてオランダ語の力を身につけた。元禄八年（一六九五）出島でオランダ語の試験に好成績を収め、直ちに正規の通詞として稽古通詞に採用される。翌年小通詞、宝永四年（一七〇七）大通詞、享保十年（一七二五）御用方兼大通詞となり、同十三年御用方兼通詞目附となった。元禄十・十四年、宝永二・五年、正徳元（一七一一）・五年、享保四・八・十二年の九度年番通詞を務め、元禄十一・十五年、宝永三・六・七年、正徳二年（一七一二）、享保元・九年の八度江戸番通詞を務めた。

宝永五年、イタリアの宣教師シドッチ Giovanni Battista Sidotti が企てた日本潜入事件で取り調べ通弁役を命ぜられ、翌年、江戸への護送に付き添い、江戸で新井白石が行った訊問の通弁に従事、白石の下問にも答えた。

八代将軍徳川吉宗のペルシャ馬輸入の御用に携わり、注文書を作成、享保十四年、乗馬師ケイズル Hans Jurgen Keijser 御用を命ぜられ、翌年、吉宗の洋馬の乗馬上覧の際に通弁を務め、幕命によって『西説伯楽必携』『紅毛尺』『和蘭問答』などの訳書をなした。

元文元年（一七三六）、老病により暇を願い出たが通詞目附役は免ぜられても御用方通詞は従前通り務めるべしと命ぜられた。同時に長年の功業により、長男の明生が小通詞に昇任され、次男の金蔵が新規に稽古通詞として採用された。同年八月十八日病歿、享年六十六歳。長崎の大音寺に葬られている。

ケンペル付小使兼助手として抜群の語学力を身に付け、内通詞の家から正規の阿蘭陀通詞今村家を興した稀にみる通詞家の好例である。

〔参考文献〕今村英明『オランダ商館日誌と今村英生・今村明生』(ブックコム、二〇〇七年)、同『今村英生伝』(ブックコム、二〇一〇年)、片桐一男『阿蘭陀通詞今村源右衛門英生――外つ国の言葉をわがものとして』(丸善ライブラリー一四五、一九九五年)。

5　西善三郎

?――一七六八。阿蘭陀通詞西家三代目。享年が五十二、五十三、五十四歳の三説により、生年も、一七一七、一七一六、一七一五年の三説に分かれる。

享保七年(一七二二)より出島出入り、通詞職を見習う。同十八年、口稽古を命ぜられ、元文元年(一七三六)稽古通詞となる。同四年小通詞末席に進む。このとき、父の善右衛門も小通詞末席の同役であったため、善三郎は別株を命じられた。延享三年(一七四六)父の退役により、跡職である本家の職を継ぎ、別株は弟の敬右衛門が継ぐよう命ぜられた。翌年、小通詞となり、宝暦三年(一七五三)大通詞助役、翌年、大通詞となった。

この間、寛延二年（一七四九）、宝暦二・七・十一年、明和二年（一七六五）の五度、年番通詞を務め、寛延三年、宝暦三・四・八・十二年、明和三年の六度、江戸番通詞を務めた。

明和三年の東上の際には、江戸の定宿長崎屋で前野良沢・杉田玄白らの訪問を受け、オランダ語学習の困難性を説いた。

晩年、蘭日辞書編纂を企画していたことは、ヘルマン・クリスチァーン・カステンスのオランダ商館日記の一七六七年七月一三日の条に、彼が病気と称して出島欠勤、実は蘭日辞書編纂に従事していた様子が通詞仲間に知られていた、と伝えられている。彼が準拠した原書は、ピーテル・マーリン Pieter Marin の「蘭仏・仏蘭辞典」Groot Nederduitsch en Fransch Woordenboek で、そのＡＢ二三韻言を記したが、完成をみずに病歿した。『江戸ハルマ』出現前における先駆的努力として評価されている。

明和五年十一月十九日病歿。

〔参考文献〕板沢武雄『日蘭文化交渉史の研究』（吉川弘文館、一九五九年）、古賀十二郎『長崎洋学史』上（長崎文献社、一九六六年）、片桐一男『知の開拓者杉田玄白――『蘭学事始』とその時代』（勉誠出版、二〇一五年）。

6　吉雄幸左衛門・耕牛

一七二四―一八〇〇。享保九年（一七二四）、稽古通詞で御用生類方を務める吉雄藤三郎を父に長崎に生まれる。名は永章、通称は初め定次郎、ついで幸左衛門、のち幸作と称した。耕牛と号し、また養浩斎の別号を用いた。*Koozack* と署名し、JOSIWO の洋字印を使用している。

元文二年（一七三七）稽古通詞、寛保二年（一七四二）小通詞、寛延元年（一七四八）大通詞となり、江戸番通詞を一一度務め、寛政二年（一七九〇）まで五四年間通詞職を務めた。この間、年番通詞を一三度、江戸番通詞を一一度務め、安永から寛政二年まで御内用方通詞を兼帯、御用物や長崎奉行らの用を取り扱った。寛政二年、大通詞楢林重兵衛・同本木仁太夫とともに、いわゆる誤訳事件に連座、五ヵ年蟄居。寛政八年蟄居差免、翌年楢林重兵衛・西吉兵衛とともに蛮学指南を命ぜられた。

通詞のかたわら出島のオランダ商館付医師から医学・医術を学んだが、特にツュンベリー Carl Peter Thunberg から梅毒の治療に対する秘薬スウィーテン Swieten 水の伝授を受けて加療に努め、爆発的な盛況振りを呈した。その財力で蘭医書・治療器具の入手に努め、その魅力に惹かれて各地から多くの門弟が参集した。家塾成秀館ではオランダ語学の基礎修得を重視、そのうえに立脚した吉雄流紅毛外科として、纏帛・切脉・腹診・服薬・刺鍼・治創・療瘍・整骨の八法を教授し、すこぶる盛況であった。

成秀館塾が誇る蘭書は、辞書・字典類をはじめ主要な医書がよく揃っていた。伝わっている蔵書目録には、ホイスホウデレイキ、ボイセン、シカットカーメル、マトローゼン、レイゲルシキデ、バグァールト、ドドネウス、ブカン、ヘーステル、ブランカール、リス、アールドゲワッセン、ウイルッヒング、タウマス、アポテーキ、ゲソンドシカアド、バルベッテ、ベルワンバトン、フンダメント、メデレイキ、と見えている。門弟はこれを閲覧・活用できたのである。地方の蘭方医師に家蔵の輸入蘭書を譲ることもしばしばで、自らも訳出・活用した。数ある訳著のうち刊本は診断術の『因液発備』の一点のみで、他の多くは門人が写本として各地に持ち帰り、地域医療に活用した。三十数種の多数にのぼっている。

吉雄邸二階坐舗は船載品の調度などをもってしつらえ、「オランダ坐舗」と呼ばれるほどであって、長崎を訪れる文人・墨客の多くが訪れ、そこでは、いわゆるオランダ正月の賀宴も催されたりした。

江戸番勤務がしばしばであったので、江戸の蘭学者との交流も広く、ことに草創期の蘭学者前野良沢・杉田玄白との交流は深く、『解体新書』に序文を寄せている。

若くして大通詞まで昇進、永年勤続の身であったが、子息のうち、長男の永久（献策）に医業を継がせ、弟の六二郎（権之助）に通詞職を継がせているところに、耕牛の成秀館塾にかける思いの多大であったことが察せられる。

〔参考文献〕片桐一男『江戸の蘭方医学事始――阿蘭陀通詞・吉雄幸左衛門耕牛』（丸善ライブラリー三一一、二〇〇〇年）。

7　本木良永

一七三五―九四。名は良永。通称は栄之進、のち仁太夫、字は士清、蘭皐と号した。享保二十年（一七三五）六月十一日、長崎の御用医師法橋西松仙の次男として生まれた。母は本木氏三代目仁太夫良固の妹多津。寛延元年（一七四八）二月二十七日本木良固の養子となり、三月四日口稽古を命ぜられた。

翌年稽古通詞、明和三年（一七六六）小通詞末席、安永六年（一七七七）小通詞並、天明二年（一七八二）小通詞助役、同七年小通詞、翌年、五十四歳でようやく大通詞となった。天明四年と寛政五年に年番通詞を、天明五・八年・寛政二年（一七九〇）の三度江戸番通詞を務めた。

安永期から寛政期にかけて多くの訳書『翻訳阿蘭陀本草』『和蘭地図略説』『阿蘭陀地球図説』『平天儀用法』『天地二球用法』『太陽距離暦解』『日月圭和解』『阿蘭陀全世界地図書訳』『象限儀用法』『阿蘭陀海鏡書』『阿蘭陀永続暦和解』『太陽窮理了解説』『和蘭候象器附解』をなした。特に『太陽窮理了解説』上・下（一七九二―九三）には太陽中心説が詳しく説明されており、日本における、いわゆる地動説紹介の嚆矢となっている。

寛政二年大通詞吉雄幸作・楢林重兵衛とともに、半減商売令の伝達にともなう、いわゆる誤訳事件に連座、十一月十八日「押込」を申し渡され、同年十二月四日、「町預」となり、翌三年三月十日「五十日押込」の刑を受けた。

寛政三年十一月「御用天地二球用法之書和解」の幕命をうけて、鋭意翻訳に従事、翌年成稿、五年、『星術本原太陽窮理了解新制天地二球用法記』を献じ、翌六年七月十七日病歿、六十歳。

良永は本木家に養子に入って、わずか一年後に養父良固の病歿にあって後ろ楯を失ったせいか通詞としての昇進は極めて遅かった。しかし、語学の才に恵まれ、幕命による訳業に従事、天文・地理の分野に抜群の訳業をのこしたといえる。

〔参考文献〕渡辺庫輔『崎陽論攷』（『親和文庫』第七号、一九六四年）、特別展『日蘭交流のかけ橋　阿蘭陀通詞がみた世界――本木良永・正栄の足跡を追って』図録（神戸市立博物館、一九九八年）、片桐一男「阿蘭陀通詞本木良永の訳業分野」（『日本歴史』第三八六号、一九八〇年）。

8　馬田清吉＝石井庄助

一七四三―？。名は当光、通称は恒右衛門、のち庄助。実父は石津伊左衛門。阿蘭陀通詞馬田家の第五代目小通詞末席の馬田九郎八の養子となって、馬田清吉と称した。宝暦十二年（一七六二）稽古通詞となり、明和八年（一七七一）小通詞末席に昇進した。通詞在職中は馬田清吉を称した。

通詞西善三郎が企てた蘭日辞書編纂を継述したい志をもっていたといわれる。

天明六年（一七八六）、通詞職を退き、大槻玄沢長崎遊学からの帰途、同道して江戸に出た。初めは石井恒右衛門といったが、その後石井庄助と改名し、松平定信に仕えた。

大槻玄沢の懇請により、玄沢の門人稲村三伯・宇田川玄随・岡田甫説らにオランダ語を教授した。

稲村三伯が寛政八年（一七九六）に出版した本邦初の蘭日辞典『波爾麻和解（ハルマワゲ、いわゆる江戸ハルマ）』の訳稿は、石井が三伯の委託をうけて玄沢所持の「ハルマ」の原本を白河まで持参のうえ翻訳に従事して成ったものである。三伯・玄随・甫説らは石井の訳稿を与えられ、校正して本書を成した。

このほかの訳書に、ドドネウス Rembert Dodonaeus の博物書を訳した『遠西本草攬要』と『遠西軍器考』がある。

〔参考文献〕板沢武雄『日蘭文化交渉史の研究』（吉川弘文館、一九五九年）、片桐一男『知の開拓者杉田玄白――『蘭学事始』とその時代』（勉誠出版、二〇一五年）、同全訳注『蘭学事始』（杉田玄白著、講談社学術文庫一四一三、二〇〇〇年）。

9　楢林重兵衛

一七五〇―一八〇一。名は通、字は達夫、一名高広、重兵衛と称した。阿蘭陀通詞楢林氏の五代目。父重右衛門の弟栄左衛門に訳学を学んだという。

明和二年（一七六五）稽古通詞、安永六年（一七七七）小通詞助、同八年小通詞、天明八年（一七八八）大通詞となった。

天明二・三・五・六年、寛政二年（一七九〇）の五度年番通詞を務め、安永八年、天明七年の両度江戸番通詞を務めた。

寛政二年、いわゆる誤訳事件に連座、翌年役儀取り放ち、五ヵ年蟄居の処分を受けた。同九年許され、御用阿蘭陀書物和解と年若之者蘭学取立等を、吉雄幸作・西吉兵衛とともに命ぜられた。翌十年、急御用により四月長崎出立、松前に出張、十一月江戸に戻って賞賜を受けた。

水戸藩主の願いが幕府に許可され、翌寛政十一年二月水戸におもむき、四〇日程滞在、種々の下問に答えた。同年暮れ、長崎に帰着。

寛政十年暮れ、江戸滞在の折、大槻玄沢の芝蘭堂で開催された「新元会＝オランダ正月」の賀宴に招かれ、当日の相撲見立番付には西方張出にその名が掲げられている。

オランダ商館長や蘭学者たちとの交流も深く、チチングから譲り受けたショメールの『日用百科事典』は、その後桂川甫周に伝えられたといわれる。

享和元年（一八〇一）三月二十一日病歿、五十二歳。『楢林雑話』の著作がある。

〔参考文献〕渡辺庫輔『崎陽論攷』（『親和文庫』第七号、一九六四年）、岡村千曳『紅毛文化史話』（創元社、一九五三年）、新村出監修『海表叢書』第二巻（更生閣、一九二八年）。

10　小川悦之進

?—一七八〇。小川家は初代徳右衛門から代々内通詞小頭を務めてきた。六代目。悦之進は、宝暦六年（一七五六）父の徳右衛門が内通詞小頭のときに内通詞小頭見習となり、明和六年（一七六九）稽古通詞見習に採用され、同八年稽古通詞となった。正規の通詞と内通詞との身分区別の厳重であった当時、異例のことであった。

明和六、七年のころ、長崎遊学の前野良沢が小川悦之進からオランダ語の教示を得ていることが『蘭訳筌』『蘭語随筆』に見えている。悦之進がオランダ語に堪能であると認められ、正規の通詞に採用されたと察せられる。安永七年（一七七八）御暇を願い出、同九年九月十日病歿。跡職は子の円四郎が継ぎ、稽古通詞となった。

〔参考文献〕片桐一男「阿蘭陀通詞小川悦之進」（『洋学史研究』第三号、一九八六年）。

11　石橋助左衛門

一七五七—一八三七。初め助十郎のち助左衛門と称し、晩年父六代目の助次右衛門を用いた。

明和六年（一七六九）稽古通詞、安永九年（一七八〇）父の老病退役の跡相続、小通詞末席となる。天明七年（一七八七）小通詞並となり、寛政三年（一七九一）大通詞となった。

寛政六・十年、享和三年（一八〇三）、文化三（一八〇六）・七・十二・十四年、文政七年（一八二四）の八度年番通詞を務め、享和二年、文化十一年の二度江戸番通詞を、寛政三・

八・十二年、文化四・六年、文政二・六年の七度参府休年出府通詞を務めた。

この間に受けた特別の用務としては、寛政十年高鉾島脇でバタビアへ帰帆しようとして風待ちしていたエライザ号 Eliza が突風に煽られ難船、ついで沈船となった際、難船掛を命じられた。

享和元年五島に異国船渡来の際、沖出役・通弁掛となった。

同三年北米船が渡来の際も沖出役、通弁掛となった。

文化元年九月六日、ロシア使節レザーノフ Nikolai Petrovich Rezanov（一七六四—一八〇七）長崎来航の際には応接・通弁を命ぜられた。このとき魯西亜人掛を命じられた通詞団の面々は、

通詞目附　三嶋　五郎助
大通詞　石橋助左衛門
　　　　中山　作三郎
　　　　名村八左衛門（多吉郎）
小通詞　本木庄左衛門
小通詞助　馬場　為八郎

らであった。

翌年、幕府が長崎に派遣した特使目附遠山景晋がレザーノフを引見、御教諭書を読み聞かせ、通商貿易の請求を謝絶したときの通弁も務めた。

文化五年英艦フェートン号 H.M.S. Phaeton 長崎渡来の際には、沖出役・応接・通弁役に当たった。

同十年ラッフルズ Thomas Stamford Raffles の出島乗っ取り計画で来航の際も、応接通弁役に当たった。

日蘭貿易に関しては、寛政二年、「半減商売令」が命じられた際、その掛を命じられ、文化二年には「別段商法取計掛」を命じられた。

翻訳御用としては、文化四年十二月、急御用で江戸に呼ばれ、翌年六月まで江戸に滞在、「火筒放発術図字解」の訳出呈上に従事した。

翌五年、フェートン号事件後、本木正栄とともに幕命によりオランダ国情を商館長ヅーフ Hendrik Doeff に問い糾した際にも担当し、報告書の呈上を行った。

石橋助左衛門は、ヅーフやシーボルト Philipp Franz von Siebold らとの親交も深く、シーボルトが物産研究・医薬講習の際には上席通詞として便宜をはかった。

文政四年、助左衛門六十五歳、諸立合通詞を命じられ、七十歳になった同九年九月致仕したが、終身銀二貫ずつ支給されることとなり、時々は出島に出頭、通詞共一統の取り締まりと若輩通詞の勤務と通弁についての指導を命じられ、勤役中は銀五〇〇目ずつ支給されることとなった。

当時、通詞団中、もっとも温厚・着実な人物と評された。

天保八年（一八三七）十二月十七日死去。大音寺に葬られる。

なお、フィレネーフェ K. H. de Villeneuve によって描かれた肖像がシーボルト『日本』に掲載されている。

〔参考文献〕古賀十二郎『西洋医術伝来史』（日新書院、一九四二年）、同『長崎洋学史』上巻・続編（長崎文献社、一九六六・六八年）。

12　志筑忠雄＝中野柳圃

一七六〇―一八〇六。名ははじめ盈長、忠次郎、のち忠雄といい、柳圃と号した。字は季龍、季飛などといった。

阿蘭陀通詞。天文学物理学関係の訳者としては志筑忠雄の名で、オランダ語文法書の訳著者としては中野柳圃の名で、どちらの名もよく知られている。

長崎の資産家中野家に生まれ、長じて通詞志筑家の養子となった。光永寺過去帳の記載により文化三年（一八〇六）七月八日歿、四十七歳を知ることができ、逆算して宝暦十年（一七六〇）生まれと知り得る。

安永五年（一七七六）十七歳のとき、養父志筑家第七代孫次郎の跡職を継いで稽古通詞に任ぜられた。しかし、翌六年病身を理由に退役、本姓の中野に復して蘭書の読解に打ち込んだ様子である。柳圃が辞職後、閉居して「蘭書に耽」っていた様子は、門弟・知友が異口同音に伝えている。

志筑忠雄もしくは中野柳圃の名で伝わっている著訳書は多数にのぼる。先人の紹介を引き継ぎ、亡失したもの、未詳分も含め、若干の追加をもって集計し、志筑忠雄＝中野柳圃が心血を注いで取り組んだ研究分野の著訳書を類別してみると、次のように整理してみることができる。

① 天文学・物理学の分野
② オランダ語学の分野
③ 世界地理・歴史の分野
④ その他の分野（数学・兵学・医学）

天文学・物理学の分野で、志筑忠雄が最も心血を注いだのが蘭訳本の『奇児全書』であった。オックスフォード大学天文学教授ジョン・キール（奇児）（John Keill 一六七一―一七二一）の物理学及び天文学講義録（一七二五）をライデン大学天文学教授ヨハン・ルロフス（Johan Lulofs 一七一一―六八）が蘭訳した本 J. Keill: In leidinge tot de waare Natuur en Sterrekunde. Leiden, 1741. である。

志筑忠雄の訳は、『暦象新書』上（寛政十一年〈一七九九〉）、中（寛政十二年）、下（享和二年〈一八〇二〉）編に結実している。訳文中、至るところで「忠雄曰く」として補説を加え、独自性を示している。ことに、巻末にのせた「混沌分判図説」において独創的な説を述べている。

このほかに『天文管闚』『求力論』『動学指南』『八円儀及其用法記』『暦家必備』『日蝕絵

算』『四維図説』『各曜観天図』『諸曜廻転』『読暦象考成』『西洋天文訳説』『西洋天文学術語解』『暦象新書図解』などをあげることができる。

中野柳圃のオランダ語学書で生前に公刊されたものはない。「柳圃先生遺教」といわれるごとく、門弟によって書写を重ね、伝わったものがほとんどである。

柳圃は『奇児全書』の読解に励む過程で、オランダ語の文法に気付き、組織的解明に努めていったものと察せられる。柳圃は原書セイウェルの文法書 W. Séwel: Nederduijtsch Spraakkonst. 1708. を要約するような方法で理解に努めていた様子である。

世界地理・歴史の分野としては、『万国管闚』『魯西亜志附録』『鎖国論』『二国会盟録』『海上珍奇集』『魯西亜国王皇国文之上書』『魯西亜人止白里併有来歴』などを挙げることができる。

志筑忠雄の生きた一八世紀後半はロシアの南下政策に直面して、幕府はその対応に苦慮し、民間識者も幕府の対外政策に危機感を募らせた。

対外交渉に直結の地、長崎に在って、志筑忠雄も識者の著作に刺激を受け、ロシア使節の北地来航などに反応して、事態の根源を知り、対処の道を探ろうと努めたことが訳著に読み取れる。海外情報は、オランダ船のもたらす情報と輸入書物に求め、それらによって確論を得たいと思っていたようだ。

右の三分野が、志筑忠雄における主要分野であったが、『鈎股新編』『三角提要秘算』『三角算起源』『度量考』『和蘭鏡理算法』といった数学、『火器発法伝』『紅毛火術秘伝鈔』といった兵学、『海上薬品記』『喝蘭病名解訳』といった医学に関する諸作品のあることも見逃がせない。

稽古通詞の職を辞してからの志筑忠雄＝中野柳圃は病歿まで、約三〇年間、蘭書の訳読に励み、天文・物理の学に沈潜、天体・宇宙の構造的理解に突き進んだ。その間に、オランダ語の体系的理解に努め、その語学力はオランダ医学書、海外世界の珍奇な動植物から薬物、軍事書にまで及んで、力を発揮したのである。

なかんずく、本木良永に続く太陽中心説の紹介、その基礎となるケプラーやニュートンの天文学とニュートン物理学の吸収と解説、オランダ語文法、品詞の解説、ヨーロッパ度量衡の紹介、ケンペルの『日本誌』の一部を訳述した『鎖国論』など、いずれも本邦初の訳業であり、及ぼした影響はすこぶる大きい。

越後屋の長崎における落札業務を行っていた豪商中野家の財力に支えられて成立することのできた忠雄・柳圃の偉業といえよう。

〔参考文献〕『志筑忠雄没後200年記念国際シンポジウム報告書　蘭学のフロンティア――志筑忠雄の世界』（長崎文献社、二〇〇七年）、松尾龍之介「志筑忠雄のルーツ」（『日蘭学会通信』一二四、二〇〇八年）、松尾龍之介『長崎蘭学の巨人――志筑忠雄とその時代』（弦書房、二〇〇七年）、片桐一男「志筑忠雄について」（『洋学史研究』第二六号、二〇〇九年）。

13　本木庄左衛門・正栄

一七六七―一八二二。明和四年（一七六七）三月二十八日長崎に生まれる。名は初め元吉、のち正栄、字は子光、蘭汀と号した。居を聯芳軒といい、大槻玄沢が香祖堂という雅号を贈った。

安永七年（一七七八）十二歳　稽古通詞
寛政元年（一七八九）二十三歳　小通詞末席見習
同四年　二十六歳　小通詞末席筆頭
同五年　二十七歳　「芸才御試」のうえ小通詞並
同六年　二十八歳　小通詞助役
同八年　三十歳　小通詞　三人扶持
文化二年（一八〇五）三十九歳　新規に大通詞見習、小通詞兼勤
同六年　四十三歳　五月、大通詞過人　五人扶持、八月席礼仰せ付けらる

この間、通詞団における加役として、
寛政七・九年、享和二年（一八〇二）、文化四・十年の五度年番を務め、寛政十年に江戸番通詞を、寛政八年、文化元・五年の三度参府休年出府通詞を務めた。
寛政四年七月筑前沖異国船見届出張、享和元年五島異国船漂流人通弁掛を務めた。同三年

七月アメリカ船渡来見届沖出役通弁掛を、続いて同月弁柄船渡来通弁を務めた。

文化元年九月ロシア使節レザーノフ長崎来航の際は魯船渡来沖出役通弁掛を務め、翌年帰帆迄従事、この間、別段に三人扶持が支給された。

同五年八月、イギリス軍艦フェートン号来航の際はエゲレス船渡来一件に従事し、横文字御糺方和解を務めた。

幕命による訳業としては、文化五年の春、参府休年出府通詞を務めた際、そのまま江戸居残りを命ぜられ、阿蘭陀炮術之書和解に従事、この成果が『砲術備要』全四冊である。ついで浅草天文台へ引き移り、万国地図和解、和蘭陀軍艦図解に従事、『軍艦図解考例』『海程測験器集説』をものした。

文化五年留守中の二月、払郎察語修業の命を受け、翌六年二月には魯西亜幷諳厄利亜文字言語修業を命じられ、同九月には諳厄利亜語開業世話役を命ぜられた。これはオランダ商館のヘトル役ブロムホフ Jan Cock Blomhoff から通詞たちが英語を教えてもらう際の世話役を務めることであった。

文化八年七月迄に諳厄利亜興学小筌和解書一〇冊を呈上、白銀一〇枚が下された。同九月諳厄利亜国字字引仕立方を命じられた。その成果は『諳厄利亜興学小筌』で、文化九年『諳厄利亜語林大成』と命名された。

文政二年五十三歳の年、御用書物和解掛と通詞年若之者共蘭学取立等の役を命じられ、三人扶持を支給された。

このように本木庄左衛門はオランダ語の通詞として、英語・フランス語に加えてロシア語まで修業を命じられ、英語・フランス語辞書の編纂に従事、晩年は若年通詞に対する蘭学取り立て指導に当たった。

〔参考文献〕渡辺庫輔『崎陽論攷』（『親和文庫』第七号、一九六四年）、富田仁『仏蘭西学のあけぼの――仏学事始とその背景』（カルチャー出版社、一九七五年）、レザーノフ著・大島幹雄訳『日本滞在日記』（岩波文庫、二〇〇〇年）、古賀十二郎『徳川時代に於ける長崎の英語研究』（九州書房、一九四七年）。

14　馬場為八郎

一七六九―一八三八。名は貞歴、号は貞斎、オランダ商館員たちはBaba Tamefatieroとか、Tamifatiro、Tamehatsと記している。為八郎の父は三栖谷仁平といい、長崎中に知られた金満家であったという。

安永七年（一七七八）九歳になった為八郎は、父仁平が以前買って所持していた馬場家の通詞株を継いで稽古通詞となった。文化二年（一八〇五）小通詞格となる。寛政十二年（一八〇〇）、文化二・十一年に年番小通詞を、文政六年には年番大通詞を務めた。文化七年に江戸番小通詞を、文政元年（一八一八）に江戸番大通詞を務めた。享和元年（一八〇一）、文化四年に参府休年出府小通詞を、文政七年には同大通詞を務めた。

文化元年、ロシア使節レザーノフ来航の際には、通詞団魯西亜人掛六人のうちに小通詞助として加えられた。翌年、宣諭使がロシア使節に与える答礼書の蘭訳文作成に大通詞石橋助左衛門とともに当たった。

同四年、大通詞名村多吉郎とともに江戸に召され、蝦夷地御用を命ぜられ、翌年蝦夷地松前に出張、フヴォストフ事件の調査に従事、このとき名村多吉郎とともに作成した報告書が『異国事情』である。同六年二月、長崎に帰郷、銀七枚の褒賞を受けた。同年九月、本木庄左衛門、末永甚左衛門、岩瀬弥十郎、吉雄六二郎、馬場佐十郎とともに蛮学世話役を命じられた。

文化十年、イギリス軍艦シャルロッテ号とマリア号の二艦が出島のオランダ商館の乗っ取りを企てて来航した際には、大通詞石橋助左衛門以下、中山作三郎・名村多吉郎・本木庄左衛門らとともに、商館長ヅーフと連携して事に当たり、英艦を通常来航の蘭船とみなし積荷の取引を行ってかえした。翌年、英艦再来航のときも、ヅーフと連携して応接に当たった。同年、幕命により、本木庄左衛門・楢林栄左衛門・吉雄権之助とともに『諳厄利亜語林大成』の編纂に従事した。

文政六年、シーボルトが出島に着任すると、石橋助左衛門・吉雄権之助らと、出島や鳴滝におけるシーボルトの診療・教授活動を周旋した。

文政十一年、バタビアへ向け帰帆しようとするハウトマン号が暴風に遭い、難破、船中から国禁の地図などが発見され、吟味の末、逮捕者多数を出した。十一月十日、大通詞馬場為八郎は、小通詞並堀儀左衛門・小通詞助役吉雄忠次郎・小通詞末席稲部市五郎らと長崎奉行所に召喚され、町年寄預けとなり、十二月二十三日に入牢となった。

天保元年（一八三〇）四月六日、為八郎は吉雄忠次郎・稲部市五郎とともに江戸送りとなり、五月二十一日、三人に永牢の判決がくだされた。為八郎は羽州秋田新田藩の佐竹壱岐守家に預けられることになったが、二十五日にいたり、出羽亀田藩主岩城伊予守隆喜（たかひろ）への渡し替えとなった。

亀田城下に着いたのは同年六月二十日、藩の作事屋敷の北側に建てた牢に入れられ、昼夜交替で番士警戒のもとに置かれた。三年ほどして、藩主岩城隆喜は、城下最上町の妙慶寺の裏手に小宅を建てて、為八郎を移し、比較的自由な生活を許した。警護に当たった掛役の佐藤左門らにオランダ語を教え、異国噺を話して聞かせ、鍼医の和田杉雪（三折とも書く）に蘭方医学を教えたりもした。

為八郎は流囚のまま、亀田の地で、天保九年（一八三八）十月十九日、七十歳の生涯を終えた。

亡骸は塩漬けにされ、妙慶寺の本堂に安置された。江戸からの検使の検屍は十二月一日。翌二日検使が去ると、亡骸は一時妙慶寺の墓地に葬られたが、その後、師を敬慕する和田杉雪が掘り起こして荼毘に付し、その遺骨を妻と二人ではるばる長崎まで届けた。現在、長崎市筑後町にある馬場家の菩提寺、聖林山本蓮寺の過去帳には、

天保九年十月出羽国亀田城下妙慶寺葬、慈眼院貞斎日量居士馬場為八郎年七十歳、春徳

寺納骨

と誌されているという。華岳山春徳寺の塋域には、寛政九年二歳で世を去った為八郎の娘タケ（法名智幻嬰女）が葬られているという。

妙慶寺の宝物殿や天鷺村の歴史民俗資料館には、為八郎の遺品として、ギヤマンのグラス、水差、コップ、輸出用醤油（ヤパンセ・ソーヤ）の瓶、「長崎訳官馬場為八郎書」などが遺っている。

〔参考文献〕片桐一男「シーボルト事件で流罪となった阿蘭陀通詞馬場為八郎」（『シーボルト記念館鳴滝紀要』第二五号、長崎市、二〇一五年）、片桐一男『シーボルト事件で罰せられた三通詞』（勉誠出版、二〇一七年）。

15　荒井庄十郎＝西雅九郎＝森平右衛門

生歿年不詳。阿蘭陀通詞吉雄幸左衛門の姉の子として長崎に生まれ、西雅九郎といった。明和八年（一七七一）頃には稽古通詞であった。やがて、本姓の荒井に復し、安永七（一七七八）、八年ころ江戸に出て平賀源内のもとに寄食、かたわら杉田玄白の天真楼塾で中川淳庵や塾生にオランダ語を教授した。源内歿後は、幕府の医官桂川家に移り、その業を助け、丹波福知山藩主朽木昌綱の世界地理学研究にも助力した。ついで会津藩に禄仕し、松平定信に仕えた石井庄助訳出の『遠西独度涅烏斯（ドドネウス）草木譜』に対し、その助訳・

校正に当たった。のち他家に入って森平右衛門と改名。また杉田玄白の門人で米沢藩主の侍医堀内林哲（忠意）とも親交を結んだ。

〔参考文献〕片桐一男『知の開拓者杉田玄白――『蘭学事始』とその時代』（勉誠出版、二〇一五年）、『米沢藩医堀内家文書』解題篇（一般社団法人米沢市医師会・米沢市上杉博物館、二〇一五年）。

16　中山作三郎・武徳

一七八五―一八四四。名は武徳、字は知雄、通称は初め得十郎、のち作三郎と称した。

寛政十年（一七九八）稽古通詞となり、文化十三年（一八一六）父作三郎武成の病歿により家督を継ぎ、小通詞助役、天保元年（一八三〇）大通詞となった。文政七年（一八二四）、天保四・七年の三度年番通詞を、文政三・八年、天保二・十・十四年の五度参府休年出府通詞を務めた。

文化十三年、御用和蘭辞書翻訳認方掛（『ヅーフ・ハルマ』翻訳増補訂正の仕事）を命ぜられ、天保四年まで再訂作業に従事した。

シーボルトの初度渡来の際、鳴滝学舎の開設に尽力し、シーボルト事件に際しては専らその事務に当たって奉行の信任を得た。

弘化元年（一八四四）八月十二日病歿、六十歳。長崎の大音寺に葬られる。子も作三郎と称した。

〔参考文献〕呉秀三『シーボルト先生　其生涯及功業』（吐鳳堂書店、一九二六年）。

17　吉雄権之助

一七八五―一八三一。名は永保また尚貞、号は如淵、通称は権之助。吉雄幸左衛門が六十二歳のときの妾腹の子で幼名を六二郎といった。

幼少の頃から家庭でオランダ語の会話を教えられていた様子は、司馬江漢の『西遊日記』

吉雄権之助のサインがみえる「オランダ人夫妻相愛の図」（松井硯山筆、1800年頃、長崎大学経済学部蔵）

にみえている。

文化元年（一八〇四）、大槻玄幹の勧めにより中野柳圃に師事し、門下の四俊といわれた。また、商館長ヅーフについてオランダ語とフランス語を、ヤン・コック・ブロムホフについてオランダ語と英語を学んだ。

文化六年蛮学世話掛、同八年小通詞末席、同十四年頃には小通詞並になっていたという。文政元年（一八一八）には江戸番小通詞を、文政二・九年には年番小通詞を務めた。同六・十一年の二度小通詞として参府休年出府通詞を務めた。

蘭医レッケ Hermanus Letzke から外科を修めたという。

シーボルトの鳴滝学舎での診療と教授に際しては、よくその通訳に当たり、諸生にオランダ語を教授した。

著訳書としては、師中野柳圃の『作文必用訳書須知属文錦嚢』を増補した『重訂属文錦嚢』と『英吉利文話之凡例』『天馬異聞』などがある。また『諳厄利亜語林大成』『払郎察辞範』『ヅーフ・ハルマ』の訳編に参加、いずれも主力的役割を果たした。

天保二年（一八三一）五月二十一日歿。

〔参考文献〕呉秀三『シーボルト先生　其生涯及功業』（吐鳳堂書店、一九二六年）、杉本つとむ『江戸時代蘭語学の成立とその展開』全五巻（早稲田大学出版部、一九七六—八二年）。

18　稲部市五郎

一七八六―一八四〇。名は種昌。

シーボルト来日の頃、大通詞石橋助左衛門の下で小通詞末席としてシーボルトのために周旋尽力。シーボルトが長崎近傍に植物採集の際に案内した。

シーボルト事件においては、問題の日本地図をシーボルトに手渡し、琉球の地図をシーボルトの依頼で江戸の天文台詰通詞の猪股源三郎を経て高橋作左衛門景保に送った罪により、天保元年（一八三〇）江戸に送られ、永牢と判決、上州甘楽郡七日市（富岡）の前田大和守利和へ生涯御預けとなった。

表向きは厳重な囚禁であったが、前田家の取り扱いは鄭重で、藩に重病人のあった際など、藩医を介して市五郎の意見を問うて処置したという。天保十一年八月二十二日中風疾により病歿。五十五歳。富岡の金剛院に葬られる。

〔参考文献〕呉秀三『シーボルト先生　其生涯及功業』（吐鳳堂書店、一九二六年）、金杉英五郎「故稲部市五郎氏の赦免問題」（群馬県北甘楽郡医師会、一九三一年）、前掲片桐一男『シーボルト事件で罰せられた三通詞』。

19　馬場佐十郎・貞由

一七八七―一八二二。

名は貞由、字は職夫、轂里と号した。佐十郎は通称。蘭名アブラハム Abraham を用いた。長崎の商家三栖谷敬平の子として生まれ、馬場為八郎の養子となって阿蘭陀通詞となる。

文化五年（一八〇八）江戸に出るころには稽古通詞であった。

馬場佐十郎の語学は、享和三年（一八〇三）から文化二年にかけて中野柳圃にオランダ語を学んだ。商館長ヅーフからオランダ語とフランス語を学び、ブロムホフからオランダ語と英語を直々に学んだ。のち、松前に出張したときゴローヴニン Vasilii Mikhailovich Golovnin からロシア語も学んだ。

オランダ語文法理解のために選んだパームのオランダ語文法書 Kornelis van der Palm: Nederduitsche Spraekkunst, voor de Jeugdt. Rotterdam, 1769. が会話体で書かれた原書であったことも、佐十郎が会話に堪能な通詞になれた要因の一つと考えられる。

文化五年三月、わずか二十二歳の若さで、江戸に召され、前年十二月に天文台に開設された地誌御用の局に採用された。当時、天文方高橋作左衛門景保を中心とする世界地図の翻訳刊行が企てられており、その成果は、文化六年になる高橋景保の『万国全図』『日本辺海略図』にあらわれている。

所期の用務が終わっても、その他の翻訳の命をうけて江戸在住を命ぜられて、長崎に帰ることを得なかった。

ヨーロッパにおいて、不利に推移するオランダ情勢の激変を受けて、出島のオランダ商館長および通詞団の虚偽報告が行われるようになると、海外情報を幕府が独自に把握する必要もあって、文化八年五月、天文方に蛮書和解御用という翻訳局が設置された。蘭学者大槻玄沢とともに採用され、佐十郎はその責任者ともいうべき地位につくこととなった。かつ、平日事なきときは、江戸幕府最大の翻訳事業ともなったショメールの『日用百科事典』の訳業に従事することを命じられた。成果は『厚生新編』として結実している。一方、長崎から佐十郎呼び戻しの要望が大きかったが、幕府は佐十郎を江戸に引き留めて帰さなかった。

文化八年六月におきた、ゴローヴニン監禁事件に際しては、幕命により松前に出張、取り調べに当たり、その際、ロシア語をも学んだ。同年十二月、稟米歳銀佩刀を許され、幕府の士に採用され、ますます長崎への帰郷は叶わなくなった。

文化十年五月、ロシア船ディアナ号が松前に来航、高田屋嘉兵衛と交換、ゴローヴニン解放帰国の際も、佐十郎は文化六年以来天文台入りしていた足立左内と松前に出張、応接に当たった。同年江戸に立ち戻った佐十郎は、十二月、足立左内とともに「魯西亜辞書取調御用掛」の命を受け、翌十一年四月幕臣に取り立てられ小普請組入りとなった。ロシア語習得の成果が『魯語文法規範』等である。

越えて文政元年（一八一八）五月十三日、イギリス船ブラザース号（Brothers）が浦賀に来航するや、足立左内とともに現地に出張、同じく五年四月二十九日、再びイギリス船サラセン号（Saracen）が浦賀に来航すると、またまた足立左内とともに五月四日同所に出張、その応接に当たり、帰って褒賞を受けた。しかし、惜しくも同年七月二十七日、三十六歳の春秋に富む身をもって暦局内の仮宅において病歿した。

佐十郎の訳業は多く、注目すべきものが多いが、ロシア語版から訳出・紹介したジェンナーの牛痘種痘法『遁花秘訣』は注目される。

天文台官舎内で開講した三新堂塾における佐十郎の授業は体系的オランダ語文法に立脚したもので、江戸の蘭学界を一変した。斯界の長老杉田玄白は文化十一年に執筆した『蘭学事始』において、「わが子弟孫子、その教へを受くることとなれば、各々その真法を得て、正訳も成就すべし」と期待の言葉を贈り、同十三年、江戸蘭学界の中心的存在たる大槻玄沢が『蘭学梯航』において「都下ノ旧法廃シテ新法正式ニ一変セルナリ」といい切ったのである。

馬場佐十郎以前の江戸蘭学界と以後の蘭学界を画するものであったのである。

〔参考文献〕片桐一男「幕末における異国船応接と阿蘭陀通詞馬場佐十郎」（『海事史研究』第一〇号、一九六八年）、同「阿蘭陀通詞馬場佐十郎の天文台勤務とその業績」（『法政史学』第二一号、一九六九年）、同「阿蘭陀通詞馬場佐十郎に受益の江戸の蘭学者達」（『法政史学』第二二号、一九七〇年）、同「阿蘭陀通詞馬場佐十郎のオランダ語学」（『青山史学』第五号、一九七七年）。

20　吉雄忠次郎・永宣

一七八七―一八三三。名は永宣、字は永民、号は呉州、通称は忠次郎。吉雄幸左衛門耕牛の弟作次郎（永純）の子左七郎の子。

オランダ商館の荷蔵役と商館長を務めたブロムホフからオランダ語と英語を学び、長崎の通詞社会でその語学力が認められていた。

文政五年（一八二二）馬場佐十郎の病歿後、その後任として翌年天文台詰通詞となった。同七年、天文方高橋景保を助けて『亜欧語鼎』の洋語の部を再訂する作業に当たった。

同年六月、イギリス船の常陸大津浦浜来航に際し、足立左内と現地に出張、応接通弁に当たる。忠次郎作成の英文「諭書」と応接に役立つ単語・短文集が遺っている。

翌年訳書『諳厄利亜人性情志』一巻を成す。

文政九年、参府随行のシーボルトと高橋景保らとの間にたって通弁として種々周旋す。同年六月、天文台詰通詞の職を辞して長崎に帰る。長崎でもシーボルトのために翻訳を手伝い、高橋景保に書籍送付の斡旋をした。

同十一年、長崎を訪れた黒田斉清とシーボルトとの応対の間に立って往復反訳に当たり、『下問雑載』にのせるシーボルトの答案の翻訳をなした。

シーボルト事件においては、天保元年（一八三〇）江戸の町奉行に引き渡され、五月二十五日、江戸で永牢の判決が下され、米沢の上杉佐渡守勝義へ御預けとなった。
天保四年二月二十九日、米沢で病歿。四十七歳。墓は米沢の西蓮寺と長崎の禅林寺とにある。忠次郎が喘息を患っていたことはブロムホフ宛の書翰に見えている。本書二二六ページ参照。他に『駱駝考』の訳書がある。

〔参考文献〕片桐一男『伝播する蘭学——江戸・長崎から東北へ』（勉誠出版、二〇一五年）、同前掲『シーボルト事件で罰せられた三通詞』、前掲『米沢藩医堀内家文書』解題篇。

21　森山栄之助・多吉郎

一八二〇—七一。文政三年（一八二〇）六月一日長崎に生まれ、はじめ栄之助、のち多吉郎と改める。諱は憲直、茶山また子錦と号した。

嘉永元年（一八四八）から翌二年にかけて同僚通詞らと共に偽装漂流の米国人青年マクドナルド Ranald MacDonald に英語教授を受けた。これは英語を母国語とする者に学んだ最初である。同三年、幕命により西吉兵衛らと共に『エゲレス語辞書和解』編集に着手し、同四年八月に「A之第一」を脱稿。森山は職務が繁忙となったため「B之第二」をもって辞書編集から手を引いた。

安政元年（一八五四）米国使節ペリーとの条約交渉においては主任通訳官を務めた。次いでアメリカ総領事ハリスの応接通弁にあたり、「アメリカ使節応接記」をのこしている。

安政年間、公務のかたわら江戸小石川に英学塾を開く。ここには津田仙・福地源一郎らが学び、福沢諭吉も二、三ヵ月通っている。

文久元年（一八六一）十二月開市開港延期のため竹内遣欧使節団が出発するが、交渉の重要さに気づいた幕府は外国奉行支配通弁役頭取の森山を後便で欧州に派遣した。万延元年（一八六〇）遣米使節団が携えた将軍より米国大統領宛の英文書翰は森山の起草にかかる。明治四年（一八七一）三月十五日歿、五十一歳。オランダ語と英語を駆使して活躍した幕末外交の中心通訳官であった。

〔参考文献〕森山多吉郎「アメリカ使節応接記」（『堀田正睦外交文書　千葉県史料　近世篇』千葉県企画部県民課編、一九八一年）、古賀十二郎『徳川時代に於ける長崎の英語研究』（九州書房、一九四七年）、江越弘人『幕末の外交官　森山栄之助』（二〇〇八年、弦書房）。

22　堀達之助

一八二三—九四。諱は徳政。達之助は通称。達之ともいった。

実父は、通詞中山作三郎武徳。母は中山陳女世寿。長崎の通詞の家に生まれ、育った。四歳から十三歳の頃であろうか、通詞西吉兵衛成量について、文典書・究理書・小説など八、九年、オランダ語を学び、「翻訳」「通弁」とも一通りできるようになった、と伝えている。そのうえで、英語は『英語文典字書』によって独学に励んだ、といっている。

長じて、天保十年（一八三九）の頃、通詞堀儀左衛門政信の長女、房と結婚、堀家を継いだ。

弘化三年（一八四六）五月、アメリカ東インド艦隊司令長官ビッドル James Biddle 浦賀来航の際、浦賀詰小通詞末席で、書翰の和解と諭書の作成を命じられた。この応接で会話力も向上させたようである。

嘉永二年（一八四九）、幕命をうけて『大砲使用説』の訳書を成している。

嘉永六年から安政元年（一八五四）にかけて、ペリー来航の際には首席通訳、次席通訳を務めた。ついで、米国の傭船グレタ号で下田に来航したドイツ人リュードルフ Lüdorf から手渡された文書の取り扱い不始末によって、安政二年九月尋問をうけ、拘禁され、十月、江戸伝馬町入牢となり、密出国に失敗して、捕えられた吉田松陰と獄を同じくしていた。しかし、設立間もない蕃書調所の充実のため、英語力が買われ、蕃書調所総裁古賀謹一郎の斡旋もあって同月二十九日出牢。英和辞典（『英和対訳袖珍辞書』）の編纂に従事、刊行のあと、文久三年（一八六三）洋書調所の後身である開成所の教授職となった。

慶応元年（一八六五）六月（二十八日）、開成所教授職のまま箱館奉行所通詞を務めることとなり、九月赴任。翌二年、箱館洋学所発足洋学教授を兼勤、「函館文庫」を作る。

慶応四年五月（八日）、箱館裁判所参事席文武学校掛を命じられる。同（明治元年〈一八六八〉）十月、旧幕府軍が上陸、箱館府の機能停止、南部へ避難、翌年、南部を引き揚げ、箱館へもどる。

明治二年『薩摩辞書』初版、四年再版発行。同三年柳田藤吉北門社新塾を創立、洋学教授、これは同五年九月に閉鎖された。

同五年、開拓使『英和対訳辞書』発行、その三月一等訳官となる。

同五年九月、開拓使に対し「孤児救育」を建言、『北海道植民方法大略建言候』を提出するも、採用ならず、十月、依願免職、郷里長崎へ帰る。

明治十四年一月、『歴史問答作文』上・下を東京書林より出版。

明治二十五年ころ、大阪の次男、孝之方に移住、同二十七年一月三日、大阪で病歿。享年七十二歳。

それにしても、堀達之助は西吉兵衛に学んだオランダ語学力のうえに、独学で英語力を身につけ得たといっている。

語感の有無については、いつの時代でも、著しく個人差のみられることではあるが、蘭学界・洋学界が、オランダ語学力・基礎に辞書・文法書等書物に学んで、ようやく、自力で他言語（この場合、英語）を身につけることが可能になったことを示しているわけで、堀達之助がそんな時代に遭遇したことを示している。

〔参考文献〕堀孝彦『英学と堀達之助』（雄松堂出版、二〇〇一年）

23　本木昌造

幕末の阿蘭陀通詞。一八二四―七五。新大工町乙名北島三弥太と母本木庄左衛門の女豊との四男として、文政七年（一八二四）六月九日長崎に生まれる。幼名は作之助、諱は永久。梧窓と号し、点林堂ともいった。十一歳のとき通詞本木昌左衛門久美の養嗣となり、元吉と改め、さらに昌造と称した。庄蔵・昌蔵・昌三のほかに笑三・咲三ともいった。

天保六年（一八三五）稽古通詞、天保十一年小通詞末席、弘化三年（一八四六）小通詞並、嘉永六年（一八五三）小通詞過人となった。

嘉永六年ロシア使節プチャーチン、アメリカ使節ペリー来日のとき、官命により下田に赴き、精勤により各褒美銀が下賜された。

安政二年（一八五五）海軍伝習掛として分離、窮理・測量、算術、炭鉱、鉄製造などを学び、長崎奉行所西役所内に活字版摺立所が設置されるとその取扱掛を命じられ、出島版印刷を推進した。特に活版師インデルマウル G. Indermaur より印刷伝習を受けた。

万延元年（一八六〇）飽ノ浦製鉄所御用掛となり、建言して蒸気船二艘を購入、その船長となり、江戸・大坂・長崎間の海上勤務をした。製鉄所模様替、大砲小銃作製などを建白。

慶応四年（一八六八）七月製鉄所頭取となる。

明治元年（一八六八）本邦初の鉄橋を中島川に架ける。英人グラバーの創開した小菅船架を買収。同二年本興善町の唐通事会所跡に活版伝習所を設立して製鉄所の付属とし、フルベッキG. Verbeckの斡旋を得て上海より米人ウィリアム・ガンブルW. Gambleを迎え、電胎母型と活字鋳造法を中心とした活版伝習を行った。

明治二年二月、「新街私塾」を開設、長崎の少年子弟に読書・習字・数学・英語などを教えた。同塾のなかに「新町活版所」を設立、これは、本邦民間活版企業の嚆矢である。

同三年長崎製鉄所を退職、活字製造と印刷に専念した。鋳造活字は昌造が嚆矢である。新町活版所の前身である長崎新聞局（崎陽新塾活版局）で『崎陽雑報』を印刷、同五年十一月『長崎新聞』を発行した。

明治八年九月三日、長崎で病歿、五十二歳、長崎の大光寺に葬られる。明治四十五年、従五位が追贈された。

〔参考文献〕長崎県印刷工業組合創立四十周年記念・本木昌造先生歿後百二十周年記念『本木昌造先生略伝――追録　新町活版所の記』（一九九五年）、島屋政一『本木昌造伝』（朗文堂、二〇〇一年）、凸版印刷印刷博物館編・刊『活字文明開化――本木昌造が築いた近代』図録（二〇〇三年）。

24　西吉十郎・成度

一八三五―九一。初め松十郎のち吉十郎、成度といった。

阿蘭陀小通詞並西吉兵衛成量の長男として天保六年（一八三五）六月二十二日長崎の平戸町に生まれる。祖父の西吉右衛門はオランダ語熟達者の一人として英語修業を命ぜられた人であった。

天保十年（五歳）　稽古通詞。
嘉永二年（十五歳）　小通詞末席。
〃　四年（十七歳）　参府休年出府通詞見習。
〃　六年（十九歳）　小通詞並。
安政元年（二十歳）　『エゲレス語辞書和解』編者の一人。オランダ海軍伝習通弁掛。
〃　二年（二十一歳）　小通詞助。伝習掛通弁官。
〃　四年（二十三歳）　第二次海軍伝習掛通弁官。
〃　五年（二十四歳）　英語教授方。オランダ人より英語稽古。米国船渡来時の通弁御用掛。英語伝習所頭取。急出府。外国奉行手付。外国奉行支配普請役格。
〃　六年（二十五歳）　各国条約文の精査・校正。神奈川に出向。外国船応接、外交文書翻訳に従事。
万延元年（二十六歳）　翻訳物校正。外国奉行支配定役格。ポルトガル条約締結調印に携わる。プロシヤ条約締結交渉に関わる。

文久元年（二十七歳）　外国奉行支配調役並格。通弁御用頭取助。
〃　二年（二十八歳）　日葡修好通商条約締結に関わる。
〃　三年（二十九歳）　外国奉行支配調役並通弁御用頭取。池田遣欧使節団に随行。上海派遣。
慶応元年（三十一歳）　外国奉行支配組頭、通弁御用頭取兼務。
〃　三年（三十三歳）　開成所奉行支配組頭。
〃　四年（三十四歳）　御使番御目附助。御使番。
明治元年（三十四歳）　静岡藩御目附。静岡藩権少参事。
明治二年（三十五歳）　司法省中解部（七等官）登用。工部省七等出仕。司法省六等出仕。以後、司法省の諸官歴任。司法少判事。
〃　四年（三十七歳）　東京上等裁判所長。
〃　十三年（四十六歳）　東京控訴裁判所長。
〃　十四年（四十七歳）　条約改正御用掛。
〃　十五年（四十八歳）　大審院刑事第一局長。東京控訴院長。
〃　十九年（五十二歳）　大審院長。
〃　二十三年（五十六歳）　四月七日死去。叙正三位。
〃　二十四年（五十七歳）

オランダ語の習得に加えて、新時代に必要な英語を習得、さらに加えて法律という専門分野を身に付けることによって、その分野において、位人臣を極め得た。

〔参考文献〕土井康弘「オランダ通詞西吉十郎の「御用留」」(1)〜(5)（『一滴』第一二―一六号）、石原千里「阿蘭陀通詞　西吉兵衛・吉十郎父子」(1)・(2)（『日本英学史学会英学史研究』第三五、三九号）。特に、西吉十郎成度の年譜は石原論文に詳しい。

二　二十四通詞に対する短評

1　短評

多才な能力を多彩に展開した阿蘭陀通詞たち二四人を取り上げてみた。
多才な通詞名と多彩な活躍振りを、敢えて短評、列挙してみれば次の通りである。
①② 西吉兵衛父子は、南蛮通詞から阿蘭陀通詞へ、南蛮流医師から紅毛流医師への代表例。
③ 楢林新五兵衛・鎮山は、独自の楢林流医術樹立を果たした通詞の代表例。
④ 今村源右衛門・英生は、内通詞の家から正規の通詞家となった特例の代表例。
⑤ 西善三郎は、蘭日辞書の企画・編纂の嚆矢、その代表例。
⑥ 吉雄幸左衛門・耕牛は、大通詞で吉雄流医師として成秀館塾を成功させ、オランダ坐舗を誇った、長崎の通詞世界の大御所としての例。
⑦ 本木仁太夫・良永は、太陽中心説（地動説）紹介の嚆矢。天文・地理学に訳業を遺した、通詞の代表例。
⑧ 馬田清吉＝石井庄助は、『波爾麻和解（江戸ハルマ）』の訳稿・作成で力を発揮。

⑨ 楢林重兵衛は、大通詞で江戸のオランダ正月の賀宴に出席。
⑩ 小川悦之進は、内通詞から正規の通詞となった数少ない事例の一人。長崎遊学の前野良沢にオランダ語教授の一人。
⑪ 石橋助左衛門は、大通詞。ロ使レザーノフ応接、フェートン号事件、ラッフルズ出島乗っ取り事件に遭遇。難船・沈船掛、半減商売、別段商法取計掛。ヅーフ、シーボルトに対応。最も温厚・着実な通詞の評を得た通詞。
⑫ 志筑忠雄＝中野柳圃は、稽古通詞を辞し、物理・天文に沈潜、キールの『暦象新書』を成す。セイウェル文法書によってオランダ語文法に取り組む。
⑬ 本木庄左衛門・正栄は、ロ使レザーノフに応接。オランダ語に加えてフランス語、英語をすすめて、大活躍の例。
⑭ 馬場為八郎・貞歴 Tamifatiero は、ロ使レザーノフに応接。ラッフルズ出島乗っ取り事件にも遭遇。シーボルト事件に連座。配流先に多大な影響を及ぼした代表例。
⑮ 荒井庄十郎（＝西雅九郎＝森平右衛門）は、江戸に出て蘭学者にオランダ語を教える。
⑯ 中山作三郎・武徳は、シーボルトの鳴滝学舎開設に尽力。シーボルト事件に遭遇。
⑰ 吉雄権之助は、ヅーフからオランダ語・フランス語を学び、ブロムホフからオランダ語・英語を学ぶ。蛮学世話掛を務めた例。
⑱ 稲部市五郎・種昌は、シーボルト事件に連座。

⑲　馬場佐十郎・貞由は、蛮書和解御用の訳員。パーム文法書によってオランダ語文法の大成。ジェンナーの種痘法を紹介。天文台官舎で三新堂塾開設。語学の天才といわれた例。

⑳　吉雄忠次郎・永宣は、ブロムホフと親交、天文台詰通詞。英船応接。シーボルト事件に連座。持病の喘息に苦しんだ。

㉑　森山栄之助・多吉郎は、マクドナルドに英語を学ぶ。ハリス応接。文久の竹内遣欧使節団に随行・通弁。外交に力を発揮した例。

㉒　堀達之助は、ビッドル、ペリーに応接。開成所教授職、箱館洋学所教授。『英和対訳袖珍辞書』『薩摩辞書』。幕末注目の通詞の例。

㉓　本木昌造は、プチャーチン、ペリー応接。海軍伝習掛、新町活版所、出島版刊。通詞出身の技術者として大活躍の例。

㉔　西吉十郎・成度は、海軍伝習掛通弁官、英語伝習所頭取、池田遣欧使節団の通弁御用頭取、のち大審院長となった出色の通詞例。

2　その他

このほかにも取り上げたい通詞と通詞出身者は多い。通詞の家から出て、化学の実験にその身を捧げた吉雄俊蔵などなど。

通詞の家に入り、幕府に出仕し、幕府使節随員として渡欧を繰り返し、新聞を発行、逮捕・発禁処分をうけたこともあり、才を認められて大蔵省に出仕、岩倉使節団で渡欧、新聞の主筆として活躍。史的著作、小説・戯曲・脚本にまで手を延ばし、明治の異才と呼ばれ、そして忘れられた福地源一郎・桜痴などは、通詞出身者のなかでは著作をのこした数少ない代表例ともいえよう。

あげていったら切りがない。まずは、一切、他日を期すことにしたいと思う。

おわりに

外つ国の「ことば」をわがものとするために、技能職集団の阿蘭陀通詞団の人びとが、目の前に迫る業務に、いかに立ち向かい、異国の「ことば」を習得し、向上させていくことに努力を継続していったか。具体的に例を追って整理してみた。それがⅠである。

阿蘭陀通詞の勤務・活躍の本拠は長崎である。出島のオランダ商館と、長崎奉行所・長崎会所の間に立って、役務に奉仕した。その組織と業務を構造的に把握してみることに努めてみた。それがⅡである。

トクガワの幕府がオランダ・カピタンに課した江戸参府。その参府旅行に随行する役務を果たすために、阿蘭陀通詞は江戸に勤務し、江戸からさらに松前や浦賀・下田・三崎等に出張のうえ、活躍の場と機会を持った。時代の趨勢による幕府の必要に応えて、江戸に留まり、役務に従事、公・私にわたって活躍の場を展開した。それがⅢである。

叙上の機会と場所とに臨んで、多才振りを発揮した通詞たちが、多彩に活動を展開した。その代表例と思われる通詞たちを取り上げてみたのがⅣである。

さて、このような多才で多彩な通詞たちをいかに使いこなしたか。そのうえに、難しい外交交渉や、微妙な懸けひきを伴う貿易交渉を展開し、推進していったか。トクガワ・ニッポンをみる、次の大きな課題である。幕閣諸侯から、三都の商人、長崎の遊女にいたるまで、上下にわたって通詞の力に頼る個人の多く存在したこともたしかであった。それらの追究もまた、一切、次の大きな問題というべきであろう。

あとがき

迎えた国賓と、にこやかに挨拶を交わされる陛下、その一歩うしろで通弁に努める同時通訳の姿をテレビの画面で見ることがある。

場面がアップされると、主・客の間に見える通訳が画面の中央に見えて、まるで主格のように見える。儀礼的な晩餐会の場面でも、難しい国際交渉の場面などでも、よく見かけられる光景である。

一呼吸でも通弁が後れたりすると、通訳の存在が強く意識される。通弁がスムーズに進めばすすむほど、会話の進展に心うばわれて、通訳の存在を忘れてしまう。通訳が有能であれば、あるほど、その存在が意識されなくなる。おかしなことである。

どんな言語の同時通訳の場合でも、筆者は江戸時代の阿蘭陀通詞の懸命な姿をそこに重ねて見てしまう。

「英語が世界共通語になった」ということであろうか。オランダでも英語で出版される本が増加傾向となって久しい。日本でも増加している。

オランダの人びとは外国語に堪能である。国家機関に働く人をはじめ、一般家庭でも、英・独・仏の三ヵ国語を話す人が多い。ライデン大学の日本語学科では、日本語を徹底的に教え、訓練しているようだ。来日の親日家はいずれも日本語が上手である。

日本の歴史において、もっぱらオランダ語を相手にして海外交流を行った時代が二百年余も続いていた、と気付き、驚かされる。

そんな歴史をもつ日本で、現在、オランダ語の扱いはどんなであろうか。オランダ語を教える大学は稀である。オランダ語を教える機関や団体はあるのだろうか。

それにしても、著作を遺すことをしなかった阿蘭陀通詞の心を読み込むことは難しい。貿易官でもあった阿蘭陀通詞は、おびただしい業務資料を書き遺している。それらはオランダ語と格闘した会計にかかわる書類であったり、各種の備忘のための記録であったりしている。

興味深いエピソード、失敗談、思いもかけない得失の事実、いくらでも拾えるから、読み込めるから、注目に値する。微妙なニュアンスを含む伝達や交渉の通弁・通訳に追われ、多忙な業務に終始したためか、自己の存念を述べた著作を遺すことなく終わっているのである。「ことば」を身に付けるために学んだ成果として、若干の「訳書」をものした通詞を、わずかに数えるのみである。

したがって、通詞研究には断片的零細な史料の蒐集とその分析及び総合に途方もない日時を取られてしまう。日暮れて道遠しの感を深くしている。しかし、必要である。日蘭貿易史、文化交流・交渉史の真の研究には、阿蘭陀通詞の書き遺した厖大な未刊文書の解読・活用が必要だから。ひいては、日本の近世史の真の理解には通詞資料は無限の力を与えてくれると確信しているからである。

　かつてみられたオランダ語講座には、転勤でオランダへ赴任予定の商社マンの受講者が多かったためか、速成のオランダ語会話講座であった感が強かった。

　厖大な通詞文書解読のために、ひいては蘭学史・洋学史の研究に役立つようなオランダ語講座が欲しいものである。

　阿蘭陀通詞や蘭学者が、当初、直面して、習得に努めたオランダ語を、追体験的に学び直せないものであろうか。

　そこで、オランダ人講師を招いて、かつて通詞や蘭学者が書き留めた記録を教材にして学び直そうとする講座が計画されていると聞く。筆者も受講したいと期待を寄せている。「急がば回れ」の格言を頼りにして……。

二〇一五年一二月

片桐一男

学術文庫版あとがき

学位論文『阿蘭陀通詞の研究』を出版できたのは昭和六〇年（一九八五）のことであった。ただちに、啓蒙的な一書を、と依頼を受けた。しかし、阿蘭陀通詞の世界を満遍なく説明するのは、非才の身にとって荷の重い仕事であった。馴染みの薄いオランダ語の学習について、親しみやすく執筆するのは至難の業に思えたからである。遅延に遅延を重ね、ようやく三一年を経た二〇一六年に公刊することができたのが、『江戸時代の通訳官――阿蘭陀通詞の語学と実務』（吉川弘文館刊）であった。幸いにも新聞や学会誌で好意ある書評に接することができた。

初版がほぼ完売した頃、講談社学術文庫に『阿蘭陀通詞』の書名で入れたいという話をいただいた。本来の書名に帰りついたような気がしている。

原本の附録と挿図の一部を省略したほかは、構成・文章とも同じである。せっかくの機会に、原本誕生のエピソードを披露してみたい。うっかり誤りやすい「通詞」と「通事」の区別についてである。

江戸時代の人は、「通詞」と「通事」とを書き分けていた。「通詞」はオランダ語の通訳官、「通事」は「唐通事」で中国語の通訳官を指す。だから、単に「通詞」といえば、「阿蘭陀通詞」を、「通事」といえば「唐通事」を指すことになる。

かつて、某先生から「通詞と通事」という本を書いてみないか、とすすめられたことがある。そこで、恐る恐る答えたことは、「通詞と通事」という有り難いお話ですが、通詞のことは少し勉強していますが、通事のことは何もしていません。それで「通詞と通事」の本を書くことは出来ません。「通詞」のことなら書いてみたい気がします、というと、「では、通詞で書きなさい」ということになった。

拙著『阿蘭陀通詞の研究』を書き、待ちに待ってもらって、ようやく本書の原本『江戸時代の通訳官』を世に問う切っ掛けになったエピソードである。

右の「通詞」と「通事」の語を抜いて空欄にし、ひとひねりしたら、一風かわった入試問題ができるかもしれない。定年をはるかに過ぎてしまった今となっては取って置きのアイディアを生かせるチャンスもない。

ところで、「長崎通詞」と呼ぶ人や、書いている人を、時折目にする。書名にもなっていた例もあったか、と記憶している。ある雑誌に「長崎通詞」の四文字を久しぶりに目にして驚いた。

「長崎通詞」という、その意味するところは、「長崎」の「通詞」ということなのであろう。すると長崎の「阿蘭陀通詞」ということになって、唐通事は含まれないことになってしまう。「長崎通事」といえば、長崎の「唐通事」を指すことになって、「阿蘭陀通詞」を失念してしまったことになる。

である。

「長崎通詞」という四文字の役職名も「長崎通事」という四文字の役職名も存在しないのである。

通詞も通事も身分は長崎の町人で、通訳官と貿易官を兼ねて務めていた町役人である。

長崎の出島に「通詞部屋」があり、出島橋を渡って出たすぐの江戸町に「阿蘭陀通詞会所」があった。『出島図』の「蛮館回禄之図」にも明記されている。唐人屋敷に「唐通事部屋」があり、現在、長崎市中の旧新興善小学校の外側角、舗道に面した角に「唐通事会所跡」の標柱が建てられている。阿蘭陀通詞会所の碑はまだ建てられていない。

阿蘭陀通詞の例でいうと、阿蘭陀通詞会所には、昼は日直が、夜には泊り番の通詞が交替で詰めていた。夜鍋仕事もした。

カピタンの江戸参府に随行し、江戸城に上って、将軍や幕閣からの質問に答えるために、会所に保管されていた重要書類を持参した通詞もいた。かつて、ケンペル付きの通詞で知られている今村源右衛門英生が新井白石の下問に答えるために、ひそかに会所の重要書類を持参して日本橋の長崎屋に滞在していたことが思い出される。

話がそれてしまったようだ。

以後、「長崎通詞」とか「長崎通事」と呼ぶことは避けたいものである。

片桐一男

参考文献

史　料

『阿蘭陀通詞加福氏事略』（渡辺庫輔『長崎学会叢書』第二輯　長崎学会、一九五六年）
『阿蘭陀通詞志筑氏事略』（渡辺庫輔『長崎学会叢書』第四輯　長崎学会、一九五七年）
『阿蘭陀通詞楢林氏事略』（渡辺庫輔『崎陽論攷』所収　親和銀行済美会、一九六四年）
『阿蘭陀通詞本木氏事略』（渡辺庫輔『崎陽論攷』所収　親和銀行済美会、一九六四年）
『長崎通詞由緒書』（『長崎県史』史料編第四　吉川弘文館、一九六五年）
『年番阿蘭陀通詞史料』（片桐一男・服部匡延校訂『日本史料選書』一四　近藤出版社、一九七七年）
『安政二年万記帳　オランダ通詞会所記録』（長崎県立長崎図書館編、二〇〇一年）
『楢林雑話』（新村出監修『海表叢書』巻二　更生閣、一九二八年）
『慶応元年明細分限帳』（越中哲也編『長崎歴史文化協会叢書』第一巻　長崎歴史文化協会、一九八五年）
『留守居組馬場佐十郎親類書・遠類書』（国立公文書館）

片桐一男『未刊蘭学資料の書誌的研究』（『書誌書目シリーズ』四三　ゆまに書房、一九九七年）には次の阿蘭陀通詞関係史料と論稿が収載されている。

・『阿別舌字様説』について
・阿蘭陀通詞・蘭学者の単語帳――辞書に見えない世界を覗く
・蘭学者のオランダ語会話書――サーメン・スプラークの流布・定着

同様にして『未刊蘭学資料の書誌的研究Ⅱ』（『書誌書目シリーズ』八一　ゆまに書房、二〇〇六年）には、次の通詞関係史料と論稿が収載されている。

・『和蘭点画例考補』と『西文訳例』
・阿蘭陀通詞と『ア・ベ・ブック』
・青木昆陽の『和蘭文訳』とその原書について
・新井白石と今村源右衛門英生の『外国之事調書』
・ケンペル・今村源右衛門英生の新訳語協議・決定
・通詞と奉行・カピタン――『蘭文和解』の復元と考察
・阿蘭陀通詞に対する家学試験の実施
・芝蘭堂における大槻玄沢の講義と訳語
・オランダ宿海老屋所持のオランダ語会話書
・海外情報の翻訳過程と阿蘭陀通詞

片桐一男『蘭学家老　鷹見泉石の来翰を読む――蘭学篇』（鷹見本雄・岩波ブックセンター、二〇一三年）には阿蘭陀通詞の書翰が多数収載・解読されている。

『平戸オランダ商館の日記』（永積洋子訳註　岩波書店、一九六九―七〇年）
『長崎オランダ商館の日記』（村上直次郎訳註　岩波書店、一九五六―五八年）
『オランダ商館長日記』（東京大学史料編纂所編『日本関係海外史料』東京大学出版会、一九七四年―）
『長崎オランダ商館日記』一―一〇巻（雄松堂出版、一九八九―九九年）
『オランダ商館長の見た日本――ティツィング往復書翰集』（横山伊徳編　吉川弘文館、二〇〇五年）
『レフィスゾーン江戸参府日記』（J・H・レフィスゾーン著、片桐一男訳『新異国叢書』第三輯第六巻　雄松堂出版、二〇〇三年）
『徳川実紀』（国史大系本　吉川弘文館、一九六四―六六年）
『通航一覧』（林煒編　国書刊行会、一九一二―一三年）
『新訂寛政重修諸家譜』（高柳光寿他校訂　続群書類従完成会、一九六四―六七年）
『長崎実録大成』続（森永種夫校訂　長崎文献社、一九七四年）
『大日本古文書　幕末外国関係文書』（東京大学史料編纂所）
『和蘭風説書集成』（法政蘭学研究会編　日蘭学会、一九七六・七九年）

『犯科帳』（長崎歴史文化博物館蔵、森永種夫『犯科帳』〈岩波新書四四〇〉一九六二年）
『正・続通信全覧』（外務省外交史料館蔵、雄松堂出版、一九八三—八八年）
『長崎幕末史料大成』一—五（長崎文献社、一九六九—七一年）
『陸軍歴史』『海軍歴史』（『海舟全集』第六—八巻　改造社、一九二八年）
『堀田正睦外交文書　千葉県史料　近世篇』（千葉県企画部県民課編、一九八一年）
『幕府書物方日記』（東京大学史料編纂所編『大日本近世史料』二—一七　東京大学出版会、一九六五—八六年）
『新井白石日記』（東京大学史料編纂所編『大日本古記録』岩波書店、一九五二—五三年）
『大岡越前守忠相日記』（大岡家文書刊行会編　三一書房、一九七二—七五年）
『天文方関係史料』（大崎正次編、一九七一年）
『天文暦学諸家書簡集』（上原久・小野文雄・広瀬秀雄編　講談社、一九八一年）
『ケンペル日本誌』（今井正訳註　霞ケ関出版、一九七三年、エンゲルベルト・ケンペル『日本誌——日本の歴史と紀行』改訂増補版、霞ケ関出版、二〇〇一年）
『ティチング日本風俗図誌』（沼田次郎訳註『新異国叢書』七　雄松堂書店、一九七〇年）
『ドゥーフ日本回想録』（H・ドゥーフ著、永積洋子訳『新異国叢書』第三輯一〇　雄松堂出版、二〇〇三年）
『シーボルト「日本」』（加藤九祚ほか訳　雄松堂書店、一九七七—七九年）
『ゴンチャローフ日本渡航記』（イワン・A・ゴンチャローフ著、高野明ほか訳　講談社、二

〇〇八年）
『グレタ号日本通商記』（F・A・リュードルフ著、中村赳訳・小西四郎校訂『新異国叢書』第二輯三　雄松堂出版、一九八四年）
『江戸幕末滞在記』（E・スエンソン著、長島要一訳　講談社、二〇〇三年）
『ペリー日本遠征日記』（金井円訳　雄松堂出版、一九八五年）
『オイレンブルク日本遠征記』上・下（中井晶夫訳『新異国叢書』一二―一三　雄松堂書店、一九六九年）
『ポンペ日本滞在見聞記』（沼田次郎・荒瀬進訳『新異国叢書』一〇　雄松堂書店、一九七八年）
『日本回想記』（マクドナルド著、W・ルイス・村上直次郎編、富田虎男訳訂『刀水歴史全書』五　刀水書房、一九七九年）
『出島図――その景観と変遷』（長崎市出島史跡整備審議会編　長崎市、一九八七年）
『長崎海軍伝習所の日々』（『東洋文庫』二六、カッテンディーケ著、水田信利訳　平凡社、一九六四年）
『江戸参府旅行日記』（『東洋文庫』三〇三、ケンペル著、斎藤信訳　平凡社、一九七七年）
『江戸参府随行記』（『東洋文庫』五八三、C・P・ツュンベリー著、高橋文訳　平凡社、一九九四年）
『幕末和蘭留学関係史料集成』（大久保利謙編著　雄松堂書店、一九八二年）

『続幕末和蘭留学関係史料集成』（大久保利謙編著　雄松堂出版、一九八四年）

研究書・論文

板沢武雄『日蘭文化交渉史の研究』（吉川弘文館、一九五九年）

岩生成一『明治以前洋馬の輸入と増殖』（『江戸時代日蘭文化交流資料集』一　吉川弘文館、一九八〇年）

古賀十二郎『長崎洋学史』全三冊（長崎文献社、一九六六―六八年）

幸田成友『日欧通交史』（岩波書店、一九四二年）

山脇悌二郎『長崎のオランダ商館』（中公新書　五七九、一九八〇年）

長崎県史編集委員会編『長崎県史』対外交渉編（吉川弘文館、一九八六年）

荒木周道『幕府時代の長崎』（長崎市、一九〇三年）

長崎市役所編『長崎市史』通交貿易編西洋諸国部（長崎市役所、一九三五年）

古賀十二郎『西洋医術伝来史』（日新書院、一九四二年）

斎藤信『日本におけるオランダ語研究の歴史』（大学書林、一九八五年）

杉本つとむ『江戸時代蘭語学の成立とその展開』全五冊（早稲田大学出版部、一九七六―八二年）

杉本つとむ『蘭語学とその周辺』（桜楓社、一九七九年）

長崎市編『長崎と海外文化』（長崎市、一九二六年）

斎藤阿具『ヅーフと日本』（広文館、一九二二年）
田保橋潔『増訂近代日本外国関係史』（刀江書院、一九四三年）
金井圓『日蘭交渉史の研究』（思文閣出版、一九八六年）
金井圓『近世日本とオランダ』（放送大学教育振興会、一九九三年）
開国百年記念文化事業会編『鎖国時代日本人の海外知識』（乾元社、一九五三年）
岡村千曳『紅毛文化史話』（創元社、一九五三年）
水田信利『幕末に於ける我海軍と和蘭』（有終会、一九二九年）
沼田次郎『洋学』（『日本歴史叢書』　吉川弘文館、一九八九年）
松田清『洋学の書誌的研究』（臨川書店、一九九八年）
木村直樹『〈通訳〉たちの幕末維新』（吉川弘文館、二〇一二年）
大槻如電『新撰洋学年表』（大槻茂雄、一九二七年）
片桐一男『阿蘭陀通詞の研究』（吉川弘文館、一九八五年）
片桐一男『阿蘭陀通詞今村源右衛門英生――外つ国の言葉をわがものとして』（丸善ライブラリー　一四五、一九九五年）
片桐一男『江戸の蘭方医学事始――阿蘭陀通詞・吉雄幸左衛門耕牛』（丸善ライブラリー　三一一、二〇〇〇年）
片桐一男『江戸のオランダ人――カピタンの江戸参府』（中公新書　一五二五、二〇〇〇年）
片桐一男『出島――異文化交流の舞台』（集英社新書　〇〇五八、二〇〇〇年）

片桐一男『平成蘭学事始――江戸・長崎の日蘭交流史話』(智書房、二〇〇四年)
片桐一男『伝播する蘭学――江戸・長崎から東北へ』(勉誠出版、二〇一五年)
今村明恒『蘭学の祖今村英生』(朝日新選書　朝日新聞社、一九四二年)
今村英明『オランダ商館日誌と今村英生・今村明生――日蘭貿易や洋学の発展に貢献した阿蘭陀通詞の記録』(ブックコム、二〇〇七年)
今村英明『今村英生伝――ケンペルの『日本誌』や新井白石・徳川吉宗の洋学を支えたオランダ通詞』(ブックコム、二〇一〇年)
宮崎道生『増訂版新井白石の研究』(吉川弘文館、一九六九年)
宮崎道生『新井白石の洋学と海外知識』(吉川弘文館、一九七三年)
岩崎克己『前野蘭化』(岩崎克己、一九三八年)
上原久『高橋景保の研究』(講談社、一九七七年)
呉秀三『シーボルト先生　其生涯及功業』(吐鳳堂書店、一九二六年)
板沢武雄『シーボルト』(人物叢書　吉川弘文館、一九六〇年)
竹内精一訳(ハンス・ケルナー)『シーボルト父子伝』(創造社、一九七四年)
日独文化協会編『シーボルト研究』(岩波書店、一九三八年)
岩生・緒方・大久保・斎藤・箭内監修『シーボルト「日本」の研究と解説』(講談社、一九七七年)
石井孝『増訂明治維新の国際的環境』(吉川弘文館、一九六六年)

大塚武松『幕末外交史の研究』（宝文館、一九五二年）
小沢栄一『近代日本史学史の研究』幕末編（吉川弘文館、一九六六年）
加藤榮一「平戸オランダ商館日本人通詞貞方利右衛門考」（箭内健次編『鎖国日本と国際交流』上巻　吉川弘文館、一九八八年）

片桐一男　阿蘭陀通詞関係論文

「阿蘭陀通詞・蘭学者の使用せる単語帳について」上・下（『文献』第一〇号・一一号、特殊文庫連絡協議会、一九六五―六六年）
「阿蘭陀通詞・蘭学者の使用せる単語帖」（『国語と国文学』第四四巻第四号、至文堂、一九六七年）
「幕末における異国船応接と阿蘭陀通詞馬場佐十郎」（『海事史研究』第一〇号、日本海事史学会、一九六八年）
「阿蘭陀通詞馬場佐十郎の天文台勤務とその業績」（『法政史学』第二一号、法政大学史学会、一九六九年）
「幕末の異国船に対する検問書類とヤパン号（咸臨丸）」（『海事史研究』第一三号、日本海事史学会、一九六九年）
「阿蘭陀通詞馬場佐十郎に受益の江戸の蘭学者達」（『法政史学』第二二号、法政大学史学会、一九七〇年）

「年番通詞と江戸番通詞の研究」(『日本学士院紀要』第二八巻第三号、日本学士院、一九七〇年)
「元阿蘭陀通詞荒井庄十郎について」(『長崎談叢』第五〇輯、長崎史談会、一九七一年)
「阿蘭陀通詞西雅九郎と江戸の蘭学界」(『白山史学』第一五号・一六号、白山史学会、一九七一年)
「阿蘭陀通詞西雅九郎(荒井庄十郎=森平右衛門)補遺」(『蘭学資料研究会研究報告』第二四七号、蘭学資料研究会、一九七一年)
「阿蘭陀通詞の研究」(福岡ユネスコ協会編『九州文化論集 第二 外来文化と九州』平凡社、一九七三年)
「長崎遊学の米沢藩医が報じた阿蘭陀通詞吉雄氏の動向」(森克己博士古稀記念会編『史学論集対外関係と政治文化』2 吉川弘文館、一九七四年)
「大槻玄沢の長崎遊学と阿蘭陀通詞」(『日本歴史』第三四九号、吉川弘文館、一九七七年)
「阿蘭陀通詞馬場佐十郎のオランダ語学」(『青山史学』第五号、青山学院大学文学部史学科研究室、一九七七年)
「青木昆陽の『和蘭文訳』とその原書について」(岩生成一編『近世の洋学と海外交渉』巌南堂書店、一九七九年)
「阿蘭陀通詞本木良永の訳業分野」(『日本歴史』第三八六号、吉川弘文館、一九八〇年)
「江戸番通詞の研究」(『青山史学』第六号、青山学院大学文学部史学科研究室、一九八〇年)

「参府休年出府通詞について」（『日蘭学会会誌』第五巻第二号、日蘭学会、一九八一年）
「阿蘭陀通詞と『ア・ベ・ブック』」（『史友』第一五号、青山学院大学史学会、一九八三年）
「蘭人による献上、進物残品の販売」（『青山史学』第八号、青山学院大学文学部史学科研究室、一九八四年）
「阿蘭陀通詞小川悦之進」（『洋学史研究』第三号、洋学史研究会、一九八六年）
「阿蘭陀通詞西吉兵衛父子について」（箭内健次編『鎖国日本と国際交流』下巻　吉川弘文館、一九八八年）
「ケンペルと阿蘭陀通詞今村源右衛門」（『洋学史研究』第八号、洋学史研究会、一九九一年）
「ケンペルと阿蘭陀通詞今村源右衛門」（ヨーゼフ・クライナー編『ケンペルのみたトクガワ・ジャパン』六興出版、一九九二年）
「「阿蘭陀通詞会所」と「通詞部屋」」（『洋学史研究』第九号、洋学史研究会、一九九二年）
「阿蘭陀通詞今村源右衛門のシドッチ尋問二十四箇条」（『青山史学』第一四号、青山学院大学文学部史学科研究室、一九九五年）
「阿蘭陀通詞・蘭学者の単語帳――辞書に見えない世界を覗く」（『外国文化の変容過程と言語』研究叢書第七号　青山学院大学総合研究所人文学系研究センター、一九九六年）
「ケンペル・今村源右衛門英生の新訳語協議・決定」（『洋学史研究』第一三号、洋学史研究会、一九九六年）
「新井白石と今村源右衛門英生の『外国之事調書』」（『東西の言語・文化の比較研究』研究叢

書第一〇号　青山学院大学総合研究所人文学系研究センター、一九九八年）
「阿蘭陀通詞吉雄幸左衛門耕牛（1）――祖父寿山と父藤三郎」（『洋学史研究』第一六号、洋学史研究会、一九九九年）
「江戸参府におけるカピタンの遺銀と阿蘭陀通詞」（『シーボルト記念館鳴滝紀要』第九号、シーボルト記念館、一九九九年）
「海外情報の翻訳過程と阿蘭陀通詞」（『言語・文化の東と西』研究叢書第一四号　青山学院大学総合研究所人文学系研究センター、二〇〇〇年）
「通詞と奉行・カピタン」（片桐一男編『日蘭交流史　その人・物・情報』思文閣出版、二〇〇二年）
「『江戸番通詞江戸逗留中勤方書留』について」（『シーボルト記念館鳴滝紀要』第一三号、シーボルト記念館、二〇〇三年）
「阿蘭陀通詞とオランダ語」（『歴史と地理』第五七〇号（日本史の研究二〇三）、山川出版社、二〇〇三年）
「阿蘭陀通詞に対する家学試験の実施」（『洋学史研究』第二一号、洋学史研究会、二〇〇四年）
「事件の発端となったシーボルトの手紙――阿蘭陀通詞中山作三郎が手控えたシーボルトの手紙と鷹見泉石の手紙控え」（『洋学史研究』第二二号、洋学史研究会、二〇〇五年）
「レザーノフ長崎来航と検問――レザーノフ来航と阿蘭陀通詞　1」（『洋学史研究』第二三

号、洋学史研究会、二〇〇六年）
「阿蘭陀通詞中山氏と庄内藩医中山氏」（『シーボルト記念館鳴滝紀要』第一七号、長崎市教育委員会、二〇〇七年）
「ロシア国王書翰と通詞――レザーノフ来航と阿蘭陀通詞　2」（『洋学史研究』第二四号、洋学史研究会、二〇〇七年）
「阿蘭陀通詞馬場為八郎の伝えたオランダ語表記」（『洋学史研究』第二五号、洋学史研究会、二〇〇八年）
「志筑忠雄について」（『洋学史研究』第二六号、洋学史研究会、二〇〇九年）
「阿蘭陀通詞吉雄幸左衛門耕牛と「刺絡」」（『洋学史研究』第二八号、洋学史研究会、二〇一一年）
「シーボルト事件で流罪となった阿蘭陀通詞馬場為八郎」（『シーボルト記念館鳴滝紀要』第二五号、長崎市、二〇一五年）

〈余論〉

「蘭船の乗船員名簿と阿蘭陀通詞」（『日本歴史』第四二三号、吉川弘文館、一九八三年）
「カピタン宛て長崎屋の娘の手紙と阿蘭陀通詞」（『日本歴史』第四四七号、吉川弘文館、一九八五年）
「年番通詞の印」（『日本歴史』第四六九号、吉川弘文館、一九八七年）

「シーボルトとオランダ通詞」（KLMオランダ航空ウインドミル編集部編『日蘭交流の歴史を歩く』　NTT出版、一九九四年）
「今村源右衛門英生の筆跡を求めて（1）・（2）」（『洋学史研究』第一二号・一四号、洋学史研究会、一九九五年・一九九七年）
「蘭人に宛てた大槻玄沢の書状と阿蘭陀通詞」（『日蘭学会通信』通巻一一三号、日蘭学会、二〇〇五年）
「外つ国の言葉をわがものとして――阿蘭陀通詞の世界」（『二〇一四（平成二十六）年度成蹊大学公開講座講演録』　成蹊大学公開講座運営委員会、二〇一五年）

N

O

S

T

V

ワ行

〈欧文書名・史料の部〉

A

D

E

G

H

L

M

マ行

ヤ行

ラ行

タ行

ナ行

ハ行

サ行

カ行

V

書名・史料

〈邦文書名・史料の部〉

ア行

ラ行

ワ行

〈欧文事項の部〉

B

D

E

F

G

H

L

M

N

O

P

マ行

ヤ行

ハ行

ナ行

タ行

サ行

カ行

W

事　　項

〈邦文事項の部〉

ア行

ヤ行

ラ行

ワ行

〈欧文人名の部〉

A

B

マ行

ハ行

タ行

ナ行

カ行

サ行

索引

人名

〈邦文人名の部〉

ア行

KODANSHA

本書の原本は、二〇一六年に『江戸時代の通訳官　阿蘭陀通詞の語学と実務』として吉川弘文館より刊行されました。

片桐一男（かたぎり　かずお）

1934年，新潟県に生まれる。法政大学大学院人文科学研究科日本史学専攻博士課程単位取得退学。青山学院大学名誉教授，公益財団法人東洋文庫研究員，文学博士。著書に，『杉田玄白』『阿蘭陀通詞の研究』『阿蘭陀宿長崎屋の史料研究』など多数。

定価はカバーに表示してあります。

阿蘭陀通詞（オランダつうじ）

片桐一男（かたぎりかずお）

2021年7月13日　第1刷発行

発行者　鈴木章一
発行所　株式会社講談社
東京都文京区音羽 2-12-21 〒112-8001
電話　編集（03）5395-3512
販売（03）5395-4415
業務（03）5395-3615
装　幀　蟹江征治
印　刷　株式会社廣済堂
製　本　株式会社国宝社
本文データ制作　講談社デジタル製作

ISBN978-4-06-522681-0

「講談社学術文庫」の刊行に当たって

これは、学術をポケットに入れることをモットーとして生まれた文庫である。学術は少年の心を養い、成年の心を満たす。その学術がポケットにはいる形で、万人のものになることは、生涯教育をうたう現代の理想である。

こうした考え方は、学術を巨大な城のように見る世間の常識に反するかもしれない。また、一部の人たちからは、学術の権威をおとすものと非難されるかもしれない。しかし、それはいずれも学術の新しい在り方を解しないものといわざるをえない。

学術は、まず魔術への挑戦から始まった。やがて、いわゆる常識をつぎつぎに改めていった。学術の権威は、幾百年、幾千年にわたる、苦しい戦いの成果である。こうしてきずきあげられた城が、一見して近づきがたいものにうつるのは、そのためである。しかし、学術の権威を、その形の上だけで判断してはならない。その生成のあとをかえりみれば、その根は常に人々の生活の中にあった。学術が大きな力たりうるのはそのためであって、生活をはなれた学術は、どこにもない。

開かれた社会といわれる現代にとって、これはまったく自明である。生活と学術との間に、もし距離があるとすれば、何をおいてもこれを埋めねばならない。もしこの距離が形の上の迷信からきているとすれば、その迷信をうち破らねばならぬ。

学術文庫は、内外の迷信を打破し、学術のために新しい天地をひらく意図をもって生まれた。文庫という小さい形と、学術という壮大な城とが、完全に両立するためには、なおいくらかの時を必要とするであろう。しかし、学術をポケットにした社会が、人間の生活にとってより豊かな社会であることは、たしかである。そうした社会の実現のために、文庫の世界に新しいジャンルを加えることができれば幸いである。

一九七六年六月

野間省一